Paula Lotmar/Edmond Tondeur

Führen in sozialen Organisationen

Paula Lotmar
Edmond Tondeur

Führen in sozialen Organisationen

Ein Buch zum Nachdenken und Handeln

Verlag Paul Haupt Bern und Stuttgart

CIP-Titelaufnahme der Deutschen Bibliothek

Lotmar, Paula:
Führen in sozialen Organisationen : ein Buch zum Nachdenken und Handeln / Paula Lotmar ; Edmond Tondeur. - Bern ; Stuttgart : Haupt, 1989
ISBN 3-258-04064-8
NE: Tondeur, Edmond:

Printed in Switzerland

Inhalt

1. Einführung

Ein Philosoph wäre jemand,
dem Menschen so wichtig
bleiben wie Gedanken.
Elias Canetti [1]

1.1. Wie wir uns die Leserinnen und Leser dieses Buches vorstellen

Wer sind sie wohl, unsere Leserinnen und Leser? In welcher Art von Führungsaufgabe mögen sie stehen, mit welchen Führungsproblemen beschäftigen sie sich am meisten?

Wir möchten unter drei Gesichtspunkten die Verbindung mit Ihnen herstellen und dabei versuchen, uns in Ihre Erwartungen gegenüber diesem Buch hineinzudenken.

Von der Rolle her betrachtet, die Sie erfüllen

Sie sind Leiterin oder Leiter einer selbständigen kleinen Organisation im Bereich sozialer Dienstleistungen. Es ist eine Stelle, die Beratung und Hilfe im Sozialbereich oder Dienste im spitalexternen Gesundheitswesen anbietet; eine Stelle auch, die Berufsberatung vermittelt oder im Rahmen der Freizeitangebote und der Erwachsenenbildung tätig ist.

Sie leiten eine Abteilung oder ein Team innerhalb einer öffentlichen (Sozial-)Verwaltung. Oder Sie stehen an der Spitze einer solchen Verwaltung, sind Mitglied einer gewählten Behörde mit Führungsverantwortung im Ressort Soziales.

Vielleicht gehören Sie zu den Führungspersonen einer grösseren sozialen Organisation, eines Verbandes, einer Stiftung, eines Vereins. Sie sind deren Präsidentin, Präsident, Vorstandsmitglied.

Sie könnten auch ein Heim leiten, eine Wohngemeinschaft oder Sonderwerkstätte, ein Freizeitzentrum oder eine ähnliche Organisation des stationären Sozialbereichs.

Es ist also eine breite Vielfalt von Führungsrollen, auf die sich dieses Buch bezieht: Rollen auf den verschiedensten Führungsebenen, mit verschiedenen Aufgaben, in mannigfaltigen Umfeldern. Mit den je verschiedenen Rollen verbinden sich sehr unterschiedliche existentielle Bedeutungen. So erleben Sie als Präsidentin einer Frauenorganisation oder als Geschäftsführer eines Berufsverbandes, als Leiterin einer Jugendberatungsstelle oder einer Hauspflegevermittlung sicher Ihr Führungsamt grundlegend verschieden.

Von den für Sie gerade aktuellen Aufgaben her betrachtet

In Ihrem Arbeitsalltag tauchen immer wieder Führungsprobleme auf, die Sie lösen müssen. Auf Ihre konkreten Fragen möchten wir ebenso konkrete Antworten geben. Gleichzeitig ist uns bewusst, dass führen können viel damit zu tun hat, Übersicht zu gewinnen und zu bewahren. Das heisst: nicht nur bei den Einzelproblemen und Einzellösungen stehenzubleiben, sondern immer zugleich nachzudenken über die grösseren Zusammenhänge, in denen das Führen in der gegebenen Situation steht.

Von Ihrem individuellen Führungsverständnis und Führungsstil her betrachtet

Wir alle haben unsere persönlichen und teilweise auch kollektiven Erfahrungen mit dem Thema Führen. Schon der Entscheid, dieses Buch zu kaufen, hat bei Ihnen ein bestimmtes Vorverständnis von Führen abgerufen. Bestimmte Assoziationen tauchen unwillkürlich auf, wenn Sie nur schon das Wort Führen hören oder lesen.

Uns ist bewusst, dass auch wir von einem bestimmten Verständnis von Führen ausgegangen sind und damit von einem bestimmten Menschenbild, von dem noch die Rede sein wird. Durch unsere Beratungen von Organisationen und Teams werden wir ständig angeregt, unser eigenes Verständnis von Führen zu überprüfen und zu erweitern.

Verfestigt hat sich dabei unsere Auffassung von Führen als Prozess. Wir setzen deshalb so oft wie möglich das Tätigkeitswort führen an die Stelle des Hauptwortes Führung. Führung verleitet dazu, einen lebendigen Vorgang wie ein Ding zu behandeln, über das wir distanziert und neutral reden können.

Wir glauben, es könnte für Sie nützlich sein, das eigene Verständnis und die damit verbundenen Gefühle zum ganzen Thema «Führen» gleich jetzt kurz anzuschauen. Wir legen Ihnen dazu keine Testfragen vor, sondern eine Definition, mit der wir in der Beratungspraxis gut arbeiten können.

Führen heisst:

1. Gegebene Kräfte und Ressourcen auf klar umschriebene Ziele hin bündeln, organisieren und dadurch wirkungsvoll einsetzen.
2. Die an einer Aufgabe beteiligten Menschen dafür gewinnen, ihre persönlichen Fähigkeiten in den Dienst einer gemeinsamen Aufgabe zu stellen.
3. Dies alles auch sich selbst gegenüber befolgen.

Bitte prüfen Sie nach, ob sich diese Definition mit Ihrer Auffassung von Führen deckt. Wo möchten Sie lieber andere Akzente setzen? Sie werden nach diesem Zwischenhalt aufmerksamer und kritischer an die weiteren Kapitel herangehen.

1.2. Wir wir uns den Umgang mit diesem Buch vorstellen

Auch darüber haben wir unsere Vorstellungen, und entsprechend haben wir das Buch gestaltet.

Es ist *kein Theoriebuch*. Natürlich stehen Theorien aus verschiedenen Wissensbereichen hinter dem, was wir geschrieben haben. Mit Absicht setzen wir uns aber nicht explizit mit Theorien auseinander. Wichtiger ist es uns, Sie zum Nachdenken zu bringen über die eigenen Theorien und Standorte. Ihre Übereinstimmung mit uns, aber auch Ihr Ärger oder Ihr überlegenes Lächeln, alle Reaktionen sind uns willkommen. Wir werden uns mit Ihren Argumenten auseinandersetzen.

Es ist *kein Lehrbuch*. Sie brauchen es nicht der Reihe nach von vorne nach hinten zu lesen. Wohl ist es empfehlenswert, vorne zu beginnen, damit Sie wissen, wie wir einige wichtige Begriffe verstehen und auf welchem Hintergrund sich Führen abspielt. Dann aber, stellen wir uns vor, schlagen

Sie das Buch dort auf, wo Sie für Ihre aktuellen Fragen Antworten zu finden hoffen und wo Sie Anleitung für konkretes Handeln bekommen.

Es ist *kein Rezeptbuch*. Wir schwören nicht auf *ein* richtiges Vorgehen. Vielmehr glauben wir, dass es immer mehr als einen Weg gibt, um Situationen zu meistern und Ziele zu erreichen. Deshalb betonen wir das Nachdenken darüber, um was es geht. Wir möchten Ihnen helfen, den für Sie richtigen Weg zu wählen, gestehen Ihnen aber das Recht zu, Fehler zu machen. Auch uns. Fehler sind allermeistens korrigierbar.

Es ist ein *Buch mit Wiederholungen*. Das ergibt sich aus dem Denken in vernetzten Bezügen. Alles hängt mit allem zusammen, und auf den gleichen Aspekt können Scheinwerfer von verschiedenen Standorten her gerichtet werden. Durch die Verweise auf andere Kapitel, in denen das gleiche Thema in einem anderen Zusammenhang erscheint, und durch die Benützung des Registers sollte es Ihnen gelingen, jeden einzelnen Aspekt des Führens in seiner Vielfalt einzukreisen.

Die unterschiedlichsten Arten des Umgangs mit dem Buch können wir uns vorstellen. Nur eine liegt ganz und gar nicht in unserer Absicht: Unser Buch soll nicht als Zierde für das berufliche Büchergestell dienen und dort von Zeit zu Zeit abgestaubt werden. Wir sehen es vielmehr mit vielen Gebrauchsspuren, mit farbigen Unterstreichungen, mit Ausruf- und Fragezeichen versehen auf Ihrem Schreibtisch liegen, griffbereit und benützerfreundlich.

Es ist *kein weibliches, es ist kein männliches Buch*. Wir haben dieses neuere Sprachproblem auf unsere Art zu lösen versucht. In einigen Kapiteln verwenden wir nur die weibliche Form, in andern die männliche. Lassen Sie sich von unserer bewusst vorgenommenen Zuordnung der Themen überraschen.

Es ist ein *Buch zum Nachdenken und zum Handeln*. Den einen steht das Nachdenken, den anderen das Handeln näher. Führen ist immer beides, handeln mit einem besonderen Grad von Bewusstheit.

2. Grundlegendes

> Verheizte Menschen geben keine Wärme.
>
> *Urs Frauchiger* [2]

2.1. Nachdenken über die Kunden

Jeder Anbieter muss über seine Kunden nachdenken, also auch jede Geschäftsführerin und jeder Stellenleiter einer sozialen Organisation. Sie sind die wichtigste Gruppe im Umfeld der Organisation, auf sie hin werden die Dienstleistungen geplant und angeboten.

Nicht alle sozialen Organisationen vermitteln ihre Dienste direkt an einzelne, Familien oder Gruppen, die soziale Hilfe nötig haben. Als Informationsstellen, als Dachverbände, als Berufszusammenschlüsse liefern sie zum Teil Zwischenprodukte an andere soziale Stellen, die sie ihrerseits für ihre Dienste an ihren Klienten brauchen. Wer sind diese Kunden am Ende der Dienstleistungskette? Wie beeinflussen sie die soziale Organisation, die in ihrem Namen tätig ist?

Unsere Kunden sind Leute, die auf eine organisierte, allen zugängliche Hilfe angewiesen sind. Ohne diese Hilfe droht ihnen soziale Not, häufen sich die Lebensschwierigkeiten. Diesen Menschen fehlen die Mittel – materielle und geistige –, um sich anderswo Hilfe zu holen: Es fehlt das helfende Netz von Familie, Verwandten, Nachbarn und Freunden, das in Notlagen einspringen kann; es fehlt ihnen das Wissen über ihre Möglichkeiten und Rechte im Gemeinwesen, über bestehende Hilfsquellen allgemein; es fehlt ihnen meistens das Geld, um sich Dienstleistungen zu kaufen, zum Beispiel diejenige von privaten Versicherungen, von Psychiatern, Rechtsanwälten, von Haus- und Pflegepersonal; es fehlt ihnen die Einsicht, das Beurteilungsvermögen oder die Kraft, die sie vor dem Zusammenstoss mit den gesellschaftlichen Ordnungsmächten bewahren könnten, vor der Konfrontation mit Polizei und Justiz, mit den Behörden; es fehlt ihnen die Stärke und die Übung, sich zu wehren gegen alle möglichen Benachteiligungen. Sehr häufig besteht die Hilflosigkeit aus einem ganzen Bündel solcher sozialer Defizite, das bestimmte Menschen zu Kunden von sozialen Organisationen werden lässt.

Kunde bei einer privaten gemeinnützigen oder staatlichen sozialen Organisation zu werden, ist für die meisten Menschen ein Übel, das man in Kauf nehmen muss, will man sich nicht dem noch grösseren Übel einer sich weiter verschlechternden Situation aussetzen. Die Kunden kommen oft von sich aus zu uns, aber nie freiwillig, sondern getrieben vom Druck ungelöster Probleme. Oder sie geben dem Drängen von Angehörigen und Ratgebern nach. Anderen Kunden wird der Zugang zur sozialen Organisation verordnet, in der Regel aufgrund gesetzlicher Vorschriften, von Instanzen, die dazu befugt sind. Diese «gesetzlichen» Kunden werden bei der Organisation hängig, wie der Fachausdruck so treffend lautet. So oder so sind sie abhängig von unseren Dienstleistungen, ob sie diese nun selber wünschen oder ob andere Leute für sie entschieden haben, was für sie gut ist.

Die Abhängigkeit unserer Kunden wird noch verstärkt dadurch, dass sie oft keine Wahl haben, welche soziale Organisation sie aufsuchen wollen. Es gibt im sozialen Bereich nicht wenige Dienstleistungs-Monopole, und dies nicht nur in der wichtigen öffentlichen Sozialhilfe, auf die Unbemittelte für finanzielle Unterstützung angewiesen sind.

In unserer Gesellschaft sind materielle Unabhängigkeit und materieller Erfolg hohe Werte, ebenso wie ohne fremde Hilfe für sich und seine Angehörigen sorgen zu können. Unsere Kunden sind in der Regel erfolglose, hilflose und hilfebedürftige Menschen. Sie werden bemitleidet oder als unfähig, faul oder randständig abgelehnt. Ihr soziales Ansehen ist niedrig, und es wird nicht besser dadurch, dass sie Kunden respektabler sozialer Hilfseinrichtungen sind. Im Gegenteil, das niedrige Ansehen und die Verachtung, die sie trifft, trifft oft auch die soziale Organisation. Ähnlich wie der Einzug sogenannt schlechter Gäste wie randständige Jugendliche, Alkoholiker oder fremdaussehende Ausländer den guten Ruf eines Lokals in kurzer Zeit ruiniert, so ist auch der Ruf sozialer Organisationen eng verknüpft mit dem Ruf ihrer Kunden. Deshalb ist auch die Organisation abhängig, abhängig von ihren Kunden und nicht nur umgekehrt.

Unsere Kunden sind anders als die üblichen Handelskunden: Sie halten nichts von dauerhaften Beziehungen zum Lieferanten, im Gegenteil: Sie wollen uns so schnell wie möglich wieder los sein. Sie hoffen beim Abschied, uns nie mehr sehen zu müssen – und das tun wir auch. Kundentreue, bei den meisten Anbietern sehr geschätzt, lässt uns kritische Fragen stellen zur Wirksamkeit unserer Dienste und zu unseren Zielen. Umgekehrt ist es für uns ein Ziel, viele Kunden endgültig zu verabschieden. Die Losung des Sozialwesens «Hilfe zur Selbsthilfe» lässt sich jedoch längst nicht immer verwirklichen. Ohne die Krücke dauerhafter sozialer Hilfeleistung vermögen eine Anzahl Kunden nicht mehr zu gehen. Ihre Treue hat einen negativen Beigeschmack, sie freut uns nicht.

Zufriedene Kunden sind eine Anerkennung für den Verkäufer. Unsere Kunden sind in der Regel der sozialen Dienstleistung gegenüber ambivalent. Sie sind zufrieden mit dem Erreichten, aber gleichzeitig oft beschämt, dass Hilfe nötig wurde. Eher ausnahmsweise drücken sie ihre Anerkennung und Dankbarkeit mit Worten aus. Und doch sind gerade im Sozialbereich Tätige auf Anerkennung angewiesen. Wenn sie nicht von den Kunden kommt, von wem dann? Nicht nur im Zusammenhang mit den Kunden stösst man auf diese Frage. Wer führt, muss sich damit befassen, was ihm selbst und seinen Mitarbeitern Erfolgserlebnisse – und deren ständiges Ausbleiben – bedeuten.

Kunden sind unsere Arbeitgeber im ursprünglichen Sinn des Wortes, sie geben uns Arbeit. Ohne Kunden keine soziale Organisation, ohne Klienten keine sozial Tätigen, keine Stellenleiterinnen und Stellenleiter. Wenn die Kunden wegbleiben, geht die soziale Organisation ein, es sei denn, sie verändere ihr Dienstleistungssortiment oder ihr Tätigkeitsgebiet. Wir müssten uns freuen, wenn die Kundenzahl schrumpft, wenn wir nur sicher sein könnten, dass damit bestimmte soziale Probleme wirklich gelöst worden wären. Um unseren Brotkorb sollten wir uns nicht sorgen. «Utopia – das Land, das niemals Fürsorg' sah» wird Utopia bleiben, und immer werden Bedürftige auf unsere Hilfe warten. Bestimmte allgemeine Probleme werden glücklicherweise gelöst oder verschwinden zu gewissen Zeiten. So konnten sich Ligen zur Bekämpfung der Kinderlähmung auflösen, und in den Jahren wirtschaftlicher Hochkonjunktur verschwand manche Organisation, die Hilfe an Arbeitslose vermittelt hatte, um dann neu wieder aufzutauchen. Die Nachfrage nach unserem Angebot muss auf jeden Fall ein dauerndes Thema unserer Aufmerksamkeit bleiben. Um beim Vokabular der Wirtschaft zu bleiben – zu dem auch Begriffe wie Kunden, Angebot, Nachfrage, Leistung gehören –, wir müssen unseren Markt im Auge behalten.

Kunden mit sozialen Problemen können auch im übertragenen Sinne Arbeitgeber sein: Sie haben ihre eigene Selbsthilfe-Organisation aufgebaut und stellen als Arbeitgeber Angestellte an, die ihnen bei der Suche nach Lösungen helfen sollen. Sie bestimmen ihr Dienstleistungsangebot und haben ganz bestimmte Erwartungen an die Mitarbeiter. Sie sind selbst voll verantwortlich für die Organisation. Das Abhängigkeitsverhältnis ist hier ein vollständig anderes – die professionellen Mitarbeiter sind abhängig von ihren Kunden.

Selbsthilfeorganisationen haben einen speziellen Kundenkreis, der sich von dem eingangs geschilderten wesentlich unterscheidet. Es sind zu Solidarität fähige Menschen, die sich mündig genug fühlen, ihre eigene Organisation zu führen. In ihr soll nun wirklich der Kunde König sein. Die Organisation soll gedeihen und wachsen, es werden mehr Mitarbeiter angestellt, und schon lauert die Gefahr, dass neue Abhängigkeiten entstehen. Die professionellen Mitarbeiter bekommen mehr und mehr Entscheidungsgewicht, und möglicherweise unterscheidet sich die Selbsthilfeorganisation bald kaum mehr von den üblichen Organisationen, von denen sie sich grundlegend abheben wollte. Ähnlich den Publikumsaktiengesellschaften, in denen das Management und nicht mehr die Eigentümer das Sagen haben, können in sozialen Organisationen die angestellten Fachleute, die Profis, ein Übergewicht gegenüber ihren Trägern und Kunden entwickeln, das sehr kritisch geprüft werden muss.

Von einer anderen Gruppe von Kunden soll hier noch kurz die Rede sein, von Kunden, die gleichzeitig unsere Auftraggeber sind. Sie erwarten von uns, dass wir bestimmten Personen, die sie uns zuweisen, bestimmte professionelle Dienstleistungen zukommen lassen. Sie haben als öffentliche Organe, als Scheidungs- und Strafrichter, als Schulpsychologen und Psychiater mit unseren Sozialkunden zu tun und erwarten von unserer Organisation eine fachliche Hilfe für Probleme, für die sie sich nicht als zuständig erachten. Es kann sich um eine Beratung und Hilfe handeln oder um die Beurteilung einer sozialen Situation, über die ein fachkundiger Bericht verlangt wird. Auch diese «mittelbaren» Kunden sind zu bedienen – man vergisst das oft. Ohne ihr tieferes Verständnis für unsere Möglichkeiten und Grenzen bei der Beurteilung, Beratung und Betreuung der Klienten ist eine gute Zusammenarbeit nicht fruchtbar. Dieses Verständnis können wir nicht einfach voraussetzen.

Es ist eine Ihrer wichtigen Aufgaben, auch diese auftraggebenden Kunden sorgsam in Ihr Kundendenken miteinzubeziehen und aktiv dafür zu sorgen, dass das Wissen über unsere Stelle und damit auch über unsere Klienten wächst.

Wir haben nachgedacht über verschiedene Kategorien von Kunden. Wenn der einzelne, hilfsbedürftige Mensch in seiner je besonderen Lebenssituation vor uns steht, fängt das Nachdenken erst recht an. Davon wird in diesem Buch nur indirekt die Rede sein, nur dann nämlich, wenn es das Führen berührt.

2.2. Nachdenken über den Markt

In der Wirtschaft versteht man unter Markt die Nachfrage nach bestimmten Gütern und Dienstleistungen und alles, was diese beeinflusst. Dazu zählen in erster Linie die sich ständig verändernden Bedürfnisse der potentiellen Kunden. Es herrscht Markt, wenn die Kunden die Freiheit haben auszuwählen, welches Angebot sie in Anspruch nehmen wollen. Für viele Abnehmer sozialer Hilfeleistungen ist diese Freiheit nicht gegeben.

Markt entsteht dann, wenn mehrere Anbieter des gleichen Gutes nebeneinander auftreten, eventuell im Wettbewerb miteinander stehen, jedenfalls keiner das Monopol auf ein bestimmtes Gut hat. Auch diesbezüglich ist im sozialen Bereich das Marktprinzip wenig ausgeprägt. Bei manchen Dienstleistungen verfügt der Staat, das öffentliche Gemeinwesen, über ein Angebotsmonopol, zum Beispiel aufgrund gesetzlicher Regelungen. Für andere Dienstleistungen stehen private oder halbprivate Organisationen in traditionell erworbenen monopolähnlichen Stellungen. Auf sozialem Gebiet nimmt es die Öffentlichkeit sogar eher übel, wenn bestimmte Hilfsangebote, wie zum Beispiel in der Behindertenhilfe, gleichzeitig von mehreren Organisationen angeboten werden. Man spricht dann, negativ, von Konkurrenz, von Doppelspurigkeiten, die im Interesse der Spender unbedingt auszuräumen seien. Von den Klienten her betrachtet kann aber diese Konkurrenz durchaus auch positive Aspekte haben, weil sie sich nicht zwingend nur an eine Stelle wenden müssen, um die gewünschte Hilfe zu erhalten.

Zum Marktprinzip gehört schliesslich, dass sich Anbieter mit ihren Ideen, Angeboten und Veranstaltungen um die Aufmerksamkeit der Bevölkerung bemühen müssen. In dieser Hinsicht sind alle sozialen Organisationen Marktgesetzen unterworfen, weil ihre Interessen, Ideen und Anliegen mit andern Trägern des gesellschaftlichen Lebens im Wettbewerb stehen. Das Ringen um die nötige Aufmerksamkeit ist für manche sozialen Organisationen lebenswichtig, sei es wegen der Spenden bei der Mittelbeschaffung, sei es wegen des Verständnisses der Mitwelt für Notlagen und Benachteiligungen bestimmter Menschen.

Wir halten es für notwendig, dass Sie sich Fragen über den Markt Ihrer Organisation stellen. Etwa die folgenden:

- Wie wird sich die Nachfrage nach unseren Dienstleistungen in den nächsten Jahren entwickeln? Welches sind die Kriterien (Messgrössen, Indikatoren), anhand deren wir die Art und die Anzahl künftiger Klienten einigermassen abschätzen können? Welche Auswirkungen haben diese Schätzungen auf unsere Kapazitätsplanung?
- Wollen wir alle potentiellen Kunden erreichen, und wenn ja: Sind wir dazu genügend bekannt? Ist die Zugangsschwelle zu unseren Dienstleistungen niedrig genug? Sollten wir bei unseren heutigen Klienten jeweils genauer feststellen, auf welchem Weg sie zu uns gefunden haben?
- Wer richtet sich mit ähnlichen oder anderen Dienstleistungen an die gleichen Kunden wie wir? Braucht es Absprachen für die Zusammenarbeit? Können wir von unserer Konkurrenz etwas lernen? Ist es für die Klienten von Vorteil, dass sie zwischen mehreren Hilfsangeboten wählen können?

Solche Fragen gehören zum Marketing, auch in sozialen Organisationen. Mit der Denkmethode des Marketing können freiwillige Austauschvorgänge zwischen Anbietern und Kunden gestaltet werden, unabhängig vom Produkt. Marketing bedeutet, ein Angebot so gezielt wie möglich auf die Bedürfnisse bestimmter Adressaten auszurichten. Es stellt, so gesehen, die grundsätzliche Alternative zum Diktat des Austauschs dar. Immer noch mag solches Denken in sozialen Ohren befremdlich klingen. Nachdenken über unsere Kunden führt aber unweigerlich in diese Richtung. Wer sich unvoreingenommen darauf einlässt, erhält auch für den sozialen Bereich viele Anregungen.

7 HINWEISE

- Das geringe soziale Ansehen der besonderen Art unserer Kunden wird auf die soziale Organisation und ihre Mitarbeiter übertragen. Das ist nicht aus der Welt zu schaffen.
- Die Kunden kommen nicht freiwillig zu uns. Denken wir immer daran!
- Die Kunden sind abhängig von unserer Dienstleistung und oft auch von unserem Monopol. Friss oder stirb!
- Kundentreue ist im Prinzip nicht wünschbar – Dankbarkeit nicht zu erwarten.
- Marketingdenken ist auch für soziale Dienstleistungen angezeigt.
- Unsere Auftraggeber sind eine wichtige Kundengruppe. Sie müssen aufmerksam in unser Führen einbezogen werden.
- Sich überflüssig machen als Ziel sozialer Organisationen steht oft im Widerspruch mit dem Impuls, mit genügend Kunden als Organisation weiterzuleben.

6 FRAGEN

1. Warum und wie wird jemand Kunde Ihrer sozialen Organisation?
2. Haben Sie sich auch schon Überlegungen zu Ihrem Markt gemacht?
3. Wer bestimmt, für welche sozialen Probleme Dienstleistungen angeboten werden und für welche nicht?
4. Wer legt fest, auf welche minimale Lebensqualität alle Menschen in unserer Gesellschaft einen Anspruch haben sollten?
5. Wovon hängt es ab, ob dieser Anspruch auch eingelöst wird?
6. Welche Forderungen für die Sozialpolitik ziehen Sie aus der genauen Kenntnis der sozialen Nöte unserer Kunden, denen wir täglich begegnen?

Sei dir stets bewusst, dass
es die Entwicklung anderer
Menschen zu fördern gilt.
LAO TSE[3]

Jeder Berufsstand ist eine
Verschwörung gegen die
Laien.
G. B. Shaw

2.3. Nachdenken über die Mitarbeiterinnen und Mitarbeiter

Nachdenken über die Kunden führt uns zum Nachdenken über die Menschen, die sich mit ihnen beschäftigen.

2.3.1. Motive, die Mitarbeiterinnen in soziale Organisationen führen

Es ist ein komplexes Vorhaben, die eigenen Motive für die Berufs- und Stellenwahl zu ergründen. Erst recht gilt das für die Motive anderer Menschen. Sicher scheint uns nur zu sein, dass Mitarbeiterinnen und Mitarbeiter in sozialen Organisationen nicht zufällig dort arbeiten. Sie suchen eine Arbeit mit Menschen, nicht mit Sachen. Sie möchten mithelfen, dass es einigen, ja vielen, besser geht, indem Situationen, Verhältnisse und Verhaltensweisen verändert werden. Das Netz der Hilfseinrichtungen soll dichter werden, damit weniger Leute durch seine Maschen fallen. Andere interessieren sich in erster Linie für den Gegenstand «Mensch» in seiner Verflochtenheit mit allen Aspekten von Natur und Gesellschaft, von Erde und Kosmos. Einige interessieren sich, bewusst oder unbewusst, vor allem für die eigene Person.

Aus diesen Motivschwerpunkten – soziale Not und Gegenstand «Mensch» – ergeben sich bei den Mitarbeiterinnen zwei verschiedene Ausrichtungen in der Berufsarbeit. Überspitzt formuliert: die ausschliessliche Hingabe an die Notsituationen der Kunden – und die Ausrichtung auf die eigene Lebensqualität. Viele Mitarbeiterinnen finden ihr Gleichgewicht irgendwo zwischen diesen Polen. Nicht selten pendeln sie im Laufe ihrer Berufstätigkeit von einem Pol zum andern. Dem übergrossen Optimismus über die Möglichkeiten, Menschen und Gegebenheiten zu verändern, folgt nach den ersten Berufsjahren oft eine Periode der Ernüchterung. Die persönlichen Opfer, die mit einem grossen Engagement einhergehen, werden zunehmend als selbstausbeuterisch erlebt. Diese Phase mündet oft ein in eine distanziertere Haltung gegenüber der Arbeit, die nun vor allem auf Selbstentfaltung und Selbsterhaltung hin getan wird.

Gegensätzliche Motive im Mitarbeiterinnenkreis können oft zu internen Konflikten führen (→ Kapitel 3.8. Konflikte erkennen und handhaben).

Manche Mitarbeiterinnen zieht es in soziale Organisationen, weil sie diese für flexibel und weniger festgelegt halten als Organisationen anderer Bereiche. Sie hoffen, erfolgreich an der Zielbestimmung und der Gestaltung der Organisation mitwirken zu können. Sie erwarten auch Freiräume, um im Dienstleistungsbereich ihre eigenen Ideen schöpferisch umsetzen zu können.

Wir wagen zu behaupten, dass solche und ähnliche Motive, Wünsche und Hoffnungen Menschen in den Sozialbereich führen und nicht in erster Linie Lohn- und Karriere-Erwartungen. (→ Kapitel 3.5.1. Das Geld) Die Konsequenzen, die sich daraus für das Führen ergeben, ziehen wir in verschiedenen Kapiteln.

2.3.2. Mitarbeiter und Kunden

Die Klienten sind Auslöser einer bestimmten Berufsmotivation. Zudem bestimmen sie in grossem Masse den sozialen Status derjenigen, die sich mit ihnen beruflich befassen. Ähnlich wie soziale Organisationen ihrer Kundschaft wegen vielfach ein niedriges Prestige haben, ist das soziale Ansehen der Berufe im Sozialbereich relativ bescheiden. Der Vergleich mit ähnlich qualifizierten Berufen, etwa im Bereich Handel und Technik, fällt zu ihren Ungunsten aus. Dafür mag nicht nur die Verbindung mit dem niedrigen sozialen Status der Kunden die Ursache sein, sondern ebensosehr das Kopfschütteln über die Pestalozzis, die, an sich ehrenwert, aber realitätsfremd, Geld und Karriere dem Gutes-Tun opfern.

Kunden und Mitarbeiter stehen gemeinsam im Mittelpunkt des Geschehens in der Organisation. Ihre Rollen sind komplementär aufeinander bezogen. Kunden zu bedienen und zu betreuen wirkt sich in keinem Bereich der Wirtschaft so nachhaltig auf die Person des Anbieters aus wie im Sozialbereich. Der Rückprall all der Schwierigkeiten im Leben der Klienten auf die

Mitarbeitenden, ohne das Erfolgserlebnis hoher Verkaufsziffern, kann mit den Jahren zu eigentlichen Berufs- und Identitätskrisen führen. In diesem Sinne haben die Kunden die Mitarbeiter in der Hand.

Ebenfalls mit den Klienten hängen eine Anzahl von Spannungsfeldern in der Organisation zusammen.

Als Beraterinnen, Betreuerinnen, Vermittlerinnen versuchen die Mitarbeiterinnen die Interessen der Klienten und Klientinnen wahrzunehmen und zu schützen. Sie werden dabei beengt durch Strukturen und Vorschriften und geraten damit ins Spannungsfeld zwischen Zwang und Freiheit.

Mitarbeiterinnen möchten die Dienstleistung an ihren Kunden so gestalten, dass sie eine dauerhafte Hilfe ist und ihnen möglichst viel Unabhängigkeit verschafft (Hilfe zur Selbsthilfe). Wie oft aber müssen sie sich mit einer sogenannten Feuerwehrübung, einem Stopfen der ärgsten Löcher begnügen, da ihnen die wichtigen Ressourcen Geld und Zeit fehlen. Sie bewegen sich im Spannungsfeld von Notwendigkeit und Wirklichkeit.

Beruflich qualifizierte Mitarbeiterinnen haben bestimmte Auffassungen, Verfahren und berufsethische Grundsätze, mit denen sie ihre Arbeit ausführen wollen. Wie anderswo auch, meinen im Sozialbereich jedoch Aussenstehende oft besser zu wissen als die Fachleute, was zu tun ist. Ehrenamtliche Mitarbeiter meinen oft das Falsche, und statushöhere Psychologen, Ärzte, Juristen vertreten ihre nicht immer richtige Meinung mit grösster Durchschlagskraft. Sozialberaterinnen stehen im Spannungsfeld zwischen Professionalität und gutgemeintem Besserwissen.

Die Arbeit mit den Klienten bewirkt ausserdem ein Spannungsfeld in der eigenen Person der Mitarbeiter. Es ist das Spannungsfeld der Mitarbeiterinnen zwischen Gefühl und Verstand. Mit ihrem Verstand und seinem planmässigen, zielgerichteten Handeln müssen sie die starken Gefühle der Anteilnahme an schweren Schicksalen, die Gefühle des Zorns über Ungerechtigkeiten, der Ohnmacht gegenüber Mächtigen so beherrschen, dass sie zum Ansporn und nicht zur Resignation werden.

2.3.3. Sind sie etwas Besonderes – die Mitarbeiter?

Besondere Motive, eine besondere Verflechtung mit den Klienten, besondere Spannungsfelder in der Organisation: Kein Wunder, dass Sozialtätige sich auch manchmal für etwas Besonderes halten. Sie leiten daraus mitunter auch eigene, besondere Rechte ab, zum Beispiel was die Hausordnung betrifft und ähnliches. Sie fühlen sich oft ausserhalb und auch innerhalb der Organisation unverstanden. Sie muten sich aus Solidarität mit den Klienten mehr Arbeit zu, als ihnen guttut. Sie fühlen sich gekränkt, wenn sie ihre Löhne mit Mitarbeitern anderer Berufsfelder vergleichen. Und sie neigen dazu, über all dies zu klagen. Gründe dazu gibt es wirklich genug, nur hilft es nicht viel!

Es *ist* eine belastende Arbeit, die Dienstleistung im Sozialbereich; das Führen ist davon nicht ausgenommen. Sie machen sich vielleicht ab und zu Gedanken darüber, wenn die Stimmung gereizt, aggressiv und gefühlsgeladen wird und im Kreis der Mitarbeiterinnen und Mitarbeiter der Frustrationspegel steigt. Dann wird es wichtig sein, dass Sie das Sinnvolle, Wirksame, Erfolgreiche der Arbeit in Erinnerung rufen, dabei eine Zeitlang verweilen und vielleicht auch zu den ursprünglichen Berufsmotivationen zurückblikken. Mitarbeiter-Sein in sozialen Organisationen *ist* etwas Besonderes. Warum hätten sie sonst so gewählt?

6 HINWEISE

- Mitarbeiterinnen und Mitarbeiter arbeiten nicht zufällig in sozialen Organisationen. Sie haben dafür bestimmte Beweggründe.
- Zwei Pole der Mitarbeitermotivation: Hingabe an die Hilfesuchenden – Selbstentfaltung für sich selbst.
- Motive können sich im Laufe des Berufslebens ändern.
- Viele möchten in sozialen Organisationen mitarbeiten, weil sie auf Möglichkeiten der Mitgestaltung hoffen.
- Die Klienten prägen weitgehend das Leben der Mitarbeiterinnen in der Organisation.
- Mitarbeit in der sozialen Dienstleistung ist belastend. Entlastung durch gutes Führen hilft mehr als frustriertes Klagen.

Regen vorhersagen kann
jeder. Archen bauen,
das zählt.
Indianisches Sprichwort

2.4. Nachdenken über Führen

2.4.1. Führung oder führen?

Unsere Sprache ist bekanntlich der Spiegel unseres Denkens. Umgekehrt wird Denken von unseren Sprachgewohnheiten geformt. Wenn wir zum Beispiel sagen, es fehle in einer Organisation an der Führung oder die Beschaffung von Geldmitteln sei vor allem eine Führungsaufgabe, dann richten sich die Augen unwillkürlich nach oben, dorthin, wo der Ort der Führung ist, wo einer hockt, der das Sagen hat. Führung, das ist ein abstraktes Wesen, eine Institution, zwar nicht mehr gerade gleichgesetzt mit Gottesgnadentum, aber noch immer irgendwie davon angehaucht. Führung weckt Vorstellungen über hohen gesellschaftlichen Status, hat mit Rang und Macht zu tun; die Distanz zu den Geführten ist damit schon miteingeschlossen. Führung gilt als der Ort der Wenigen und Auserwählten, der Berufenen und Begnadeten. Sogar im Begriff der Partizipativen Führung schwingt so etwas mit wie die huldvolle Geste des Herrn, der seine Untertanen gnädig teilhaben lässt. (→ Kapitel 2.5. Exkurs über Leitvorstellungen, Vorverständnisse, Zeitgeist)

Kein Wunder, dass es mit solchen verbreiteten, nur halb bewussten Bildern in sozialen Organisationen eher schwerfällt, Führungsstellen zu besetzen. Die Beweggründe, die zur Wahl eines sozialen Berufes veranlassen, haben wenig mit sozialen Aufstiegs- und Karriereplänen, mit dem Oben-Sein zu tun, auch wenn solche Motive in der individuellen Lebensgeschichte später dann doch an Bedeutung gewinnen können. Es ist jedenfalls eine Tatsache, dass im Sozialbereich – anders als in der Wirtschaft und Politik – Führungsrollen vielfach von Männern und Frauen übernommen werden, die dafür wenig motiviert und fachlich kaum vorbereitet sind.

Diese Feststellung gilt vor allem für Sozialberatungsstellen mit beruflich ausgeübter Sozialarbeit. In den Trägerschaften hingegen – Vereinen, Stiftungen, öffentlichen Verwaltungen – begegnen wir eher den sogenannten Führernaturen, also Personen, die zur Institution Führung eine positive Beziehung haben (was immer dabei die inneren Beweggründe sein mögen). Zwischen den Führungsbildern auf den oberen und den unteren Ebenen der Organisation können so Diskrepanzen entstehen, die an die interne Kommunikation erhebliche Anforderungen stellen. (→ Kapitel 3.2. Kommunikation gestalten)

Längst erkannt ist allerdings, dass das Führen von Organisationen nicht mit Führen von Menschen im Vorgesetzten/Untergebenen-Verhältnis gleichzusetzen ist. In der Wirtschaftslehre wird der Begriff Management für das umfassende Verständnis von Führen verwendet. Damit ist die «Gestaltung und Lenkung eines sozialen, wirtschaftlichen und technischen Systems» gemeint[4].

Zum Aspekt der Macht, des Status, tritt somit beim Führen mindestens gleichrangig der Aspekt der Komplexität. Wir wollen diesen beiden Aspekten noch etwas genauer nachgehen.

2.4.2. Führen im Zeichen der Macht

Führen als Ausüben von Macht hat in unserer Kultur eine lange Geschichte; deshalb, wir sagten es schon, ist Führung noch heute in unserem Bewusstsein gleichsam urbildlich verankert. Es scheint uns offenkundig, dass die Demokratisierung als Prozess des Aufteilens von Macht und des Mündig-Werdens in unseren westlichen Gesellschaften noch in den Anfängen steckt. In vielen sozialen Rollen und Beziehungen wirken die uralten Bedeutungen noch stark nach. Die zahlreichen Versuche, Macht neu zu definieren und zu entschärfen, zeigen an, wie schwer wir uns mit diesen Nachwehen aus Epochen der Machtvollkommenheit und monarchischer Erhabenheit einzelner tun.

Aufschlussreich ist in diesem Zusammenhang, dass die Mächtigen der heutigen Politik und Wirtschaft meist nicht bereit sind, ihre Machtfülle offen einzugestehen. Sie reden lieber von «besonderer Verantwortung», «Mitgestaltung», «gewissen Durchsetzungsmöglichkeiten» oder ähnlichem, nur nicht von Macht. Dieses Wort ist heute stigmatisiert[5].

In sozialen Berufen sind die internen Widerstände gegen das Führen eng verknüpft mit der Ablehnung von Macht. Sozial engagierte Menschen neigen dazu, aus ihrer besonderen Identifikation mit den Schwachen und Benachteiligten in unserer Gesellschaft allen Formen der Machtausübung grundsätzlich kritisch oder negativ zu begegnen. Dieses Vorverständnis macht es schwer, die Möglichkeit und die Notwendigkeit von Macht differenzierter, nicht nur negativ zu betrachten. In letzter Zeit scheint ein Umdenken in Gang zu kommen, und die Einsicht wächst, dass in der Gestaltung menschlicher Beziehungen kein Weg an der Machtproblematik vorbeiführt. Sie ist eine der zentralen Erfahrungen, mit denen wir uns, als einzelne wie kollektiv, ständig auseinandersetzen müssen.

2.4.3. Führen im Zeichen der Komplexität

Das traditionell hohe Gewicht, das der Macht beim Führen gegeben wird, findet heute zunehmend sein Gegengewicht darin, dass Organisationen von einer bestimmten Komplexitätsstufe an gar nicht mehr im hergebrachten Sinne von einzelnen Personen (personalistisch) geführt werden können.

Komplexität ergibt sich immer dann, wenn Organisationen grösser werden, mehr Mitarbeiter zählen, vielfältige Leistungen erbringen, hochentwikkelte Arbeitsmethoden und Infrastrukturen benützen, mit der sozialen, wirtschaftlichen und politischen Umwelt zunehmend stark verflochten sind. Komplexität dieser Art kennzeichnet nun aber die Situation fast aller leistungsorientierten Organisationen.

Führen ist unter diesem Aspekt in den letzten Jahrzehnten zu einer Disziplin der methodisch verfeinerten Komplexitätsbewältigung geworden, zur Aufgabe, ganze Bündel oder Netze (wie man heute sagt) von Zusammenhängen und wechselseitigen Abhängigkeiten in den Griff zu bekommen. Oder besser: recht und schlecht zu gestalten.

> Führen heisst heute:
> in vernetzten Bezügen bewusst handeln

Es leuchtet ohne weiteres ein, dass dieses Verständnis von Führen nichts mehr zu tun hat mit dem herkömmlichen hierarchischen Anordnen, mit

Brigadegeneral-Kriterien, aber auch nicht mehr mit charismatischer Menschenführung durch einen Guru. Die Ära der (allenfalls genialen) einzelnen Personen auf der obersten Ebene geht zu Ende. Der Prozess, der den gestalterischen Umgang mit Komplexität ermöglicht, wird zur Aufgabe vieler. Im Mittelpunkt steht die Gestaltung und Steuerung der ganzen Organisation, die in ihrer vielfältigen Verflochtenheit von einzelnen gar nicht mehr bewältigt werden kann.

Inwieweit nun allerdings für eine bestimmte Organisation und deren Dienstleistungen das kritische Mass an Komplexität, der Sprung von einer alten in eine neue Qualität der Problemstellungen, erreicht ist, der neue Formen und eine neue Art des Führens verlangt, ist von Fall zu Fall zu prüfen. Es kann zum Beispiel sein, dass nur schon die Erweiterung eines fünfköpfigen Teams um zwei weitere Stellen diesen Sprung bewirkt. Für die Beurteilung des Grades an Komplexität sind zudem die Führungsaufgaben in der Organisation zu berücksichtigen.

2.4.4. Drei Hauptaufgaben des Führens in Organisationen

Soziale Organisationen – so verstehen wir sie im Rahmen dieses Buches – erbringen eine bestimmte Dienstleistung gegenüber Dritten. Wir können sie deshalb auch als Leistungsgemeinschaften bezeichnen, im Unterschied etwa zu politischen Gemeinwesen, zu Interessengemeinschaften (zum Beispiel WWF, Gewerkschaften), zu Erlebnisgemeinschaften (zum Beispiel Alpenclub, Männerchor) oder zu Wohngemeinschaften.

Führen in leistungsgerichteten Organisationen umfasst alle Aufgaben, die zur bewussten und zielstrebigen Gestaltung des gemeinsamen Auftrages beitragen.

Die Führungsaufgaben lassen sich in drei Hauptbereiche einteilen:

Aufgaben gliedern, Arbeitsabläufe organisieren

Es geht hier um Klarheit darüber, wer was tut, wer mit wem zusammenarbeitet und wie sich die Teilleistungen der einzelnen Mitglieder und Teams zur Gesamtleistung verbinden und verdichten lassen.

Führen heisst in diesem Zusammenhang vor allem koordinieren, sachgerichtet ordnen, Überblick schaffen, etwa all das, was auch unter die Begriffe Administration und Leiten gehört.

So wichtig dieses Ordnen und Koordinieren sein kann, so wenig ist damit schon etwas ausgesagt über den Sinn und Zweck der Organisation.

Ziele ermitteln und Ziele integrieren

Den gemeinsamen Auftrag bewusst zu gestalten, erfordert Klarheit über die Ziele, die von der Organisation angestrebt werden. (→ Kapitel 3.1. Ziele setzen)

Wenn gilt, dass Leistungsorganisationen zum Nutzen Dritter, der Kunden, tätig sind, so müssen sich ihre Ziele an den Bedürfnissen der Kunden orientieren. Die Aussage «ohne Ziele kein Führen» kann nicht genug unterstrichen werden. Die besondere Funktion des Führens ist es, die persönlichen Ziele der Beteiligten, der Mitarbeiter und Träger, mit den Leistungszielen der Organisation so weit als möglich in Einklang zu bringen. Mangelt es an dieser Zielintegration, so entstehen bei der Ausführung der verschiedenen Aufgaben immer wieder Konflikte, die unverhältnismässig viel Aufwand an Verständigung und Zeit kosten.

Teamarbeit fördern, die Organisation entwickeln

Leistungsgemeinschaften sind immer auch Personengemeinschaften, besonders dann, wenn die von einer Organisation angestrebten Dienstleistungen hauptsächlich durch Menschen getragen werden. Die Art und Weise, wie diese Menschen zusammenarbeiten, einander fachlich ergänzen und im menschlichen Kontakt bereichern, ist für das Erreichen der Organisationsziele von entscheidender Bedeutung. Die besondere Aufgabe des Führens ist es in diesem Zusammenhang, Formen des internen Austauschs, des gemeinsamen Angehens von Problemen, des Gleichgewichts zwischen Einzelarbeit und Teamarbeit zu finden. Das Zusammenwirken von Kräften, die Synergie, schafft ein Klima, das den einzelnen hilft, sich in der Organisation wohlzufühlen. (→ Kapitel 3.2. Kommunikation gestalten)

2.4.5. Anforderungen an jene, die führen

Behält man die soeben skizzierte Einteilung in drei Hauptaufgabenbereiche des Führens im Auge, so kann man davon ableiten, welche Anforderungen an jene, die führen, gestellt werden müssen:

- Für das Ordnen und Koordinieren der Teilaufgaben in einer Organisation sind vor allem Sachverstand, Fähigkeit zum Überblick sowie Ordnungssinn erforderlich.
- Ziele ermitteln und in der Zusammenarbeit realisieren – im Spannungsfeld der persönlichen und der Organisationsziele –, verlangt zusätzlich menschlich-soziale Fähigkeiten, die entweder vom Vorgesetzten oder – bei Teamleitung und Selbstverwaltung – von allen Beteiligten gelebt werden müssen.
- Und schliesslich gedeiht die Zusammenarbeit nur dort, wo die Kommunikation bewusst und kundig gestaltet wird; wo die Fähigkeit, sich in andere einzufühlen, vorhanden ist und wo die Bereitschaft zu gemeinsamem Lernen besteht. Unter diesen Voraussetzungen ist es möglich, dass alle Mitglieder am Führen teilhaben.

Wir vermeiden es absichtlich, die mit Führen gemeinten Aufgaben und Anforderungen vorschnell auf eine einzelne auserwählte Führerfigur zu beziehen. Es ist weder selbstverständlich noch zwingend, immer sogleich nach einem Chef zu rufen, bevor alternative Formen des Führens auch nur bedacht, geschweige denn praktisch erprobt werden. Man kann auch führen und leiten im Team oder die Führungsaufgabe unter den Mitarbeitern rotieren lassen.

Uns fällt auf, dass im anglo-amerikanischen Sprachraum mehr von Führerschaft (leadership) die Rede ist als von Führerpersönlichkeiten. Man ist dort schon seit längerem davon abgekommen, Führerschaft in erster Linie als Verkörperung hervorragender Eigenschaften charismatischer Individuen zu kennzeichnen. Bei Analysen gut geführter Organisationen zeigt sich ein speziell geartetes Zusammenspiel von Kräften, eine besondere Ausprägung und Qualität des sozialen Systems, in welchem verschiedenste Menschen und viele Aufgabenträger produktiv auf das Führen einwirken.

Dass diese neue Art des Führens so neu nicht ist, zeigt der Rückblick auf einen Klassiker der Betriebslehre: Douglas Mc Gregor[6]. Schon vor fast dreissig Jahren definierte er Führerschaft (leadership) als den dynamischen Zusammenhang von vier Hauptfaktoren:

- Eigenschaften und Verhalten der führenden Personen
- Eigenschaften und Verhalten der Geführten
- Merkmale der Organisation (Zweck, Art der Aufgaben, Struktur)
- Soziales, politisches und wirtschaftliches Umfeld, das Milieu, in dem eine Organisation tätig ist

Jede Organisation muss für sich diese Faktoren analysieren, um die zu ihr passende Form und Kultur des Führens herauszufinden. Die mit Führen beauftragten Personen tun ihrerseits gut daran, ihre Rolle im Zusammenwirken der verschiedenen Menschen und Kräfte sorgfältig einzuschätzen und abzugrenzen. Die Spannweite zwischen dem Führen durch *eine* Person, deren Stil wie auch immer sein mag, und dem gemeinsamen Führen durch viele besteht grundsätzlich immer. Sie sollte bewusst genutzt werden. Wir empfehlen, Führungsfragen nicht immer sogleich auf die Wahl der geeigneten Person einzuschränken, sondern zuerst die Frage zu stellen: Welche Art von Führen wollen wir heute und morgen in unserer Organisation, damit wir die vereinbarten Ziele auch wirklich erreichen können?

2.4.6. Führen als Lernprozess für alle Beteiligten

Wir möchten mit diesem Buch unter anderem denjenigen in sozialen Organisationen Mut machen, die sich eher «der Not gehorchend als dem eignen Triebe» des Führens angenommen haben. Wir kennen ihre Schwierigkeiten: Weder wollen sozial Arbeitende geführt werden, noch begehren sie selbst nach Führungsrollen, in denen sie aus dem kollegial-partnerschaftlichen Beziehungsgefüge herausfallen könnten. Zudem liegt ihre Berufsmotivation und ihr Interesse meistens klar bei der Dienstleistung, beim Umgang mit Ratsuchenden und Notleidenden. Organisation und Führen sind für sie nicht mehr als ein notwendiges Übel.

Die innere Distanz gegenüber allem, was nach Führen und erst recht nach Management riecht, hat oft zur Folge, dass Führungsaufgaben von den Gutmütigsten übernommen werden, von jenen also, die nicht Nein sagen können. In kleineren Stellen müssen diese Willigen bei meistens ungekürztem Arbeitspensum in ihren angestammten Dienstleistungsaufgaben nebenbei auch noch die hässlichen Führungspflichten besorgen. Dies kann einen Teufelskreis nähren, in welchem Führen verschrieen wird, weil es mangels Zeit und Können schlecht gehandhabt wird, während zugleich die unzulängliche Situation daran krankt, dass im Grunde niemand führen will. Diese Situation ist für alle Beteiligten sehr unbefriedigend. Solidarität im Kollegenteam würde bedeuten, die Gutmütigen nicht in eine Rolle hineinlaufen zu lassen, für die sie zu schwach sind – was jedermann weiss.

Wir meinen mit Überzeugung:

- Führen ist lernbar, spannend, auf vielfältigste Art zu gestalten.
- Führen umfasst Vorgänge und Tätigkeiten, an denen sich grundsätzlich viele beteiligen können, es geht also nicht primär um eine Personenwahl und -beförderung.
- Führen bietet die Möglichkeit, das in einer Organisation vorhandene Potential an Ideen und Fähigkeiten besser zu erkennen und zu nutzen. Im Lernprozess des Führens durch viele wachsen oft Mitarbeiter über sich hinaus, geben sich und den anderen mehr Impulse, als sie sich selbst zugetraut haben.

Keine Angst vor Führen! Es geht nicht um das notwendige Übel sondern um Neuland voller Möglichkeiten zu neuen Erfahrungen und Erkenntnissen.

2.4.7. Führen heisst: Bündeln und verdichten von sechs bestimmten Aspekten der Organisation

Das nachstehend abgebildete Modell (→ S. 32) verdeutlicht das Prozesshafte des Führens im Schnittpunkt von sechs Aspekten, die in jeder leistungsgerichteten Organisation in vielen Wechselwirkungen zueinanderstehen.

Im oberen Teil des Schemas erkennen Sie die weichen, menschlichen Aspekte, die nicht messbar, zum Teil auch nicht formalisierbar sind; im unteren Teil die harten, sachbezogenen, die mess- und formalisierbaren Aspekte. Führen, in der Mitte des Kreises, umschreiben wir mit «in vernetzten Bezügen bewusst handeln».

Offen bleibt, wer und wieviele Organisationsmitglieder/Mitarbeiter an diesem bewussten Handeln teilhaben. Unser Credo ist es, dass am Lernprozess des Führens immer viele beteiligt sind, in welcher Art der Aufgaben- und Machtverteilung auch immer. (→ Kapitel 2.4.6. Führen als Lernprozess für alle Beteiligten.) Der Lernprozess setzt schon dann ein, wenn Sie sich überlegen, wie in Ihrer Organisation diese Aufgaben- und Machtverteilung am stimmigsten, in Übereinstimmung mit den Zielen und Personen, vorgenommen werden kann.

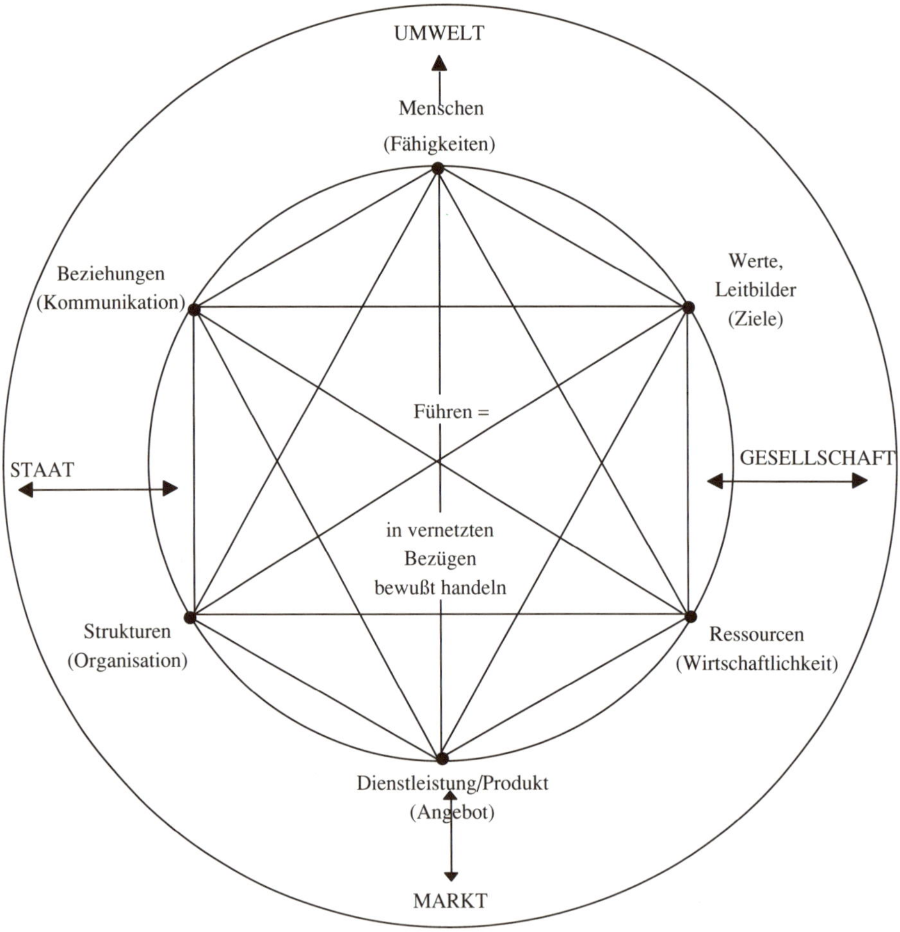

Die sechs Aspekte des Führens in einer leistungsgerichteten Organisation

5 HINWEISE

- Führen in Organisationen ist ein Prozess, der das Zusammenwirken verschiedener Einflussgrössen so gestaltet, dass alles Handeln auf die vereinbarten Ziele hin ausgerichtet ist.
- Bei jeder Art des Führens sind sowohl sachliche als auch menschliche, sowohl innere als auch äussere Einflüsse und Bedürfnisse zu berücksichtigen. Die Effizienz des Führens kann nicht darin liegen, dass die menschlichen zugunsten der sachlichen Gesichtspunkte zurückgestellt werden. Umgekehrt gibt es Sachnotwendigkeiten, die nicht kurzerhand zugunsten von Menschlichem übergangen werden dürfen.
- Führen ist nicht zwingend eine Chef-Funktion. Führen kann durch mehrere Personen, im Grenzfall durch alle Mitglieder einer Organisation, wahrgenommen werden. Ein bestimmtes Mass an Aufgaben- und Rollenverteilung ist allerdings die Voraussetzung dazu.
- Es gibt kein Führen an sich, sondern nur jeweils bestimmbare Aufgaben, die mit dem Führen zu tun haben.
- Führen ist nicht primär eine Frage von Persönlichkeit, von Charisma. Massgebend ist der Lernprozess vieler Personen, und die mit Führen verbundene Qualität ihrer Kommunikation. Führen ist lernbar.

Seine Meinung zu ändern
ist eines der wichtigsten
Privilegien des Menschen.
Robert Peel

Vor allem Ihr Geradlinigen,
gebt acht in den Kurven!
Stanislav J. Lec[6]

2.5. Exkurs über Leitvorstellungen, Vorverständnisse, Zeitgeist

2.5.1. Vorstellungsbilder bei Menschen in sozialen Organisationen

Alle Menschen lassen sich in ihrem Fühlen, Denken, Wollen und Handeln leiten durch ihre Vorstellungen über «den Menschen» und «die Gesellschaft». Sie sind sich dessen mehr und weniger, oft auch gar nicht, bewusst. Weltanschauungen und die dazu passenden Menschenbilder werden überliefert; sie verändern sich, neue können entstehen. Auslösend für diesen Wandel sind veränderte gesellschaftliche Bedingungen, und umgekehrt beeinflussen Weltanschauungen die gesellschaftliche Wirklichkeit. Ob das Sein das Bewusstsein erzeugt oder umgekehrt, darüber gehen die Meinungen bekanntlich auseinander.

Zeitströmungen erfassen alle Bereiche des Lebens, und auch in sozialen Organisationen weht der jeweilige Zeitgeist. «Zeitgeist ist ein Begriff, der nach 1800 auftaucht. In hohem Tempo mussten gesellschaftliche und kulturelle Veränderungen durchlebt werden, und diese Veränderungen wurden zugleich als Geschichte wahrgenommen, in der man selbst steckte. Verständlicherweise war die Hoffnung auf einen besseren Geist der Gegenwart und der nahen Zukunft gross, eben auf den Zeitgeist...»[7] Er wird freudig begrüsst oder auch abgelehnt und bekämpft. Erfasst von neuen Auffassungen werden alle: leitende Personen, auf welcher Ebene auch immer, Mitarbeiter, Kunden, Geldgeber. Unter dem Einfluss veränderter Menschen- und Weltbilder wandeln sich auch die Vorstellungen über soziale Nöte, über die Wege zu ihrer Beseitigung.

Wir können das Entstehen der beruflichen, geplanten und systematischen Sozialarbeit auf die Gründung der ersten Sozialschulen zurückführen. In den ungefähr achtzig Jahren seither haben sich die Bilder über Sozialarbeit stetig verändert, und sie verändern sich weiter. Wir nehmen an, dass die veränderten Bezeichnungen etwas von diesem Wandel spiegeln. An zwei Beispielen wollen wir dies illustrieren. Zwei einander gegenübergestellte Stichwortreihen für das gleiche soziale Problem zeigen das veränderte Verständnis und die veränderte Bewertung, hinter der mehr steckt als nur neue Wörter.

Problem Alkoholismus

- früher: Trinker – lebt in Sünde – muss gerettet werden – lebt enthaltsam – ist gerettet
- heute: exzessiver Alkoholkonsument – ist krank – braucht Behandlung – lernt mit seiner Suchtpersönlichkeit trocken leben – ist rehabilitiert

Problem Armut

- früher: der unverschuldet in Not Geratene – ist der Hilfe würdig – muss unterstützt werden – muss erzogen werden – ist «geflickt, aber sauber» – fällt der Öffentlichkeit nicht mehr zur Last
- heute: der Unbemittelte – hat Anrecht auf ein menschenwürdiges Leben – muss seine berechtigten Ansprüche durchsetzen – wird auf dem Weg zur Selbsthilfe begleitet

Die Wandlung der Bezeichnungen für die sozial Tätigen und für die Hilfsbedürftigen ist aufschlussreich für die veränderten Einstellungen: von Fürsorgerin und Heimerzieherin zu Sozialarbeiterin, Sozialberaterin, Sozialpädagogin, Soziotherapeutin. Und: vom Insassen und Schützling zum Klienten, zum Betroffenen. Auch die Fürsorgestelle und das Fürsorgeamt, das Erziehungsheim und die Beobachtungsstation erhielten inzwischen neue Namen: Beratungsstelle, Sozialdienst, Jugendsiedlung.

Dem Wandel unterliegen auch die Lehrmeinungen darüber, wie die sozialen Notlagen behoben werden können. Forschung und Erfahrungswissen tragen zu diesem Wandel bei, mindestens so sehr aber auch die veränderten Menschen- und Gesellschaftsbilder. Deutlich haben sich in den letzten Jahren die Ansatzpunkte der Beratung und Hilfe in einer Art von Pendelbewegung hin und her bewegt: von der Betonung der Wichtigkeit von Gefühlen, den Emotionen, zur Betonung des Denkens, zur Kognition, – und so hin und her. (Schlagworte: aus dem Bauch, mit dem Kopf.) Am eher konstruierten denn echten Gegensatz der beiden Positionen entfacht sich mancher Fachleute-Konflikt.

Ein anderer Brennpunkt, der seine Wurzeln in veränderten Bildern hat, ist die Macht. Mit der starken Politisierung der jungen Generation durch die 68er-Bewegung (Studentenrevolte) trat die Beschäftigung mit Macht in den Vordergrund. Die neue Frauenbewegung thematisiert die Macht ebenfalls. Beide Einflussbahnen sind in sozialen Organisationen auch heute verbreitet. Wir stossen dabei bei Sozialtätigen auf manchen Widerspruch: Zum Beispiel wird einerseits die eigene Machtlosigkeit erkannt und bedauert, andererseits wird jede Machtausübung, auch die einer Chefin, als böse verschrieen.

Diskussionen gibt es zur Frage, ob Macht in einer helfenden Beziehung zum Klienten überhaupt einen Platz habe. Und ob soziale Arbeit nicht von vornherein nicht Hilfe, sondern gesellschaftliche Kontrolle bedeute. Erst selten werden die vielfältigen Formen von Macht und ihre je andere Zielrichtungen unterschieden. Es gibt Macht, die andere einschränkt und es gibt Macht, die solche Einschränkungen begrenzt. (Behinderungs- und Begrenzungsmacht.)[8]

Ambivalente Einstellungen gegenüber Macht schaffen viel Unsicherheit überall dort, wo beim Führen oder Beraten Macht oder Einfluss ihren notwendigen und legitimen Platz finden muss.

Einstellungsverschiebungen finden wir schliesslich im ganzen Bereich der gemeinnützigen Tätigkeit. Am einen Pol steht der extreme Individualismus (Liberalismus), nach dessen Vorstellung der Gemeinnutzen am wirksamsten durch das ungehinderte Kräftespiel des Eigennutzens, der Egoismen, gewährleistet sei. Den andern Pol nimmt der extreme Kollektivismus ein, der dem Staat die alleinige Zuständigkeit für die Wahrung des Gemeinnutzens zubilligt (Staatssozialismus). Die Debatte um den Sozialstaat wird fruchtlos, wenn das eine Prinzip gegen das andere ausgespielt wird.

2.5.2. Der Zeitgeist in Organisationstheorien und Managementlehren

Menschenbilder

Der Zeitgeist taucht auch in Organisationstheorien auf. Solche Theorien sind vorwiegend auf produzierende Betriebe der Industrie, teilweise auch auf öffentliche Verwaltungen zugeschnitten, kaum jedoch auf Dienstleistungsbetriebe im Sozialbereich.

Jede Organisationstheorie geht von einem bestimmten Menschenbild aus. Die Frage lautet dabei immer gleich: Mit welchen Anreizen lässt sich der arbeitende Mensch am besten zu hohen Leistungen bewegen, so dass sich für die Kapitaleigentümer ein möglichst hoher Gewinn ergibt? Der Weg der Menschenbilder in den Organisationstheorien der letzten hundert Jahre führt vom «economic man», dem vor allem auf Gelderwerb ausgerichteten Menschen, zum «social man» mit seinen zwischenmenschlichen Beziehungen im Mittelpunkt des Interesses, zum «complex man», der eine ganze Pyramide von individuellen Bedürfnissen befriedigen möchte. Entsprechend wurden jeweils die Anreize für Leistungssteigerung und für die Identifikation mit dem Betrieb verschieden gewichtet: Geld, Privilegien aller Art, Arbeit in Gruppen, abwechslungsreiche und eigenverantwortliche Arbeit, Mitsprachemöglichkeiten, usw.[9].

Machtbilder

Machtbilder hatten seit jeher einen grossen Einfluss auf die Organisationsform von Betrieben und Organisationen. Auf ein gemeinsames Ziel hin arbeitende Menschen handeln aufgrund von Entscheidungen. Entscheiden ist eine Form von Macht ausüben, sofern diese mit Durchsetzungsvermögen verbunden ist. Dazu gehört die Möglichkeit, zu kontrollieren, ob Entscheide, Befehle, Anordnungen auch ausgeführt werden.

Wiederum unter den Gesichtspunkten von Effizienz und Gewinn wurde die betriebliche Machtstruktur aufgebaut. Ihre Ausprägungen fand man vorbildhaft in zum Teil sehr alten Bereichen, zum Beispiel in der ausgeklügelten Bürokratie beim Pyramidenbau im alten Ägypten oder auch in der patriarchalischen Familie. Solche Machtpyramiden wurden auf die Betriebe übertragen. Seltener versuchte man, die Machtstruktur der alten Genossenschaft und Selbstverwaltung einzuführen oder gar das Bild des demokratischen Gemeinwesens umzusetzen. Wohl ist für Nonprofit-Organisationen die Form des Vereins oder der Stiftung eine verbreitete Organisationsstruktur, bei der die Macht an der Basis, also bei den Mitgliedern, liegt. Innerhalb solcher Organisationen besteht jedoch in der Regel eine Verwaltungsstruktur

(Managementstruktur), die in sich wieder eine klassische Machtpyramide darstellt. Diese herrscht, wenn auch nicht formell, so doch tatsächlich oft unter Ausschaltung der Basis, die als mächtigste Ebene vorgesehen war.[10]

Arbeitsteilungsmodelle

Ein weiteres Strukturelement ist Gegenstand der Organisationslehren, auch dieses auf Menschenbildern beruhend: die Arbeitsteilung. Die verschiedenen Modelle veränderten sich mit der Entwicklung der Produktionstechnik und dem Ausbildungsstand der Arbeitenden. Wiederum spiegeln sich hier Menschen- und Organisationsbilder. Welche Arbeitsteilung dem Betrieb und den Menschen gut tut, darauf gab und gibt es verschiedene Antworten: der Handgriff am Fliessband – die Fertigstellung eines ganzen Stücks – eine ganze Reihe verschiedener Tätigkeiten abwechslungsweise – spezialisiertes Können in einem kleinen Teilbereich.

In sozialen Organisationen gibt es Arbeitsteilungs-Vorstellungen, die ebenfalls um die Pole Spezialisten-Arbeit und Generalisten-Arbeit kreisen. Untermauert von bestimmten Weltanschauungen postulieren die einen «alle machen alles», die anderen «jedem sein spezifisches Feld». Während in Betrieben der Wirtschaft und in gewinnstrebigen Organisationen die Effizienz als Richtschnur für die eine oder andere Lösung gilt, benützt man dieses Kriterium in sozialen Organisationen kaum je als Massstab, weshalb hier jedes Modell seine wenig fundierte Chance hat.

Mehrdimensionale Organisationskonzepte

Die Entwicklungen der Wachstumsgesellschaft in den letzten Jahren haben dazu geführt, dass Werte wie Leistung, Expansion, Effizienz zugunsten anderer Werte wie Lebensqualität, Gesundheit, ökologisches Gleichgewicht relativiert wurden. Dieser Wertewandel wirkt sich auch auf Organisationsmodelle aus, in denen sowohl den Mitarbeitern als auch externen Einflussträgern grösseres Gewicht bei der unternehmerischen Zielfindung zugestanden wird. Dem Versachlichen, als nach wir vor bestimmender Massstab für die Gestaltung der organisatorischen Abläufe, steht zumindest als Vision das Vermenschlichen, zum Beispiel der internen Kommunikation, als notwendiger Gegenpol gegenüber.

In der systemorientierten Betrachtung von Organisationen werden mehrere Dimensionen unterschieden, denen die Organisation Rechnung tragen muss, wenn sie in der für sie bedeutsamen Umwelt überleben will. Das Hauptgewicht wird hier auf die Fähigkeit gelegt, Veränderungen in der Umwelt möglichst frühzeitig zu erkennen und das Verhalten in der Organisation danach auszurichten.

Geistesströmungen und die damit verbundenen Bilder über den Menschen, die Gesellschaft, die Organisation sind wie geologische Schichten. Sie liegen hier und jetzt obenauf, verschwinden dann wieder von der Oberfläche, können an anderer Stelle und zu andern Zeiten wieder auftauchen, sich verändern usw. So wirken auch in sozialen Organisationen immer Doktrinen mit, die aus alten und älteren, aus neueren und ganz neuen Zeitströmungen stammen.

Wer führen will, muss sich da ein wenig auskennen.

2.5.3. Führungslehren und Führungsweltanschauungen

Führungslehren

In den ersten Fabriken des letzten Jahrhunderts fällte der Fabrikbesitzer an der Spitze seines Unternehmens die wichtigen Entscheide allein. Seine Anordnungen durchliefen von Stufe zu Stufe den Betrieb, bis hinunter zu den produzierenden Arbeitern. Die Führungslehre, die damals galt, forderte: Ein Mann – ein Vorgesetzter. Wieviele Untergebene ein Vorgesetzter zu führen und zu kontrollieren vermag, war eine wichtige Frage (Kontrollspanne). Dieses Hinunter und Hinauf der Linie entlang, das Bild von oben und unten, hat seinen Ursprung in der Gesellschaft, wo die hohen und die niederen Stände ebenfalls in einer Art von Pyramide gedacht wurden. Oben bedeutet: viel von allen erstrebenswerten Gütern wie Reichtum, Ansehen, Macht. Unten heisst: wenig oder gar nichts davon.

Auch in den Bürokratien der öffentlichen Verwaltungen gibt es die Pyramide der Kompetenzen und der Gehorsamspflicht. Hier ist es der Dienstweg, der verbindlich vorgeschrieben ist. Verstösse dagegen führen zu empfindlichen Sanktionen.

Ohne Zweifel funktioniert diese Art von Führungsstruktur unter bestimmten Bedingungen recht gut. Die alleinseligmachende ist sie allerdings nicht. Die hierarchische Führungslehre wurde im Laufe der Zeit oft umgestaltet und ergänzt. Vor allem fragte man immer wieder danach, welche Elemente des Führens das Wohlbefinden der Mitarbeiter in der Organisation verbessern könnten, denn zufriedene Mitarbeiter sind zu grösserem Einsatz bereit und bleiben dem Betrieb eher treu. Aus Experimenten, Forschungen und praktischen Erfahrungen ergaben sich wechselnde Brennpunkte, welche oft den entsprechenden Managementlehren ihren Namen gaben: Management by objectives, management by systems, management by results, management by participation, management by motivation, management by programming and delegation usw. «Der Phantasie beim Hinzufügen eines dritten Wortes scheinen keine Grenzen gesetzt zu sein.»[9]

Solche neuere, meist aus dem anglo-amerikanischen Sprachgebiet stammenden Führungslehren führten zu veränderten Kompetenzstrukturen in der Aufbauorganisation, weg von der steilen Pyramide zu flacheren Gebilden, oft mit Gruppen als Entscheidungsträgern anstelle von Einzelpersonen.

Führungslehren in sozialen Organisationen

– *In den vorgesetzten Gremien*

In fast jeder sozialen Organisation gibt es ein vorgesetztes Gremium, das die Geschäftspolitik festlegt und über die Geschäftsstelle oder den Beratungsdienst die Aufsicht ausübt. In diesen Organen entscheiden Personen, die zu einem grossen Teil nicht aus dem Sozialbereich kommen. Diese «Milizer»[10] bringen oft Organisationsbilder und Managementlehren mit, die sie in ganz anderen Bereichen gelernt, angewendet und erfahren haben. Oft sind sie Persönlichkeiten aus dem Geschäftsleben, aus Unternehmungen der Privatwirtschaft oder Beamte aus öffentlichen Verwaltungen. Sie sind auch Freierwerbende mit eigenen Praxen, wie Ärzte und Rechtsanwälte, die ihre Organisationserfahrung vielleicht ausschliesslich aus der Armee beziehen. Widerstände gegen Neuerungen beim Führen oder gegen unbekannte Führungstechniken haben oft mit unterschiedlichen Management-Bildern zu tun. Milizer sind in der Regel nicht einfach stur und autoritär, sondern sie kommen woanders her. Sie können gerade deshalb oft eine wichtige Rolle spielen, wenn zum Beispiel die Führungsperson unter Betriebsblindheit leidet. Es kommt auch vor, dass sich gestresste Manager als Vorstandsmitglieder im Sozialbereich ein Kontrastklima erhoffen und deshalb statt einem rationalen Führen der Gemütlichkeit das Wort reden. Eine offene Auseinandersetzung über Leitvorstellungen zwischen Führenden und Vorgesetzten ist richtig, auch wenn sich die Auffassungen dadurch nicht annähern lassen.

– *Bei den Mitarbeitern*

Vorstellungen über die richtige und wünschbare Führung sind auch bei den unterstellten Mitarbeitern prägend, wenn auch oft wenig bewusst. Die junge Generation von Sozialarbeitern hat andere Leitbilder als die ältere, wobei die Trennlinie nicht den Altersjahren entlang verläuft. Wir zählen einige dieser neueren Vorstellungen auf, an denen sich ältere Kollegen und Vorgesetzte oft stossen:

die relativierte Bedeutung der Arbeit und damit die Abwertung der alten Arbeitstugenden wie Zuverlässigkeit, äussere Ordnung, Pünktlichkeit, Einhalten von Regeln; die Ablehnung eines vollen Arbeitspensums und die Bevorzugung einer Teilzeitanstellung; der hohe Wert der Selbstbestimmung (Autonomie) und die damit verbundene grosse Empfindlichkeit gegenüber jeder Art von Kontrolle; die zwiespältige Einstellung gegenüber allen Aspekten von Macht, sei es Macht zu erdulden oder Macht auszuüben.

Lehrmeinungen beziehen sich auch darauf, wie der Beruf ausgeübt werden soll: auf die Methoden und Mittel der Hilfeleistung und den Umgang mit den Klienten in der Beratung. Die Ausbildungsstätten verbreiten die jeweils gültigen Lehren, unter diesen auch Führungslehren, welche die Art der helfenden Beziehung gegenüber den Klienten festlegen. Wir begegnen Aussagen wie:

Klient und Sozialarbeiter sind gleichermassen hilfsbedürftig; im Umgang mit Klienten hat der Sozialarbeiter seinen persönlichen Stil, dieser zeigt sich auch in seiner Kleidung, seiner Büroeinrichtung, Privat- und Berufssphäre lassen sich nicht trennen; in der Wahl der Beratungsmethode ist jeder Sozialarbeiter autonom (Methodenfreiheit).

Solche und ähnliche Credos erschweren oft die Voraussetzungen für gutes Führen. (→ Kapitel 3.2. Kommunikation gestalten, 3.5.3. Mitarbeiter)

Weniger konkret sind bei den Mitarbeitern Lehren über das Leiten von Organisationen. Sie übersehen oft, dass für das Funktionieren der Beratungsstelle andere Regeln gelten müssen als für die Hilfestellung an einzelne Klienten, Gruppen oder Gemeinwesen. Die Führungspersonen ihrerseits übertragen vielleicht die ihnen bestvertraute Managementlehre allzu leicht auf das Führen von Klienten. So entstehen zwangsläufig Verwechslungen und Konflikte.

Leitvorstellungen und die gemeinsame Wellenlänge

Mit welchen Leitvorstellungen identifizieren Sie sich? Mit denen, die im vorgesetzten Gremium vorherrschen? Mit den Leitbildern der Mitarbeiter der eigenen Generation? Oder haben Sie eine eigene, ganz persönliche Leitvorstellung? Es gilt, den Ort der Diskrepanzen festzustellen, um Schwierigkeiten zu klären und so gut wie möglich abzubauen. Dabei ist immer zu bedenken: Menschen- und Gesellschaftsbilder sind stark mit unseren Gefühlen verbunden und deshalb von aussen sehr schwer zu verändern. Trotz geduldiger Bemühungen, auch bei sich selbst, gelingt es Ihnen oft nicht, festgelegte Leitvorstellungen in Bewegung zu bringen. Und doch ist eine gewisse Übereinstimmung sehr wichtig. Am Arbeitsplatz verbringen wir einen grossen Teil unserer Lebenszeit. Das dort herrschende Gefühlsklima bestimmt sehr stark unser Wohlbefinden. Und wenn sie sich nicht einstellt, die gleiche Wellenlänge – was dann?

Es gibt für Sie drei mögliche Entscheidungen: entweder den Zustand andauern lassen und mit chronischen Führungskonflikten leben (auf wessen Kosten?). Oder den Zustand beenden und selbst die Organisation verlassen. Oder dafür sorgen, dass diejenigen gehen, die mit ihrem Leitbild allzu Gegensätzliches vertreten. Wie auch immer die Entscheidung ausfällt, Sie sollten sie bewusst und im richtigen Zeitpunkt treffen.

Sie haben es schwer – wie schon dargelegt – bei den Mitarbeitern die eigene Vorstellung von Führen durchzusetzen, wenn die Wellenlänge nicht oder nicht mehr übereinstimmt. Besonders schwierig oder gar aussichtslos ist es, wenn Ihre Autorität nicht anerkannt wird. Häufig kommt dies vor, wenn Sie den Mitarbeitern sozusagen nichts voraus haben, also keine formelle Qualifikation zum Führen vorweisen können. Sie sind dann einfach «eine Sozialarbeiterin wie wir», oder einer aus einem andern Beruf, der «nichts von

Sozialarbeit versteht». Es kann auch sein, dass Sie als ehemaliger Teamkollege zum neuen Leiter gewählt wurden, Sie also einfach «einer von uns» sind. Was masst sich so jemand an, uns führen zu wollen?

Vielleicht stimmt die Wellenlänge nur allzu sehr überein. Aus übergrosser Identifikation mit den Untergebenen fällt es der Leiterin dann schwer, die Führungsrolle überhaupt zu übernehmen. Zudem ist es nicht leicht, sich abzugrenzen, Leitlinien des Führens und Leitlinien des Beratens bewusst auseinanderzuhalten, wenn – was häufig vorkommt – die Leiterin als Sozialarbeiterin auch noch eine grössere Anzahl von Fällen selbst führt.

Verschärft werden die Schwierigkeiten, wenn Sie Ihre Mitarbeiter an Planung und Entscheidungen teilhaben lassen möchten, weil das Ihren Vorstellungen und auch denjenigen der Mitarbeiter entspricht. Gerade bei qualifizierten Mitarbeitern entsteht der Eindruck – zu Recht! – sie seien selbst fähig zu führen. Wozu braucht es dann noch speziell jemanden, der führt? Der Ruf nach Führen im Team wird laut.

Die eingangs erwähnten Leitbilder vom Vorrang des Gefühls gegenüber dem Verstand oder umgekehrt können ebenfalls Auseinandersetzungen hervorrufen. Die Bearbeitung auch kleiner Frustrationen in Teamsitzungen kann unverhältnismässig viel Zeit in Anspruch nehmen. Wenn umgekehrt Gefühle von Mitarbeitern nicht beachtet werden, fliesst ebenso viel Zeit in die nachträgliche Lösung von Konflikten. (→ Kapitel 3.2. Kommunikation gestalten, 3.7. Strukturen berücksichtigen, 3.8. Konflikte erkennen und handhaben)

Dabei ist zu beachten: Eine Organisation im Sinne dieses Buches bleibt eine leistungsorientierte Gruppierung, sie ist keine intime Lebensgemeinschaft. Jedes dieser beiden unterschiedlichen Gebilde hat seinen besonderen Gefühlspegel, seine besondere Beziehungskultur. Es geht nie ohne Schaden ab, wenn der einer Organisation angemessene Pegel überschritten wird. Gefühl und Verstand sind beide beim Führen notwendig. Führen besteht aus Analysieren, Beurteilen, Abwägen, Vorausschauen, Entscheiden, Zu-Papier-Bringen, Zuhören, Einfühlen, Zusammenführen, Tolerieren, Sich-Gedulden – Tätigkeiten, die einen kreativen Verstand, feine Ohren und ein waches Herz erfordern, also sowohl «Bauch» als auch «Kopf» gleichermassen beanspruchen. Jede einseitige, ausschliessende Doktrin behindert das Führen sehr.

6 HINWEISE

- Feste Vorstellungen leben als Weltanschauungen in den Köpfen der Mitglieder einer sozialen Organisation. Ihre Management- und Führungslehren sind verknüpft mit bestimmten Menschen-, Gesellschafts- und Organisationsbildern.
- Gut Führen setzt voraus, die verschiedenen Leitbilder zu erkennen, zu lokalisieren und mit ihnen verständnisvoll umzugehen.
- Milizer und Professionelle haben oft sehr unterschiedliche Vorstellungen von Führen.
- Es ist sehr wichtig, sich die eigenen Vorverständnisse bewusst zu machen.
- Führen einer Organisation und Führen eines Falles sind nicht dasselbe. Beides zu verwechseln, ist unter Umständen verhängnisvoll.
- Führen ist eine Angelegenheit von kreativem Verstand und wacher Einfühlung.

Die Integrität des Menschen
besteht darin, dass er sich
in jedem Augenblick sagen
darf, was er denkt.
Elias Canetti[1]

2.6. Nachdenken über verschiedene Arten von Denken

Vieles, was wir in diesem Buch bedenken und behandeln, ist kontrovers. Das heisst: Man kann es von verschiedenen Seiten anschauen und kommt je nach dem zu verschiedenen Schlüssen. Unsere Absicht ist es nicht, richtige Standpunkte – und schon gar nicht, die einzig richtigen – zu vertreten, sondern dazu anzuregen, allzu Selbstverständliches und scheinbar Gesichertes neu zu überlegen.

Oft bewegen wir uns ja in Teufelskreisen, die bei stillschweigenden, seit langem nicht mehr überprüften Annahmen beginnen und uns in die ewig gleichen, unüberprüften Folgen dieser Annahmen hineinführen. Bestimmte Wörter und Sätze stecken dann wie Kulissen auf der Bühne das Feld des Handelns ab, ein oftmals viel zu enges Feld mit lauter Wiederholungszwängen. Es lohnt sich jedenfalls, bei wichtigen Problemen und vor wichtigen Entscheidungen darüber nachzudenken, wie man dieses Problem auch anders sehen oder bearbeiten könnte. Es gibt fast immer Alternativen im Umgang mit Themen und Situationen; schade, wenn sie nicht erkannt und genutzt werden.

Jede Kultur hat bekanntlich eine ganz besondere Art zu denken, mit Wahrnehmungen umzugehen, Wirklichkeit zu deuten und zu verändern. Unsere abendländische Denktradition ist weitgehend geprägt von bestimmten systematischen und logischen Regeln, die wir uns von Kind auf und vor allem in der Schule angeeignet haben. Früher oder später geraten wir an Probleme und Situationen, die uns die Grenzen dieser erworbenen Denkart spüren lassen. Esel-am-Berg-Erfahrungen, die uns vielleicht nach Denkformen suchen lassen, die aus anderen Quellen als den uns gewohnten schöpfen.

Wir versuchen in diesem Kapitel, ausser den uns vertrauten Denkarten auch Alternativen zu beschreiben, ohne erkenntnistheoretischen Anspruch. Wir möchten Sie damit anregen, eingefleischte Formen der Problembearbeitung als eine unter anderen Möglichkeiten, die sich ebenfalls anbieten, zu sehen.

2.6.1. Systematisch-logisches Denken

Unser westliches Denken ist vorwiegend rational, das heisst von Erkenntnissen und Überlegensformen bestimmt, die wir mit dem Verstand begründen und nachvollziehen können. Dieses rationale Denken lässt sich in folgerichtigen Schritten darstellen, die bei den verschiedensten Gelegenheiten anwendbar sind. Rationales Denken ist die Grundlage für zielgerichtetes Handeln. Da wir in unserem Alltag vorwiegend mit diesem Denken unsere Ziele anstreben, sind uns die einzelnen Denkschritte oft kaum bewusst; sie laufen automatisch in unserem Denkprozess ab.

Die folgende Zusammenstellung zeigt die Denk- und Handlungsschritte mit den ihnen zugeordneten Tätigkeiten.

Die Grundfragen

- Wo stehen wir?
- Wohin wollen wir?
- Welche Wege gibt es dorthin?
- Welchen Weg wählen wir?

  Und nachdem wir dem gewählten Weg gefolgt sind:
- Sind wir an unserem Ziel angekommen?

In Stichworten:

• Situationsanalyse	IST-Zustand
• Zielsetzung	SOLL-Zustand
• Lösungsvarianten	Verfahren, Methoden
• Lösungswahl	Methodenwahl
• Durchführung	Programm-Ablauf
• Auswertung/Evaluation	IST-SOLL-Vergleich

Die Tätigkeiten

***1. Situation analysieren** (Wo stehen wir?)*

– Ausgangssituation erfassen und beschreiben: Informationen sammeln, ordnen, in Zusammenhänge bringen, beurteilen, gewichten.

– Entscheiden, ob etwas an der Situation geändert werden soll: Veränderungsmöglichkeiten abschätzen; Werte, Normen und Interessen erkennen, Entwicklungstrends miteinbeziehen. Hilfsquellen und Hindernisse für eine Veränderung ermitteln, Wichtigkeit und Dringlichkeit beurteilen. Szenarien entwerfen, Vor- und Nachteile von Veränderungen gegeneinander abwägen.

2. Ziele setzen *(Wohin wollen wir?)*

– Festlegen, wann die neue Situation, der veränderte Zustand erreicht sein soll:
  Teilziele festlegen.
  Ziele konkret und exakt beschreiben, Rahmenbedingungen formulieren; Termine bestimmen,allfällig eintretende Nebenwirkungen überlegen (Vernetzung), Indikatoren für die Auswertung erarbeiten.

3. Lösungsvarianten ausarbeiten *(Welche Wege gibt es dorthin?)*

– Verschiedene mögliche Lösungen erarbeiten:
  Informationen über bekannte Lösungen sammeln, neue Lösungen erfinden, Kombinationen kreieren, dabei neue, kreative und spielerische Verfahren ausprobieren.

4. Lösung wählen *(Welchen Weg wählen wir?)*

– Die beste Lösung auswählen:
  Kriterien für die Beurteilung der Varianten formulieren, Kriterien gewichten, Varianten bewerten, sich für die beste entscheiden.

5. Die gewählte Lösung durchführen *(Machen wir uns auf den Weg!)*

– Alle Massnahmen planen, anordnen und durchführen, welche für Veränderungen nötig sind:
  Durchführungsplan aufstellen, Termine bestimmen, Verantwortlichkeiten festlegen, durchführen, begleiten, kontrollieren, dabei Sachebene und psychologische Ebene berücksichtigen.

***6. Auswerten** (Sind wir am Ziel angekommen?)*

- Die neue Situation mit dem gesteckten Ziel vergleichen:
  Erreichten Zustand und Einhalten des Termins beschreiben und anhand der festgelegten Kriterien beurteilen, Nebeneffekte einbeziehen, Verlauf beschreiben und bewerten, Folgerungen aus den Ergebnissen ziehen.
  Mit Schritt 6 führt der Kreis des Denkens und Handelns zurück zu Schritt 1 (Regelkreis).

Was heute als *ganzheitliches oder systemisches* Denken bezeichnet wird, zählen wir ebenfalls zu den rationalen Denkweisen. Es unterscheidet sich von einem linearen Ursache-Wirkung-Denken durch die Auffassung, dass Ursachen und Wirkungen immer gleichzeitig auch das andere sind und vielfältig aufeinander einwirken. Die verschiedenen Aspekte oder Subsysteme eines Systems (auch einer Organisation) werden als *miteinander vernetzt* erkannt. Bei allem Eingreifen und Verändern auf ein bestimmtes Ziel hin müssen wir mögliche Auswirkungen (Nebeneffekte) an anderen Orten des Systems mitberücksichtigen: Die Denkvorgänge, die es dafür braucht, sind systematisch-logisch, beziehen sich jedoch immer auf mehr als eine Linie im Wirkungszusammenhang. Wir möchten mit unserem Modell dieses Denken fördern. Gutes Führen gelingt vor allem durch systematisches, rationales und systemisches Denken und Handeln.[11] Wir sind uns dabei bewusst, dass wir *alle* Beziehungen zwischen *allen* Aspekten eines Systems niemals erkennen können und dass unser vernünftiges Denken seine Grenzen hat.

2.6.2. Denken und Handeln jenseits von Systematik und Logik

Es gibt sie, die mit besonderer Kraft ausgestatteten Führungspersönlichkeiten, die Naturtalente, die charismatischen Gurus, denen die Begabung zum Führen sozusagen in die Wiege gelegt wurde. Für sie ist die Form des systematisch-logischen Lernens von Führen nicht gedacht. Wir haben uns an das rationale Denken gehalten, das für Sie und uns gewöhnliche Leute nachvollziehbar ist. Wir haben uns auf das Lernbare und das zwischen Menschen Gestaltbare ausgerichtet, auf das, was sich in einem Buch vermitteln lässt.

Und doch sind wir überzeugt, dass in manchen Aufgaben des Führens – und namentlich in der so überaus wichtigen Gestaltung der Kommunikation – *nichtrationale* Vorgänge im Spiel sind. Es gibt für diese Vorgänge Begriffe wie Intuition, Vision, Kreativität und ähnliche vielgebrauchte Worte, die auf andere Ebenen des Bewusstseins und der Wahrnehmung verweisen. Hinter solchen Begriffen verbirgt sich der Anspruch, verkümmerte Quellen in den Menschen anzusprechen, sie von einseitiger Kopflastigkeit zu befreien, ganzheitlich zu leben (und dementsprechend auch zu führen).

Die Gefahr des esoterischen Vokabulars im Bereich des Führens scheint uns darin zu liegen, dass es meistens bei Worten bleibt. Die Hoffnung auf eine neue Seins-Qualität in der Organisation erweist sich fast immer als unerfüllbar. Enttäuschung macht sich breit. Solange die naheliegenden und denkkulturell vertrauten Methoden des Erkennens und des Lösens von Problemen nur halbherzig oder gar nicht genutzt werden, ist in einer Organisation von Kreativität und Intuition wenig zu erwarten. Wir meinen sogar, dass die Fähigkeit und die Bereitschaft zu intuitivem Erfassen und Handeln dort am grössten sind, wo zuvor mit aller Verbindlichkeit die Chancen und Grenzen logisch-systematischer Denkansätze erprobt wurden.

Es ist wichtig, dass wir Intuition und *Gefühle* voneinander unterscheiden. Die Emotionalität eines Gesprächs, einer Teamsitzung oder generell des Betriebsklimas sagt noch nichts darüber aus, ob in einer Organisation auch schöpferisch gearbeitet und kreativ miteinander umgegangen wird. Gefühle – dies wissen Sozialarbeitende von Berufes wegen – können sehr wohl auch Barrieren sein, Entwicklungen blockieren und gerade alles Stimulierende verhindern. Intuition ist demgegenüber eine besondere Qualität der Wahrnehmung und der Deblockierung. Sie ist ein Zustand, in dem man weder durch fixe Ideen noch durch fixierende Gefühle eingeschränkt ist.

2.6.3. Führen heisst auch: Denkblockaden überwinden

Das systematisch-logische Denken, zu dem wir von Kind auf angeleitet wurden, hat auch seine Nachteile für die Art und Weise, wie wir an die

Aufgaben des Lebens herangehen. Frühzeitig haben sich ganz bestimmte Gewohnheiten und typische Denkabläufe in uns so stark festgesetzt, dass sie uns daran hindern, auch andere Methoden des Erkennens und Lösens von Problemen zu benützen. Der Ausspruch, wonach viele Wege nach Rom führen, ist uns zwar geläufig. In Wirklichkeit neigen wir dennoch dazu, immer nur auf dem gleichen Weg und unter Benützung der stets gleichen Transportmittel an unser Ziel zu gelangen.

Um zu einem neuen, kreativen Denken zu gelangen, müssen wir den Sprung aus unseren angestammten Denksystemen in ein anderes, uns wenig vertrautes wagen, also wörtlich einen Seitensprung machen. Das bekannte erhellende Beispiel dafür ist die nachfolgende Aufgabe:

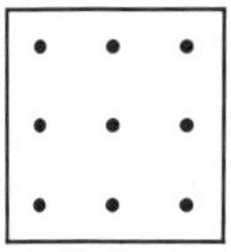

Diese neun Punkte sollen durch eine einzige Linie, bestehend aus vier Geraden, miteinander verbunden werden.

Die Lösung der Aufgabe ist nur möglich, wenn der selbstverständliche Suchrahmen verlassen und ein neues Bezugssystem wahrgenommen wird:

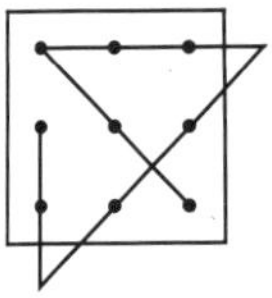

Die Folgerung: Wenn Sie für ein Problem keine Lösung finden, so ändern Sie den Bezugsrahmen (vielleicht ändert sich damit auch schon das Problem!).

Denkblockaden erkennen und spielerisch überwinden, ist ein Schlüssel zur Kreativität, eine Möglichkeit, Alternativen im Umgang mit Situationen, mit Problemen und Themen, mit Menschen zu entwickeln.

Zwei Geschichten sollen den Denk-Seitensprung veranschaulichen:

Zwei Klosterbrüder möchten während der Gebetsstunden in der Zelle gerne rauchen. Der erste geht zum Abt, um sich diese Erlaubnis zu erbitten. Er kommt zurück. «Was hat der Abt gesagt?», fragt der zweite. «Nein, mein Sohn», berichtet der erste. Nun geht der zweite, kommt zurück. «Was hat der Abt gesagt?», fragt der erste.

«Ja, mein Sohn», berichtet der zweite. «Wie hast du das nur fertiggebracht?», will der erste wissen. «Siehst du», erklärt der zweite, «das ist eine Frage der Formulierung. Du hast gefragt: Darf ich rauchen, während ich bete? Da hat der Abt nein gesagt. Ich habe gefragt: Darf ich beten, während ich rauche? Da hat der Abt ja gesagt.»

Die zweite Geschichte: «Ein Sträfling spielt mit seinen Wärtern Karten. Als sie ihn beim Mogeln ertappen, werfen sie ihn aus dem Gefängnis.» Hier entsteht durch eine überraschende Zusammenkoppelung von zwei verschiedenen Bezugssystemen (Gefängnis – Spielregeln) die Pointe, der Witz.

Man spricht von «Bisoziation», die entsteht, wenn das übliche Bezugssystem für ein bestimmtes Wort verlassen wird. So ist zum Beispiel die Assoziation zu Streichholz meistens Feuer. Die Bisoziation zu Streichholz könnte sein: Zähne!, über die Umdeutung des Streichholzes zum Zahnstocher. Die Bisoziation kann als ein Seitensprung, als Deblockierung des gewohnten linearen Denkens erlebt werden.

Von Edward De Bono[12] stammt die Unterscheidung zwischen lateralem und vertikalem Denken. Vertikales Denken ist logisch, gradlinig, zielstrebig, vernünftig – die Art von Denken, die wir normalerweise anstreben. De Bono vergleicht das vertikale Denken mit einem Werkzeug, mit dem man Löcher vertieft oder vergrössert, oder, im übertragenen Sinn: mit dem man für ein bestimmtes Problem immer mehr Informationen beschafft. Vertikales Denken bedeutet, dasselbe Loch tiefer zu graben – laterales Denken hingegen heisst, ein anderes Loch an einer anderen Stelle zu graben und damit ganz neue, unerwartete Einsichten herauszuschaufeln. Dies fällt uns deshalb meistens so schwer, weil wir uns – ohne es zu bedenken – mit denjenigen Löchern identifizieren, in denen wir schon immer gegraben haben.

Nicht nur Wissenschaftler und Experten sind oft beherrscht von einer Theorie, von bestimmten Annahmen und Vorverständnissen. Wir alle in unserem menschlichen Alltag sind häufig die Knechte von Theorien. Laterales Denken, im weitesten Sinne verstanden, ist eine Methode, um erst einmal herauszufinden, wo uns solche dominante Ideen und Annahmen beherrschen und einengen. Danach können wir nach anderen Wegen suchen, um die Dinge zu betrachten. Die verschiedensten Kreativitätstechniken bieten sich uns dafür an. (→ Kapitel 5.14. Kreative Techniken)

6 HINWEISE

- Jede Kultur hat ihre eigenen Denkweisen.
- Uns ist die rationale, systematisch-logische Denkweise am besten vertraut.
- Die Denk- und Handlungsschritte dieses Denkens sind die Grundlage von allem zielgerichteten Handeln, deshalb in leistungsgerichteten Organisationen unerlässlich.
- Ganzheitliches, systemisches Denken ist rationales Denken.
- Nichtrationales Einfühlen und Handeln stützt sich auf Intuition, Visionen und kreative Einfälle – es hat auch beim Führen seinen Platz.
- Beim lateralen Denken werden gedankliche Seitensprünge provoziert, die Raum schaffen für das Erkennen neuer Aspekte und ungewöhnlicher Zusammenhänge.

3. Praxis des Führens

Wenn meine Ziele klar sind,
erreiche ich sie ohne über-
triebene Geschäftigkeit.
LAO TSE[3]

If you don't know
where you are going,
any road will get
you there.
Irisches Sprichwort

3.1. Ziele setzen

3.1.1. Nachdenken über Ziele

1. Person und Organisation

Was ist ein Ziel?

Das Wort Ziel ist ein abstraktes sprachliches Symbol. Ein Ziel muss beschrieben werden, wenn es das Handeln bestimmen soll. Es ist der Ort, wo ich hin will; es sind Kenntnisse, die ich erwerben soll; eine Situation, die ich herbeiführen muss; ein Zustand, den ich erhalten möchte; eine Meinung, die ich mir bilden will. Ich setze ein Ziel, auf das ich zugehe. Wenn ich mich entschieden habe, ein Ziel zu erreichen, muss ich auch handeln.

Ziele müssen grundsätzlich erreichbar sein, sonst sind es Irrlichter ohne Richtungsweiser für das Handeln. Eine, wenn auch noch so kleine Chance der Realisierbarkeit lässt auch Wünsche, Hoffnungen, Vorsätze und Utopien richtungsweisend werden. Erst die Beschreibung eines ganz konkreten Zustandes jedoch, den ich herbeiführen will, führt mich zu zielgerichtetem Handeln.

Persönliche Ziele

Zielstrebig leben ist in unserer westlichen Kultur eine weitverbreitete anerkannte Norm für alle Lebensbereiche. Man soll sich nicht treiben lassen. Innerhalb eines bestimmten Rahmens kann sich jeder Mensch seine Ziele wählen, sofern er Wahlmöglichkeiten hat. Je kleiner seine materiellen Ressourcen sind, je geringer seine persönliche Ausstattung, desto weniger Möglichkeiten gibt es, die persönlichen Ziele nach eigenen Wertmassstäben auszuwählen. Im Bereich der Berufsarbeit sind für die allermeisten Menschen die persönlichen Ziele eingeengt durch die Ziele der Organisation, in der sie arbeiten.

Organisationsziele

Ein typisches Merkmal aller Organisationen, ihre raison d'être, ist das Handeln auf ganz bestimmte Ziele hin. Das gemeinsame zielgerichtete Handeln aller Organisationsmitglieder ist der charakteristische Kern einer Organisation, im Gegensatz zu anderen sozialen Gebilden wie zum Beispiel Familien, Nachbarschaften, Altersklassen. Mitglieder der Organisation sind alle in irgendeiner Form formell mit der Organisation verbundenen Personen.

Als soziale Organisation bezeichnen wir fortan Organisationen des Sozial- und Gesundheitswesens. In der Regel sind es bei uns Nonprofit-Organisationen. Im Gegensatz zu Organisationen der Produktion, des Handels oder bestimmter gewinnbringender Dienstleistungen ist das formale Hauptziel sozialer Organisationen nicht der Gewinn, also nicht ein Ertragsziel im materiellen Sinne. Ihr Ziel (Zweck, Sinn) ist es hingegen, spezifische soziale und gesundheitliche Bedürfnisse zu befriedigen, sei es für alle, sei es für bestimmte Kategorien von Menschen. Meistens bedienen sie Gruppen, die nicht aus eigener Kraft ihre sozialen Grundbedürfnisse befriedigen können. (→ Kapitel 2.1. Nachdenken über die Kunden)

Soziale Organisationen verfolgen Sachziele. Sie stellen materielle oder immaterielle Dienstleistungen zur Verfügung.

Mit dem Festlegen ausformulierter Ziele ist es in sozialen Organisationen häufig nicht weit her. Oft fehlen sie ganz. Und wenn man sie in Statuten oder Leitbildern findet[13], dann «... besteht allgemein die Tendenz, die Ziele mit so hochtrabenden Worten zu umschreiben, wie z. B. ‹Aufbau einer besseren

Gesellschaft›, ‹Verbesserung des sozialen Funktionierens›, ‹Beseitigung von Armut oder Rassismus› . . .»[14]. Solche vagen Deklarationen eignen sich nicht dafür, dem Handeln in der Organisation eine Richtung zu geben.

Anstelle von formulierten Zielen begnügen sich soziale Organisationen auch etwa mit der Auflistung von Aufgaben, die erfüllt werden müssen. Aus dem gesamten Aufgabenkatalog kann dann einigermassen abgeleitet werden, welche Ziele sich die zielsetzenden Personen für die Organisation vorstellen. Welche Ziele jedoch eine Organisation in der Praxis verfolgt, lässt sich nur feststellen, wenn man die realen Handlungen der Organisationsmitglieder beobachtet und beurteilt. Dabei kann man auf Diskrepanzen zwischen deklarierten und konkret verfolgten Zielen stossen, man entdeckt offen dargelegte und verdeckte Ziele – oder persönliche Ziele einzelner, die als Organisationsziele ausgegeben werden.

2. Organisationsziele verändern sich

Organisationen leben und verändern sich mit dem Wandel der Gesellschaft, mit ihrem Umfeld.

Soziale Organisationen sind Antworten auf bestimmte soziale Probleme. Sie wurden gegründet, um bestimmten Menschen Lösungen für diese Probleme anzubieten.

Soziale Probleme verändern sich stetig. Die einen verschwinden, neue tauchen auf. Alte Probleme werden neu definiert, weil man sie anders wahrnimmt als früher, und dies nicht selten, weil bis anhin gültige Werte und Normen sich verändert haben. Damit ändern sich auch die Problemlösungen.

Formulierte Ziele und festgelegte Aufgaben der Organisation ändern sich meistens langsamer als die Geschehnisse in der Umwelt, sie hinken hintennach. Sture, aber einflussreiche Mitglieder können jeden Wandel verhindern, indem sie an ausgedienten, lieben Zielen festhalten. Damit schaden sie ihrer Organisation. Es wird dadurch schwierig, die Existenzberechtigung zu begründen, zum Beispiel gegenüber den Geldgebern. Die Kunden bleiben allmählich weg oder benützen die Organisation nur gezwungenermassen. Die Organisation vegetiert vor sich hin, oft jahrelang. Nur ganz selten löst sich eine soziale Organisation freiwillig auf, wenn ihre Ziele keinem Bedürfnis mehr entsprechen. Es braucht mutige Menschen, um eine unzeitgemässe, überlebte Organisation auch wirklich sterben zu lassen.

Möglicherweise aber hat sich die Praxis der Organisation schon längst weiterentwickelt und sich trotz den veralteten Zielformulierungen neu ausgerichtet. Einmal kommt dann der Zeitpunkt, wo das alte Organisationsleitbild mit seinem Zielkatalog revidiert und formell ersetzt werden muss.

3. Organisationen haben mehr als ein einziges Ziel

Keine Organisation kann geradlinig nur ein einziges Ziel verfolgen. Immer gibt es Haupt- und Nebenziele, häufig eine ganze Anzahl gleichwertiger Ziele. Wenn die Mittel beschränkt sind – was die Regel ist –, stehen die verschiedenen Ziele miteinander in Konkurrenz. Die Verteilung der Mittel auf die verschiedenen Zielbereiche wirft eine Reihe zu lösender Fragen auf, vor allem die Frage nach den Prioritäten und dem Verhältnis von Aufwand und Nutzen. Die verschiedenen Organisationsziele werden selten bewusst bewertet. Und doch könnten solche Überlegungen dazu beitragen, die Organisationsziele besser zu erreichen. (→ Kapitel 3.3. Prioritäten bestimmen; 3.5. Ressourcen beschaffen und richtig einsetzen)

Organisationsziele lassen sich auf verschiedene Art gruppieren. Hier eine mögliche systematische Auflistung[14]:

- Soziale Ziele
  beziehen sich auf die Bemühungen der Organisation um Anerkennung ihrer Existenzberechtigung durch die Gesellschaft.
- Produktions- oder output-Ziele
  beziehen sich auf die Klienten/Patienten, die direkt vom Angebot der Dienstleistung Nutzen ziehen
- Investoren-Ziele
  beziehen sich auf die Vorteile/Gegenleistungen, die die Finanzgeber, Vorstandsmitglieder, professionellen Mitarbeiter, freiwilligen Helfer für ihren Einsatz an Zeit und Geld erwarten.
- System-Ziele
  beziehen sich auf die Bemühungen der Organisation, Gleichgewicht und Stabilität zu erhalten
- Abgeleitete, sekundäre Ziele
  beziehen sich auf Aktivitäten, die mit den Hauptzielen der Organisation nur indirekt in Verbindung stehen (zum Beispiel politische Aktivitäten, Beeinflussungsversuche der öffentlichen Meinung)

Eine Systematik der eigenen Organisationsziele kann helfen, nicht allzu eingleisig über Ziele nachzudenken.

4. Ziele und Werte[15]

Ziele sind SOLL-Zustände, Vorstellungen über etwas Zukünftiges. Welche Ziele sind richtig, welche falsch? Sind sie gut, sind sie schlecht? Eine Antwort finden wir nur, wenn wir Ziele an unserem Wertsystem messen, an unseren persönlichen und an den Wertmassstäben unserer Gesellschaft. Zielerreichung heisst auch Wertverwirklichung. Es wurde schon gesagt: Ziele in sozialen Organisationen enthalten häufig hohe Werte, denen die Organisation nachzustreben vorgibt. Verdeckt stösst man möglicherweise auf nicht so hohe, sondern auf egoistische Ziele, die den handgreiflichen Interessen bestimmter Organisationsmitglieder oder gesellschaftlicher Gruppierungen dienen.

Beim Nachdenken über Ziele lohnt es sich, stets zu fragen: Wem nützen sie? Die Antwort kann der Schlüssel sein für manche unverständlich erscheinende Vorgänge in der Organisation.

5. Ziele sind Instrumente der Wirksamkeitskontrolle

Soziale Organisationen sind ihren Trägern und Mitgliedern aus verschiedenen Gründen Rechenschaft schuldig. Weitherum ist es üblich, regelmässig Auskunft zu geben über die Anzahl der verschiedenen Dienstleistungen, über die Art der Empfänger und ihre Probleme, über die Organisationsfinanzen, über Personelles innerhalb der Organisation. Seltener wird die Wirksamkeit der Handlungen dargelegt. Konnten die Probleme der Patienten und Klienten befriedigend (für wen befriedigend?) und dauerhaft gelöst werden? Mit welchen erwünschten, eventuell unerwünschten Nebenwirkungen? Mit welchem Aufwand? Mit welcher Bedeutung für die Betroffenen? Wurden die Ziele im Bereich des Führens erreicht?

Alle diese Fragen können nur beantwortet werden, wenn man das Erreichte mit dem Angestrebten, den Zielen, vergleichen kann. Damit Ziele zum Massstab werden, müssen sie in konkrete, anschauliche Zustände oder Verhaltensweisen übersetzt werden, die sich messen und wägen lassen. Nur mit solchen operationalisierten Zielen ergibt sich ein brauchbarer Massstab für die Wirksamkeitskontrolle. Ohne Zielformulierung keine Auswertung. Das gilt für alle Arbeitsbereiche in der Organisation, für den Dienstleistungs- wie für den Führungsbereich. (→ Kapitel 3.6. Kontrolle ausüben)

6 HINWEISE

- Ziele in sozialen Organisationen geben die Richtung für das Handeln an
- Sie sind abgestimmt auf die Bedürfnisse nach sozialen Dienstleistungen und müssen den Veränderungen dieser Bedürfnisse angepasst werden
- Von Zielen werden konkrete Aufgaben abgeleitet
- Ziele basieren auf Werthaltungen, die mit persönlichen Werthaltungen von Organisationsmitgliedern im Widerspruch stehen können
- Ziele sind wichtig für die Identifikation der Mitglieder mit der Organisation und ihrer Motivation, Mitglieder zu bleiben
- Ohne konkret beschriebene Ziele ist keine Wirksamkeitskontrolle möglich.

3.1.2. Mit Zielen führen

Führen: In vernetzten Bezügen bewusst handeln. Wir könnten auch sagen: zielgerichtet handeln.

Wir wollen nun dem zielgerichteten Führen in jedem einzelnen Aspekt unseres Führungsmodells nachgehen und zeigen, wie sich Veränderungen in einem Bereich auf andere Bereiche auswirken können.

Als Leiterin und Leiter sitzen Sie in unserem Modell nicht etwa wie eine Spinne in der Mitte des Netzes, wie das Schema (→ S. 32) vermuten liesse. Sie wechseln ihren Standort und Ihre Blickrichtung, um durch Ihr Führen möglichst viele positive Wechselwirkungen hervorzubringen, und zwar auf die übergreifenden Organisationsziele hin. Ihr eigenes zielgerichtetes Führen soll allen Mitarbeitenden in der Organisation ein bewusstes, zielgerichtetes Handeln ermöglichen.

Ziele für die Dienstleistung

Jede neu entstehende soziale Organisation begründet ihre Entstehung mit neuen Zielsetzungen für neue Notsituationen und bestimmte neue Gruppen von notleidenden Menschen. Sie bezeichnet ihre Zielgruppen und formuliert ihre Marktziele, damit klar ist, was sie will. In bestehenden, alten Organisationen sind die Ziele für das, was man tut, oft weitgehend aus dem Bewusstsein der Mitglieder oder Mitarbeiter verschwunden. Sie handeln dann wohl auf Ziele hin, aber wenig bewusst. Was ihnen selbstverständlich erscheint, nehmen sie nicht mehr wahr. So kann es nicht ausbleiben, dass die nur noch unscharf vorhandenden Ziele je nach Mitarbeiterin eine individuelle Ausprägung erhalten. Die allgemeine Meinung, es bestehe Übereinstimmung, wird bei der erstbesten Gelegenheit erschüttert, wenn nämlich jemand, von aussen oder von innen, die Dienstleistungsziele kritisch in Frage stellt und darüber diskutieren möchte. Die sachlich gemeinte Diskussion, welche Unschärfen scharf machen wollte, wird bald einmal auf die Personenebene verschoben: Die Kritikerin stört die vermeintliche Ruhe, und Ruhestörerinnen werden isoliert und zum Schweigen gebracht. So gibt es bei den Aspekten «Menschen» und «Beziehungen» Ärger, der sich auf den Aspekt «Wirtschaftlichkeit» ausdehnen kann, weil die Konzentration auf die Dienstleistung durch zwischenmenschliche Konflikte gestört wird.

Kritik an unseren Dienstleistungszielen kann auch von unseren Kunden kommen oder von ihrer Lobby, wenn sie eine solche besitzen. Wir erinnern an die sogenannte Heim-Kampagne der 70er Jahre. Sie beeinflusste die Zielsetzung und das Leitbild mancher Organisation der Jugendhilfe. Die Losung «weniger Staat» der 80er Jahre hatte Wirkungen auf den Aspekt «Wirtschaftlichkeit», indem die Geldbeschaffung für einige soziale Organisationen nur mit erheblich grösserem Aufwand als bisher möglich war. Dies wiederum wirkte sich negativ auf gutes Führen aus, da zu wenig Zeit dafür übrigblieb.

Bewusst Führen heisst, dass Sie Kritik an den Zielsetzungen nicht abwehren, sondern sie zum Anlass nehmen, darüber nachzudenken. Beides, Bewahren oder Verändern der Dienstleistungsziele, kann richtig sein, so wie jede Kritik begründet oder unbegründet sein kann.

Ziele für den Umgang der Organisationsmitglieder untereinander (Beziehungen)

Welche Ziele können Sie sich für die Gestaltung der internen Beziehungen in der Organisation setzen? Es könnte zum Beispiel Ihr Ziel sein, dass man offen und direkt miteinander verkehrt; dass Sache und Person unterschieden werden; dass Gefühle geäussert werden dürfen und als Teil der Wirklichkeit anerkannt sind; dass Gefühle, so wichtig sie sind, nicht auf Kosten von Verstand und Vernunft überhand nehmen.

Ein Ziel könnte es für Sie sein, darauf einzuwirken, dass Unterschiede überhaupt als anregend und willkommen, anstatt als störend und schädlich eingeschätzt werden.

Sie könnten auch bewusst auf ein Bündeln aller vorhandenen Fähigkeiten hinarbeiten wollen, um dadurch mit synergetischen Effekten so viel Kraft wie möglich für die Dienstleistungen und für ein gutes Klima in der Organisation fruchtbar zu machen.

Ihre Ziele für die Gestaltung der zwischenmenschlichen Beziehungen gestalten auch Ihren persönlichen Führungsstil.

Ziele der einzelnen mitarbeitenden Menschen

Jeder Mensch bringt seine persönlichen Lebensziele in die Organisation mit. Haben Sie sich darum zu kümmern? Wir meinen ja; nicht in einer falsch verstandenen Beschützerinnenrolle, sondern um Organisation und Person in ein Gleichgewicht zu bringen.

Persönliche Ziele machen Sie zum Thema beim Vorstellungsgespräch. Es geht dabei um die Wünsche, Vorstellungen und Hoffnungen, die jeder Mensch mit seinem Arbeitsplatz verbindet. Im regelmässigen Qualifikationsgespräch später nehmen Sie dieses Thema wieder auf. Wie weit konnte die Mitarbeiterin ihre persönlichen Ziele verwirklichen? Stören oder fördern sie das Geschehen in der Organisation? Sie werden in solchen Gesprächen auch die persönliche Fortbildung besprechen und miteinander festlegen, wo lohnende Lernziele liegen. Sie werden gemeinsam überprüfen, wie weit die im letzten Gespräch festgelegten Ziele erreicht worden sind (→ Kapitel 3.2. Kommunikation gestalten; 3.6. Kontrolle ausüben). Qualifikationsgespräche, von Stellenleiterinnen und Stellenleitern oft gefürchtet und gemieden, sind ein unerlässlicher Teil des Management by objectives. Sie sind der Ort, wo persönliche Ziele ein Thema des Führens werden. (→ Kapitel 5.20. Qualifizieren)

Der Entschluss, sich mit den *eigenen* persönlichen Lebens- und Berufszielen auseinanderzusetzen, fällt vielen nicht leicht. Und doch erweist es sich für Sie als unerlässlich, wenn Sie sich mit den persönlichen Zielen Ihrer Mitarbeiterinnen beschäftigen wollen. Allerdings bringt Ihnen dieses Schürfen nicht viel, wenn Sie Ihre Ziele nicht immer wieder ehrlich mit Ihrem eigenen Handeln vergleichen. Mit Ideen, Theorien, Wünschen und Utopien ist noch nicht geführt, sie müssen umgesetzt werden! Der Vergleich zwischen Wollen und Ausführen zeigt Ihnen, was Sie dazulernen müssen, wo Lücken klaffen. Auch Sie selbst brauchen ein Fortbildungsprogramm mit konkreten Lernzielen. Es gibt Führende, die sich dafür den Rat einer aussenstehenden Person holen. Ein Glücksfall ist es, wenn es innerhalb der Organisation jemanden gibt, der Sie begleitet und bei der Umsetzung Ihrer Ziele unterstützt, eine Person, die zu bestimmten Zeiten auch mit Ihnen über Erreichtes und noch Anzustrebendes spricht. Eine solche Person findet sich möglicherweise im vorgesetzten Gremium. Ihre direkten Vorgesetzten gehen Qualifikationsgesprächen wohl genauso aus dem Wege wie Sie. Wir fragen uns auch hier: Wieso die Angst? Ziele evaluieren ist eine Gelegenheit, Leistungen anzuerkennen; im Sozialbereich gibt es in dieser Hinsicht nur ein grossen Darben.

Ziele für die Wirtschaftlichkeit der Organisation

Wir verstehen Wirtschaftlichkeit als das beste Verhältnis zwischen Aufwand und Nutzen. Wir gehen später ausführlich auf die Schwierigkeit ein, den Nutzen von sozialen Dienstleistungen zu bestimmen (→ Kapitel 3.5. Ressourcen beschaffen und richtig einsetzen). Wirtschaftlichkeitsziele sind deshalb im Sozialbereich kaum je formuliert, ganz im Gegenteil zu den Gewinnzielen in den Betrieben des Wirtschaftslebens.

Wenn überhaupt darüber nachgedacht wird, besteht das Ziel darin, den Aufwand, zum Beispiel die Anzahl der Mitarbeiterinnen, einem nur vage bestimmten Quantum an Dienstleistungen anzupassen. Meistens geht man von der Anzahl von Kunden aus, der effektive Nutzen der Dienste wird selten bewusst als Zielsetzung beschrieben.

Verändert sich die ökonomische Situation in der Umwelt, dann kommt es nicht selten vor, dass die Wirtschaftlichkeit der Organisation auf einmal neu definiert wird. Der Aufwand wird als zu gross erklärt im Verhältnis zum Nutzen. In grösseren Organisationen wird vielleicht eine sogenannte Gemeinkosten-Analyse angeordnet, die im Sozialbereich Schwierigkeiten bietet. Um die Wirtschaftlichkeit zu erhöhen – und darum geht es ja –, wird verlangt, die Ziele zurückzustecken. Dies geschieht meistens durch Einschränkung der Ressourcen bei gleichbleibendem Arbeitsvolumen, zum Beispiel Arbeitszeitverkürzung ohne Arbeitsentlastung, oder umgekehrt Zuteilung neuer Aufgaben ohne Erhöhung der Ressourcen, also bei gleichbleibender Mitarbeiterzahl. Solche Zielveränderungen für die Wirtschaftlichkeit ergeben sich unter den Stichworten rationalisieren, Effizienz steigern. Dagegen ist nichts einzuwenden, wenn an die vernetzten Auswirkungen in allen Aspekten des Führens und allen Bereichen der Organisation gedacht wird. Es kann sich erweisen, dass die Nachteile so gewichtig sind, dass die gewünschte Effizienz nicht eintritt: Mitarbeiter werden physisch und psychisch überfordert, für eine gute Kommunikation bleibt keine Zeit mehr, die Beziehungen nach innen und nach aussen verschlechtern sich, die an sich gute Struktur verkommt unter allzu grossem Stress, der Mitarbeiterwechsel nimmt zu. Das Ziel hoher Qualität kann nicht mehr verwirklicht werden, weil für fachliche Regeln der Kunst der nötige Aufwand nicht mehr geleistet werden kann. Der gute Ruf der Organisation leidet.

Wir meinen, es sei wichtig, dass Sie die Wirtschaftlichkeit Ihrer Organisation laufend prüfen und bereit sind, die Ergebnisse sachlich zu beurteilen und daraus wenn nötig die Konsequenzen für Zielveränderungen zu ziehen. (→ Kapitel 3.5. Ressourcen beschaffen und richtig einsetzen; 3.6. Kontrolle ausüben; siehe auch Brack[16])

Ziele für die Organisationsstruktur

Wir möchten eine gute, angemessene Organisationsstruktur. Das übergeordnete Ziel jeder Organisationsstruktur ist ein dienendes: Sie soll ermöglichen, die Ziele der Organisation zu erreichen. So lässt eine gute Struktur ein gutes Klima der Kommunikation gedeihen, in welchem die Mitarbeiter ihre persönlichen Ziele teilweise verwirklichen können. Sie begünstigt wirtschaftliches Handeln und fördert Führen in vernetzten Bezügen. Die Ziele für die Organisationsstruktur sollten übereinstimmen mit den Zielen und Leitideen der Organisation, damit Deklarationen und Praxis nicht auseinanderklaffen. Zum Beispiel entsteht ein schädlicher Widerspruch, wenn für die Dienstleistung ein partnerschaftlicher Umgang mit mündigen Kunden als Ziel formuliert ist, während die bürokratisch hierarchische Struktur ein Herr/Knecht-Verhältnis zwischen Vorgesetzten und Untergebenen begründet.

Wenn die Ziele für die Struktur ihren dienenden Charakter verlieren und zum Selbstzweck werden, ist das Funktionieren der Organisation gefährdet, so zum Beispiel, wenn die Vorschrift, den langsamen Dienstweg in Notfällen strikt einzuhalten, rasches Handeln verunmöglicht. Die Struktur dient dann einem starren Prinzip und nicht mehr dem lebendigen Gebilde Organisation mit seinen Menschen, das ohne Flexibilität nicht gedeihen kann.

Leitbilder erleichtern zielgerichtetes Führen

Es ist die Aufgabe eines vorgesetzten Gremiums, Grundsätze für das Handeln in der Organisation festzulegen und Ziele zu formulieren, woraufhin dieses Handeln ausgerichtet sein soll. Solche Gremien werden als «policy making body» bezeichnet, als Organ, das die Geschäftsgrundsätze und die Geschäftspolitik festlegt. In sozialen Organisationen wird diese wichtige Funktion oft vernachlässigt oder gar nicht wahrgenommen. Die Behörde, die Kommission, der Vorstand beschränkt sich oft nur auf Entscheidungen im Tagesgeschehen und auf die vorgeschriebenen Kontrollen, besonders auf die Finanzkontrolle.

Gleichwohl hat jedes Mitglied eines vorgesetzten Gremiums mehr oder weniger bewusst bestimmte Vorstellungen über die Organisationsziele, ja sogar über die Ziele in den einzelnen Führungsbereichen. Gesprochen wird selten darüber. Vorstellungen und persönliche Leitbilder zeigen sich mehr indirekt in Diskussionsbeiträgen oder in spontanen Bemerkungen in Nebensätzen. Meinungsunterschiede kommen erst bei schwierigen Entscheiden plötzlich ans Licht, was bei den Beteiligten oft unerwartet heftige Gefühle auslösen kann.

Klare Geschäftsgrundsätze, Führungsrichtlinien oder wie auch immer wir die Sammlung von geltenden Organisationszielen nennen wollen, erleichtern das Führen. Es lohnt sich, für sie die nicht geringe Mühe des Ausarbeitens eines Leitbildes auf sich zu nehmen, in einem partizipativen Vorgehen, unter Beteiligung aller hierarchischer Ebenen. (→ Kapitel 5.11. Leitbild)

Sie sind sich sicher klar darüber, dass die Mitglieder des vorgesetzten Gremiums aus ihrer formellen Position heraus den grössten Einfluss auf das Leitbild ausüben können. Sie selbst aber haben den Vorteil, hautnah die Praxis zu kennen. Unterschätzen Sie deshalb nicht Ihre eigenen Möglichkeiten, mit Ihrer Fachkompetenz Einfluss zu nehmen. Ein Organisationsleitbild bewirkt allerdings nicht viel, wenn es in einer Schublade schläft. Machen Sie es regelmässig zum Gegenstand der Diskussion, besonders über zwei wichtige Fragen:

1. Entspricht unser Handeln den Leitsätzen?
2. Ist das Leitbild der heutigen Situation immer noch angemessen?

6 HINWEISE

- Ziele für die Dienstleistung zu formulieren und von Zeit zu Zeit zu diskutieren, ist ein gutes Mittel gegen abstumpfende Routine.
- Klare Leitlinien für die Gestaltung der Beziehungen nach innen und nach aussen machen das Führen auch in diesem Bereich überprüfbar.
- Persönliche Ziele von Organisationsmitgliedern geraten oft in Widerspruch zu den Organisationszielen. Leiterinnen und Leiter sind in erster Linie den Organisationszielen verpflichtet.
- Berufliche Ziele sind persönliche Lernziele. Führende und Mitarbeiterinnen haben ein Anrecht auf Lernmöglichkeiten (Fortbildung), aber auch auf die Überprüfung des Lernerfolgs (Qualifikationsgespräche).
- Ziele für die Wirtschaftlichkeit sind im Sozialbereich schwierig zu bestimmen. Sich trotzdem damit zu befassen, ist ein Gebot im Zeichen von Sparwellen für soziale Dienstleistungen.
- Ein Organisationsleitbild ist ein wirksames Instrument des Führens, vorausgesetzt, dass es gebraucht wird.

6 FRAGEN

1. Wollen Sie überhaupt mit Zielen führen?
2. Leiten wirklich *Ziele* Ihr Handeln?
3. Wenn Sie ein Organisationsleitbild ausarbeiten würden: Welche Bedeutung hätte dies für Sie und für die Mitarbeitenden auf den verschiedenen Ebenen?
4. Wie kommen Sie bei Diskussionen über Ziele in angemessener Zeit zu konkreten Ergebnissen?
5. Wie lösen Sie Konflikte, die entstehen, weil Sie die Ziele der Organisation gegenüber persönlichen Zielen verteidigen müssen?
6. Was heisst für Sie Wirtschaftlichkeit in Ihrer Organisation?

Alles wirkliche Leben
bedeutet Begegnung.
Martin Buber[17]

3.2. Kommunikation gestalten

3.2.1. Nachdenken über Kommunikation

Wir verstehen hier unter Kommunikation all das, was menschliches Zusammenleben gestaltet und ermöglicht: Der Mensch teilt sich dem Menschen mit. Unser Leben beruht auf Kommunikation, angefangen beim symbiotischen Verhältnis zwischen Mutter und Säugling bis zu den hochdifferenzierten Austauschvorgängen moderner Gesellschaften. Der zwischenmenschliche Austausch findet ununterbrochen statt: mit Worten und Körpersignalen, beabsichtigt und spontan, von Person zu Person und gruppenweise, in überschaubaren Einheiten und in anonymen Strukturen; immer häufiger auch über Kommunikationsmedien, die uns an fremden Ereignissen und Schicksalen – allerdings meist nur konsumierend – teilnehmen lassen.

Menschen können «nicht nicht kommunizieren»[18]. Im Alltag erfahren wir jedoch oft, wie schwierig die Kommunikation ist. Wir erleben unsere leidigen Versäumnisse und Barrieren im Umgang miteinander, unsere fatale Neigung, Kommunikation abzubrechen oder versanden zu lassen, wenn auch nur der kleinste Grund dafür vorhanden ist. In privaten Beziehungen wie am Arbeitsplatz und im weiteren gesellschaftlichen Umfeld stossen wir an unsere Grenzen, gute Kommunikation zu praktizieren.

Wir leben heute mit massiven Kommunikations-Widersprüchen: Überall erklingt der Ruf nach besserer Information und Kommunikation, nach mehr Dialog und Transparenz, nach Toleranz und Solidarität. Gleichzeitig werden wir daran gehindert, diesem Ruf zu folgen: wir sind übersättigt mit Information, überflutet mit Nachrichten und Werbung, pausenlos beansprucht durch den Strassenverkehr, das Gedränge von Menschen in Läden und öffentlichen Lokalen, den Lärm.

Immer mehr Menschen stehen heute auf immer vielfältigere Weise miteinander in Beziehung. Wir erleben einander in Zweierbeziehungen, in der familiären Kleingruppe, in Arbeitsteams und im grösseren Betrieb, in Gruppierungen und Vereinen ausserhalb der Berufstätigkeit, und dies in zahlreichen sozialen Rollen, die uns auf je verschiedene Art mit anderen kommunizieren lassen: als Lebenspartner, Käufer, Wirtshausbesucher, Wanderer, Steuerzahler, Autofahrer, Wähler, Kirchgänger, Vater... Und dazu die Zeitungen und Zeitschriften, das Radio, das Fernsehen! Und dazu die Bücher! Und die modernen Verkehrsmöglichkeiten, die uns, beruflich oder touristisch, mit Menschen in aller Welt kurzschliessen.

Dieses riesige Ausmass sozialer Bezüge ist so schnell über uns gekommen, dass wir es vielfach als Überforderung empfinden. Wir finden uns noch kaum zurecht im Anspruch, global zu denken und lokal zu handeln. Wie sich das eigene konkrete Leben im vollen Bewusstsein der weiträumigen und komplexen Zusammenhänge unserer Zeit sinnvoll gestalten lässt, darauf gibt es heute noch keine erprobten Antworten. Zwischen einem manischen Zuviel an Kommunikation und einem depressiven Zuwenig muss der einzelne seinen Weg suchen, ohne dafür auf bewährte soziale Normen und Hilfen im näheren Lebenskreis zurückgreifen zu können. Manche sozialen Dienstleistungen, die heute angeboten werden, haben mit solchen Kommunikationsnöten zu tun.

3.2.2. Führen durch Kommunikation

In Organisationen ist die Frage nach Umfang und Intensität, nach der wünschbaren Qualität und nach der Gestaltbarkeit von Kommunikation andauernd aktuell.

In ihrer Wirkung nach aussen wie nach innen sind Organisationen weitgehend davon geprägt, wie sie Beziehungen wahrnehmen und aktiv gestalten.

Es geht nicht nur um die *Information*. Es ist zwar eine wichtige Frage, welche Art und Menge von Information die einzelnen Mitarbeiter nötig haben, um ihre Aufgabe kundig wahrnehmen zu können. Wir kommen darauf noch zurück. Zuerst haben wir jedoch immer zu fragen, ob die Menschen überhaupt bereit sind, einander die nötigen Informationen anzubieten oder abzunehmen, das heisst miteinander wirklich zu kooperieren.

Informationen austauschen setzt *Kommunikation* voraus, Beziehungen, durch die sich der Bedarf nach bestimmten Informationen erst klarer bestimmen lässt. Wir halten diese Vorfrage deshalb für sehr wichtig, weil wir häufig feststellen, dass hinter dem Ruf nach Information ganz andere Bedürfnisse stehen, zum Beispiel der Wunsch, vom Leiter und von Kollegen ernst genommen zu werden, an wichtigen Entscheiden und Problemen der Organisation mitwirken zu können, mehr Vertrauen in den Beziehungen zwischen oben und unten zu spüren, und ähnliches mehr. Je mehr Informationsangebote und Informationsforderungen nur dazu dienen, einen Mangel auf der Beziehungsebene auszugleichen oder zu tarnen, desto mehr wächst das Risiko, dass die Empfänger die gebotene Information verzerrt wahrnehmen, umdeuten oder gar verweigern.

Innen- und Aussenbeziehungen

Die Innenbeziehungen

Organisationen sind Gefässe für Beziehungen. Ihre Vitalität und Leistungsfähigkeit werden in starkem Masse davon bestimmt, wie die Mitarbeiter miteinander verkehren, welche Intensität der Zusammenarbeit sie anstreben, welche Regeln und Hilfsmittel sie dafür einsetzen.

In sozialen Organisationen wird die interne Kommunikation häufig für weniger wichtig gehalten als die alles dominierende Beziehung zu den Klienten und deren Umwelt. Die Mitarbeiter einer Beratungsstelle zum Beispiel fühlen sich vor allem ihren Ratsuchenden verpflichtet; sie beanspruchen dabei Freiheit in der Wahl der Beratungsmethode (Autonomie) sowie das Recht auf Geheimhaltung. Das bedeutet, dass von den täglichen Erfahrungen oft nur wenig in den internen Austausch hineinfliesst. Vorgesetzte wissen manchmal nicht viel von dem, was ihre Leute tun und was sie dabei erleben. (→ Kapitel 3.6. Kontrolle ausüben)

Die Zusammenarbeit darf sich nicht nur auf die gemeinsame Benützung von Räumlichkeiten, Arbeitsmitteln und Kaffeegeschirr beschränken, das wäre schade. Es geht ja darum, aus den individuellen Erfahrungen in der Arbeit mit Klienten gemeinsam zu lernen (→ Kapitel 3.9. Führen und Lernen), diese Erfahrungen immer wieder mit den Organisationszielen zu vergleichen und veränderte Bedürfnisse und Probleme frühzeitig zu erkennen. Es geht darum, die Aufgaben und die Belastung innerhalb des Teams so gut und gerecht wie möglich aufzuteilen, sich gegenseitig zu helfen und anzuregen. Es gilt, die ganze interne Beziehungskultur bewusst zu gestalten und sorgsam zu pflegen.

Mit Kommunikation führen heisst deshalb, dass Sie zusammen mit Ihren Mitarbeitern Regeln und Anlässe schaffen, durch die sich eine echte, fachlich und menschlich bereichernde Kooperation erreichen lässt. Für die Pflege der internen Beziehungen bietet sich ein ganzer Fächer von Gelegenheiten an, angefangen bei den regelmässigen Teamsitzungen, über die täglichen Pausen bis hin zu Geburtstags- und anderen Festen. Alle diese Anlässe erfordern ein gewisses Gespür für den zuträglichen Umgangsstil. Wir glauben nicht, dass die Du-Kultur in einer Organisation für sich allein schon besagt, dass sich die

Menschen dort offen und vertrauensvoll begegnen. Sicher aber entspricht eine allzu strikte Trennung zwischen Privatem und Beruflichem selten den stark menschbezogenen Problemen und Tätigkeiten, welche die Alltagserfahrung einer sozialen Organisation bestimmen.

Versuchen Sie, einfühlsam und hellhörig herauszufinden, mit welcher Dosierung von Nähe und Distanz Sie und Ihre Kollegen am besten miteinander umgehen können und wollen.

Ein Schlüsselthema der internen Kommunikation sind die *Sitzungen*. Diese regelmässigen Zusammenkünfte im grösseren oder kleineren Kreis der Mitarbeiter gehören zu den Eckpfeilern des internen Austauschs. Es liegt nicht an den Sitzungen, wenn sie als nutzlos, überflüssig und langweilig erlebt werden. Es liegt vielmehr an der schlechten Vorbereitung und Durchführung. Nach unseren Erfahrungen krankt in vielen Organisationen das Sitzungswesen an zwei Arten von Mängeln:

– Mängel in der *Sitzungskultur:*

Revierdenken blockiert oft die Kommunikation. Man öffnet sich nicht für die grösseren Zusammenhänge, fühlt sich nicht in die Probleme anderer ein und hört ihnen nicht wirklich zu. Oft werden so an Sitzungen nur Monologe gehalten und Positionen verteidigt. Ein gemeinsames Problembewusstsein entwickelt sich kaum.

Die Interessen und der Informationsstand der Teilnehmer sind so unterschiedlich, dass während der Sitzung zuviel Zeit zur Klärung und für nachholende Information verloren geht.

Die Teilnehmer sind vollauf mit den Tagesfragen ihrer Tätigkeit beschäftigt. Viel zu viele Traktanden müssen einfach abgehakt werden, so dass sich für Zukunftsprobleme und Trends kein Sensorium entwickeln kann.

Die Sitzungsvitalität ist häufig gering. Man sitzt eben, ist in Gedanken vielleicht ganz anderswo. Der ungeduldige Blick auf die Uhr verrät, dass manche Anwesende nur auf das Ende der Zusammenkunft warten.

– Mängel in der *Sitzungstechnik*

Die Teilnehmer sind oft nicht genügend auf die verschiedenen Traktanden vorbereitet, möglicherweise gibt es gar keine Traktandenliste, oder sie ist vor der Sitzung nicht bekannt.

Die Auswahl der Sitzungsthemen erfolgt willkürlich. Niemand hat sich vor der Sitzung gefragt, ob ein bestimmtes Thema überhaupt hierher gehört und mit welchem Ziel.

Oft ist es unklar, in welcher Funktion über ein bestimmtes Thema gesprochen wird: Geht es um Informieren, um Meinungsbildung, um das Sammeln von Ideen und Aspekten, um das Vorbereiten eines Entscheids? Oft werden verschiedene Themen einfach schnell aufgegriffen («andiskutiert» heisst das unschöne Wort) und wieder verlassen, ohne dass irgendein Ergebnis feststellbar ist oder festgehalten wird.

Die Auswahl der Sitzungsteilnehmer ist undifferenziert. Es müssten ja nicht immer alle an allen Sitzungen teilnehmen.

Die Gespräche werden schlecht geleitet, zu wenig klar und straff, zu wenig auf Ergebnisse hinwirkend und zusammenfassend.

Oft bleibt unklar, was nach der Sitzung mit dem einen und anderen Thema geschehen wird, wer was zu tun hat. Auch das Protokoll gibt häufig darüber keine Auskunft.

Verschiedene Themen mit verschiedenem Gesprächsziel werden alle auf die gleiche Art abgehandelt, obwohl sich dafür unterschiedliche Gesprächstechniken anbieten. (→ Kapitel 3.4. Entscheide fällen, 3.8. Konflikte erkennen und handhaben, 5.21. Sitzungstechnik)

Wir ermuntern Sie, in der Gestaltung Ihrer Sitzungen neue Wege auszuprobieren und auch Experimente zu wagen. Vielleicht werden Sie das Wort Sitzungen durch ein anderes, weniger statisches ersetzen (Ideenbörse, Forum)? Es geht ja nicht um Sitzen, sondern um Miteinander-Reden, um Austauschen, Sich-Begegnen, um In-Bewegung-Bleiben innerhalb der Organisation. Sitzungen als Mittel zur internen Kommunikation sind unersetzbar; es liegt an Ihnen, daraus Höhepunkte statt Tiefpunkte des gegenseitigen Austauschs zu machen, ein Ereignis, auf das man sich freut.

Die Aussenbeziehungen

Soziale Organisationen sind durch viele verschiedene Beziehungen mit ihrer Aussenwelt verbunden. Es gibt die Beziehungen zu den Klienten, den Mitgliedern, den Spendern, der Trägerschaft; die Kontakte zu Behörden und Ämtern, zu Organisationen mit ähnlichen Zielen, zu den Medien der Öffentlichkeit. Es ist eine Frage der Strategie, aber auch der verfügbaren Mittel, wie weit eine Organisation in der aktiven Gestaltung dieses ganzen Spektrums von Aussenbeziehungen gehen will.

Zum Führen einer Organisation gehört ganz wesentlich, sich regelmässig mit diesen Aussenbeziehungen auseinanderzusetzen. Sie müssen sich ein klares Bild davon machen, mit welchen Personen und Instanzen Ihres Umfeldes sich welche Arten von Beziehungen abspielen und was Sie von Ihrer Seite beitragen können, damit sie gut sind. Es ist auch wichtig, zu wissen, wie Ihre Organisation und Ihre Mitarbeiter in der Aussenwelt gesehen und eingeschätzt werden. Vielleicht stossen Sie dabei auf ein Image, das empfindlich von Ihren eigenen Vorstellungen abweicht – was für Schlüsse ziehen Sie daraus? (→ Kapitel 5.11. Image-Analyse)

Wahrscheinlich haben Sie selbst vielfältige Aussenkontakte wahrzunehmen, sind eventuell Mitglied externer Gremien und Kommissionen und vertreten die eigene Organisation an den verschiedensten Anlässen. Dieser persönliche Anteil von Öffentlichkeitsarbeit kann für Sie und Ihre Organisation sehr wichtig sein, nehmen Sie sich also dafür die nötige Zeit. Ihre Hauptaufgabe jedoch – wir sagten es schon – liegt in der Gestaltung der Kommunikation nach innen, was voraussetzt, dass Sie die meiste Zeit im Haus anwesend und erreichbar sind. Es steht nirgends geschrieben, dass nur Sie allein die Aussenbeziehungen betreuen müssen. Es erweitert den Horizont Ihrer Mitarbeiter, wenn auch sie die Gelegenheit haben, die Organisation nach aussen zu vertreten.

Wenn Ihre Organisation eine private Trägerschaft – mit Mitgliedern, Gönnern und allenfalls Spendern – besitzt, liegt die erste Priorität Ihrer Aussenbeziehungen wahrscheinlich bei diesen Personen. Die in der Dienstleistung tätigen Sozialarbeiter haben oft Mühe, das Einverständnis mit der eigenen Trägerschaft aufrecht zu erhalten. Sie entwickeln in der Auseinandersetzung mit den Klienten neue Vorstellungen über Bedürfnisse und Interventionsziele, die oft nicht dem Bewusstseinsstand der Trägerschaft entsprechen (→ Kapitel 2.5. Exkurs über Leitvorstellungen, Vorverständnisse, Zeitgeist). Mit Kommunikation führen bedeutet immer auch, dass Sie dieses delikate Gleichgewicht zwischen Innen- und Aussenkommunikation im Auge behalten. Es kann sich bewähren, wenn Sie zum Beispiel periodisch eine Begegnung zwischen Mitarbeitern und massgebenden Mitgliedern der Trägerschaft veranstalten, die dazu dient, die gegenseitigen Erwartungen und Erfahrungen auszutauschen. An solchen Tagungen kann man zugleich gemeinsam Jahresziele und Schwerpunkte der Tätigkeiten formulieren. (→ Kapitel 3.1. Ziele setzen)

Voller Hürden ist die Aufgabe, für das besondere Schicksal Ihrer Klienten in der breiteren Öffentlichkeit um Aufmerksamkeit zu werben. In diesem Bereich ihrer Aussenbeziehungen bewegen sich die meisten sozialen Organisationen in einem Teufelskreis, der etwa durch die folgenden Stichworte abgesteckt werden kann: die Öffentlichkeit schenkt dem belastenden Thema nur wenig Beachtung – sie wehrt schlechte Nachrichten ab – es werden Informationsstrategien eingesetzt, die an Mitleid und Gerührtsein bei den Empfängern appellieren – ein Zerrbild der Klienten entsteht – man sammelt Geld, ohne echt zu informieren – die Bevölkerung wird überdrüssig und abgestumpft – das Verhältnis von Aufwand und Ertrag der Öffentlichkeitsarbeit wird immer schlechter.

Es gehört ohne Zweifel zu Ihren Führungsaufgaben, die Nöte Ihrer Klienten im Bewusstsein der Gesellschaft besser zu verankern. Damit sind unter Umständen längerfristige sozialpolitische Ziele Ihrer Organisation verbunden, die auf andere Strukturen der Hilfeleistung hinwirken wollen. Unterscheiden Sie in Ihrer Öffentlichkeitsarbeit zwischen kurzfristigen und längerfristigen Zielen. Berücksichtigen Sie die verschiedenen Zielgruppen, die Sie ansprechen möchten. Verwechseln Sie nicht Mittelbeschaffung und problembezogene Aufklärung.

Mit diesen sehr abgekürzten Hinweisen wollen wir es hier bewenden lassen. (→ Kapitel 5.17. Presse- und Medienarbeit)

Kommunikation und Führungsaspekte

Führen mit Kommunikation heisst vorerst, dass Sie die Ihre Organisation prägenden Beziehungen – innen und aussen – genauer anschauen und ihre Bedeutung gewichten. Wir folgen den Aspekten unseres Führungsmodells.

Menschen mit ihren Fähigkeiten

Die einzelnen Menschen sind die Träger der Kommunikation, dies gilt auch in einer Organisation. Sie schaffen das Kommunikationsklima durch ihre Ausstrahlung und Offenheit, ihre Einstellung zu den anderen, ihr Kontaktvermögen, ihre bekannten und nicht bekannten Beziehungsnöte. Je nach Aufgabe und Stellung prägen einzelne das Klima nachhaltiger als andere. Es ist erstaunlich, wie stark bestimmte Personen stimulierend auf den Stil des Hauses einwirken oder aber Missmut um sich verbreiten können.

In manchen Organisationen begegnen wir hochkarätigen Fachleuten, deren grosse Schwäche darin besteht, dass sie sich im Team oder in grösseren Gruppen nicht recht einbringen können. Nicht selten trifft man auch introvertierte Sozialarbeiter an, die für das Gemeinsame in der Organisation nur schwer zu gewinnen sind. Wenn solche Persönlichkeitstypen in einer Beratungsstelle vorherrschen, dann kann ein Klima der gegenseitigen Abwehr und Abgrenzung entstehen, in dem sich fast nichts mehr bewegen lässt. Diesen Zustand können Sie nur ändern, wenn Sie sich mit allen Beteiligten, allein oder mit fremder Hilfe, Zeit für eine Klärung und Verbesserung der gegenwärtigen Beziehungskultur nehmen.

Wenn Sie sich führend mit der Beziehungslage in Ihrer Organisation befassen wollen, können Sie sich anhand der folgenden Fragen mehr Klarheit über Ihre Kommunikationsziele nach innen verschaffen:

- Wie gehen wir in unserer Organisation miteinander um? Was ist gut, was ist nicht gut in unseren gegenseitigen Beziehungen?
- Wie wünsche ich mir unsere Zusammenarbeit: Wo möchte ich den andern mehr von mir geben, wo möchte ich von den andern mehr bekommen?
- Nach welchen Mustern laufen Kontakte ab, die uns daran hindern, mehr voneinander zu erfahren und zu bekommen? Welche Muster kann ich bei mir selbst erkennen?
- Halte ich es für möglich, dass wir einander zu einem günstigen Zeitpunkt Erwartungen und Wünsche an unsere Beziehungen mitteilen? Mute ich mir dies zu, mute ich es den anderen zu?

Oft sind leitende Personen selbst das grösste Hindernis für eine offene und erspriessliche interne Kommunikation: Sie halten Distanz zu den Mitarbeitern, schützen Terminnot vor, um Mitarbeitergespräche zu vermeiden und stecken ihre ganze Energie in die dankbareren und einfacheren Aussenbeziehungen. Die meist offene Türe im Chefbüro wird dann zum Symbol für seine Unerreichbarkeit, statt zur Aufforderung an die Mitarbeiter, spontan einzutreten.

Mit Ihrem Kommunikationsverhalten wirken Sie als Vorbild. Sie können das Klima des Umgangs miteinander wesentlich mitgestalten und verändern. Dazu gehört – es sei wiederholt – dass Sie sich bewusst Zeit für Mitarbeitergespräche freihalten und von sich aus den Kontakt zu Mitarbeitern suchen, mit denen Sie vielleicht schon seit längerem kein persönliches Gespräch mehr hatten. Dazu gehört schon die Art, wie Sie durchs Haus gehen und dabei Ihre Mitarbeiter wirklich wahrnehmen.

Ideen, Werte, Ziele

Kommunikation ist nie voraussetzungslos, sie knüpft an: an individuelle Lebensläufe und Herkunft, an Leitbilder, Vorverständnisse und Erfahrungen, die von vorneherein bestimmen, über was und wie in einer Gruppe von Menschen geredet werden kann, in welcher Sprache und mit welchen Begriffen, mit welchen Gefühlen hinter den Worten.

Auch ganze Organisationen sind von ihren Leitwerten her auf bestimmte Stile der Kommunikation hin angelegt. Es lohnt sich, sich diese Voraussetzungen ab und zu in Erinnerung zu rufen, um besser zu verstehen, wie die Mitglieder einer Organisation miteinander umgehen. Rund um eine bestimmte Dienstleistung und um eine bestimmte Art, für andere dazusein, entwickelt sich auch ein besonderes emotionales Klima. Im Sozialbereich ist stark zu spüren, wie sich die besonderen Notsituationen der Klienten auf die Gefühlslage derjenigen übertragen, die mit ihnen zu tun haben. Es entstehen unterschiedliche Grundstimmungen in der Beratung von Alkoholikern, in der Flüchtlingshilfe, in der Arbeit mit Behinderten, Betagten oder geschlagenen Frauen.

Versuchen Sie, sich die Grundstimmung in Ihrer Organisation zu vergegenwärtigen. Sie werden dabei sowohl an individuelle Werthaltungen der einzelnen Mitarbeiter denken als auch an die Leitbilder, die der Organisation zugrunde liegen. Beides zusammen ergibt die treibende Kraft, von der Sie und Ihre Mitarbeiter geleitet werden. Überlegen Sie sich, wann und wie Sie über diese treibende Kraft sprechen können, zum Beispiel bei den periodischen Aussprachen über das Leitbild. Wozu tun wir das, was wir miteinander tun? ist als Frage nicht nur im Hinblick auf die Organisationsziele bedeutsam, sondern auch nützlich und mitunter heilsam für die Gestaltung der internen Beziehungen. (→ Kapitel 3.1. Ziele setzen)

Kommunikation und Struktur

«... Manchmal denke ich, dass eine Organisation, in der niemand lesen und schreiben könnte, weit überdurchschnittliche Erfolgschancen hätte. Man wäre dann nämlich zum persönlichen Gespräch gezwungen und müsste sich dafür die geeigneten Strukturen schaffen.»[19]

Kommunikation kommt ohne ein Minimum an Festlegungen und Regeln nicht aus. Wir unterscheiden zwischen der Struktur für das Teilen und der Struktur für das Verbinden, durch die auch die Formen und Wege der internen wie der externen Kommunikation geregelt werden. (→ Kapitel 3.7. Strukturen berücksichtigen) Im Mittelpunkt steht das persönliche Gespräch, die direkte Begegnung zwischen Personen, bei der immer sowohl die Sachebene als auch die Beziehungsebene ins Spiel kommen. Schriftliche Information, welcher Art auch immer, ist nur dann vorzusehen, wenn es mündlich nicht geht.

Kleinere Organisationen und Teams unterscheiden sich natürlich in dieser Hinsicht wesentlich von den grösseren. Wenn zum Beispiel Ihre Stelle nicht mehr als 10 bis 12 Mitarbeiter umfasst, kann sich der interne Austausch weitgehend durch direkte Gespräche zwischen den jeweils beteiligten Mitarbeitern und durch ein gutes Sitzungssystem abwickeln. Die Gefahr einer internen Papierflut wird schon gar nicht aufkommen. Allerdings sind Spielregeln dafür geboten, welche Themen in Einzelgesprächen und welche besser im Team zu behandeln sind. Beispielsweise halten wir es für zwingend, dass über Konflikte mit einem Team der Leiter nicht mit einzelnen, sondern nur in der Gruppe reden soll.

Zu regeln sind auch die Hol- und Bringpflichten im Austausch von Informationen: Wer erhält von wem, wer holt bei wem, wer bringt wem die nötige Information?

Grössere Organisationen, allenfalls mit dezentralen Stellen übers Land verteilt, kommen um schriftliche Informationen nicht herum. Aber auch dann sollten Sie nur sehr selektiv mit Schriftlichem umgehen. Bei Kommunikation mit räumlicher Distanz – und dazu noch im Einwegsystem – können

Sie nie genau wissen, was der Empfänger mit Ihrer Sendung anfängt. Information jedoch erfüllt ihren Zweck immer erst dann, wenn sie vom Empfänger aufgenommen und verstanden wurde. Und diese Rückmeldung bekommen Sie normalerweise nur in der mündlichen Kommunikation. Zögern Sie nicht, dafür auch sehr bewusst das Telefon zu benützen.

Die Kostenseite der Kommunikation

Der Zusammenhang zwischen Kommunikation und Kosten (Wirtschaftlichkeit) lässt sich unter zwei Gesichtspunkten betrachten: Zum einen geht es um den Kostenaufwand für die Anlässe und Mittel, mit denen Kommunikation gestaltet wird. Zum andern lässt sich überlegen, wieviele positive Wirkungen gute Kommunikation auch auf die Wirtschaftlichkeit der Organisation ausübt.

Dem Gesichtspunkt der Effizienz sind Sie durch Hinweise in den vorangehenden Abschnitten indirekt öfters begegnet. Gut geführte Organisationen sind immer auch solche, in denen gut kommuniziert wird. Sie setzen dadurch ihre Fähigkeiten und Ressourcen zielgerichtet ein, sind entscheidungsfähig, lernfreudig und kontrollieren damit auch das Aufwand/Wirkung-Verhältnis sorgfältig.

Andererseits ist nicht zu leugnen, dass gute Kommunikation auch ihren Preis hat. Die Zeit etwa, die für interne Gespräche und Sitzungen eingesetzt wird, steht den Kunden nicht zur Verfügung, sie kommt ihnen aber meistens indirekt zugute (→ Kapitel 3.5.2. Die Zeit). Viele Aussenkontakte, die von der Organisation gepflegt werden müssen, binden Zeit und Arbeitskraft; sie sind oft Investitionen mit ungewissem Ausgang. Kommunikation zur Geldbeschaffung kann sehr aufwendig sein, wenn das Ziel darin besteht, gleichzeitig einen grösseren Adressatenkreis mit den Anliegen der Organisation vertraut zu machen.

Das Kostenbewusstsein in der Kommunikation trägt dazu bei, wichtige Beziehungen aufmerksam zu gestalten und Leerläufe zu vermeiden. Wenn Sie sich zum Beispiel bei regelmässig stattfindenden Sitzungen einmal fragen, wieviele Stundenlöhne von allen Beteiligten dafür investiert werden, wird die Frage nach dem Ertrag solcher Sitzungen sofort konkret. Eine genaue Kostenerfassung bei anderen Massnahmen kann zu billigen Verfahren bei gleicher Wirkung führen. (Als Beispiel: Der Verzicht auf das Herstellen überflüssiger und überschüssiger Fotokopien.)

Kommunikation und Dienstleistung
Jede Dienstleistung an Menschen in Notlagen gründet auf Kommunikation. Die erste Bedingung dafür ist, dass die potentiellen Klienten sich entschliessen, mit Ihnen in Kontakt zu treten. Barrieren abzubauen zwischen den Sozialberatern mit ihrem Angebot und den Adressaten, ist deshalb ein ganz wichtiges Ziel im Rahmen des Führens. Eine solche Barriere mag schon darin begründet sein, dass Ihre Organisation zu wenig bekannt ist. Vielleicht steht aber auch das Image Ihrer Stelle als Hindernis zwischen Ihnen und den Kunden, und Sie müssen den Ursachen nachgehen. Auch das Kommunikationsklima in Ihrer Organisation kann eine Barriere sein. Wer am Telefon mürrisch bedient und die Kunden gnädig kurz angebunden empfängt, versperrt unsicheren Menschen den Weg zur Dienstleistung. Es ist alarmierend, wenn Sie entdecken, dass die Verbindung zwischen Ihnen und den Klienten ein Leck hat.

Vielleicht gibt es äussere Barrieren. Überprüfen Sie einmal das ganze Erscheinungsbild der Organisation, angefangen bei der Hausanschrift über die Einrichtung der Räume bis zu den Drucksachen, mit denen Sie sich Aussenstehenden präsentieren. Ist das alles noch zeitgemäss?

Die ganze Frage des richtigen Umgangs mit den Klienten gehört nicht zum Themenkreis des Führens. Berufstätige im Beratungsbereich bringen aus ihrer Ausbildung dafür das nötige differenzierte Wissen und Können mit. Im Unterschied zu Dienstleistungen auf anderen Gebieten wird man im sozialen Bereich nicht davon ausgehen können, dass zufriedene Kunden die beste Werbung für das Unternehmen darstellen. Dennoch wirkt sich die Art der Beziehungen zu den Klienten auf den Ruf der Organisation aus.

Manche soziale Dienstleistungen sind von ihrem Charakter her nicht auf breiter Basis mitteilbar. Sie beziehen sich auf Nöte und Bedürfnisse, die in unserer Gesellschaft stark unter Verschluss gehalten werden – oder umgekehrt durch eine hektische Publizität in den Lichtkegel einer negativ geladenen Aufmerksamkeit geraten, zum Beispiel bei AIDS, Drogensucht, Kindermisshandlung. Kommunikation für solche Dienstleistungen verbindet sich dann mit der Anstrengung, die Notlage der Klienten neu zu thematisieren und sie im Bewusstsein der Gesellschaft anders zu verankern. Für die Betroffenen kann diese Art von öffentlicher Kommunikation zu einem Teil der Hilfe werden, die sie nötig haben.

9 HINWEISE

- Unser ganzes Leben beruht auf Kommunikation. In unserem Alltag erfahren wir, wie schwierig es ist, miteinander in guter Art und ohne Widersprüche zu kommunizieren.
- Die Wirkung von Organisationen nach innen und nach aussen hängt weitgehend davon ab, wie sie ihre Beziehungen wahrnehmen und gestalten.
- Führen durch Kommunikation geht über blosses Informieren hinaus. Offene Beziehungen und Vertrauen sind die Voraussetzung dafür, dass Informationen ihren Zweck erfüllen.
- Leitende Personen sind oft selbst die Ursache einer unbefriedigenden Beziehungskultur. Sie führen aus Distanz, glänzen durch Abwesenheit und gehen zu sehr in ihren Aussenkontakten auf.
- Organisationen haben ihre je besondere Grundstimmung, ihr Kommunikationsklima, stark abhängig von der Dienstleistung und ihrem Problemmilieu.
- Sitzungen können Höhepunkte wie Tiefpunkte der internen Kommunikation sein, je nachdem, wie sie vorbereitet, geleitet und ausgewertet werden.
- Zum Führen gehört die regelmässige und wache Auseinandersetzung mit den verschiedenen Aussenbeziehungen. In privaten Organisationen sind die eigenen Träger, Mitglieder und Spender nicht zu vernachlässigen.
- Öffentlichkeitsarbeit zur Mittelbeschaffung unterliegt teilweise anderen Gesetzen als problembezogene Aufklärung im Interesse der Klienten. Es ist gefährlich, beides zu vermengen.
- Barrieren abbauen zwischen dem Angebot an Hilfe und den potentiellen Empfängern der Hilfe ist eine vorrangige Kommunikationsaufgabe im Rahmen des Führens.

7 FRAGEN

1. Ist Ihnen bewusst, welches die für Ihre Organisation prägenden Beziehungen, nach innen und nach aussen, sind?
2. Wie beurteilen Sie das interne Kommunikationsklima? Ist es offen und von gegenseitigem Vertrauen geprägt, oder gibt es Hindernisse, die die Zusammenarbeit erschweren? Ist Ihnen klar, welchen Einfluss Sie selbst auf dieses Klima haben?
3. Wie steht es um die Qualität der Sitzungen in Ihrer Organisation? Haben Sie sich schon darüber Gedanken gemacht, wie Sie Sitzungen ergiebiger, allenfalls kürzer und straffer gestalten könnten?
4. Wieviel von Ihrer Arbeitszeit wenden Sie für Aussenkontakte und Öffentlichkeitsarbeit auf? Verbleibt Ihnen genügend Zeit für regelmässige Gespräche mit den Mitarbeitern?
5. Unterscheiden Sie in Ihrer Öffentlichkeitsarbeit zwischen Aufklärung über die Probleme Ihrer Klienten und Mittelbeschaffung?
6. Kennen Ihre Mitarbeiter ihre Hol- und Bringpflichten im Austausch von Informationen?
7. Was wenden Sie insgesamt für interne und externe Kommunikation auf? Haben sie schon einmal berechnet, welcher Anteil Ihres Budgets dafür notwendig ist?

Es ist schwer, sich nur wenig
vorzunehmen. Aber genau davon
hängt es ab, was einem
gelingt . . .

Elias Canetti

Wer zwei Hasen jagt,
fängt meistens keinen.

Jägerweisheit

3.3. Prioritäten bestimmen

3.3.1. Nachdenken über Prioritäten

Prioritäten setzen erfordert Freiheit

Prioritäten setzen heisst, einer Sache gegenüber einer anderen Sache den Vorrang geben. Es geht dabei darum, abzuwägen, welche Sache ich wertvoller finde, welche ich als wichtiger, richtiger, besser, dringlicher, bedeutender, nützlicher, erfolgversprechender betrachte. Prioritäten setzen kann ich jedoch nur, wenn ich über Wahlfreiheit verfüge, die Freiheit nämlich, die Rangordnung der für mich gültigen Wertideen selbst zu bestimmen; die Freiheit, mir meine Handlungsgrundsätze selbst zu geben; die Freiheit, mir diejenigen materiellen oder immateriellen Güter zu beschaffen, die ich besitzen oder weitergeben möchte. Wer von anderen abhängig ist, hat nur beschränkte Möglichkeiten, Prioritäten nach seinem Gutdünken zu setzen. Und das ist die Mehrzahl der Menschen.

Zum Abmessen und Abwägen braucht es Massstäbe und Gewichte

Massstäbe und Messlatten begleiten unser Leben. Wir haben gelernt, was gut und was böse, richtig und falsch, wichtig und unwichtig ist. Unsere Familie hat uns früh Massstäbe mitgegeben, später haben wir sie wahrscheinlich über Bord geworfen und uns neue, eigene aufgebaut. Das Reservoir, aus dem wir Massstäbe beziehen können, sind Religionen, Konfessionen, Philosophien, Lehren, Weltanschauungen. Sie versorgen uns mit den hohen Werten, die uns leiten sollen; mit Werten wie Barmherzigkeit, Gerechtigkeit, Mitmenschlichkeit, Freiheit, Toleranz, Weisheit, Harmonie. Sie bilden eine Art von Absichtserklärungen, von Ideen, die als Ideale angestrebt, aber von uns unvollkommenen Menschen nie erreicht werden können.

Für unser alltägliches Denken, Fühlen, Wollen und Handeln benötigen wir weniger hohe, dafür brauchbarere Massstäbe, wie sie Sitte und Brauch sowie Regeln aller Art bieten. Wir begegnen ihnen an unserem jeweiligen beruflichen und gesellschaftlichen Standort. Diese instrumentalen Werte sind es, die uns offen oder verdeckt in unserem Handeln leiten; Werte wie Prestige, Erfolg, Macht, Besitz, Selbstverwirklichung. Oft stehen diese Werte im Widerspruch zu unserem Inventar schöner Deklarationen hoher Werte. Wer solche Widersprüche aufdeckt und an ihnen leidet, wird oft von den sogenannten Realisten als weltfremder Idealist belächelt, besonders auch in Organisationen. Lassen wir sie lächeln, und stehen wir zu unseren Ambivalenzen und der Kluft zwischen Wollen und Können!

Prioritäten setzen in sozialen Organisationen

In sozialen Organisationen ist die Freiheit, Prioritäten zu setzen, von vornherein eingeschränkt durch Rahmenbedingungen, die früher einmal festgelegt wurden. Wir finden sie in Weisungen und Verordnungen, Statuten und Stiftungsurkunden. Die dort formulierten Organisationsziele bilden in der Regel eine Rangordnung der zu verwirklichenden Organisationswerte. Es lässt sich selten mehr feststellen, wie diese Prioritätenordnung zustande kam. Innerhalb solcher grober Begrenzungen gibt es zahllose Situationen, in denen beurteilt und entschieden werden muss, was Vorrang haben soll. Gibt es Massstäbe dafür?

Auch in Organisationen gibt es Widersprüche zwischen verschiedenen Massstäben, zum Beispiel solche zwischen den Zielprioritäten, wie sie in Organisationsleitbildern und Geschäftspolitik-Grundsätzen festgehalten sind und den praktizierten Prioritätsmassstäben der leitenden Personen. Ein konkretes Beispiel dafür: Offiziell hat die Dienstleistung an den Kreis der Betroffenen, für den die soziale Organisation geschaffen wurde, Vorrang. In Wirklichkeit treten oft Aktivitäten an die erste Stelle, welche das Prestige einer bestimmten Person oder der Organisation als Ganzes erhöhen. Ein weiteres Beispiel: Verwaltungsabläufe werden in bürokratischen öffentlichen Verwaltungen oft dominierend gegenüber Tätigkeiten für die Ratsuchenden. In erster Linie müssen Dienstweg und Formulare stimmen. Ein drittes Beispiel: Das Wohlbefinden von Heimbewohnern – alter, junger, kranker – steht in allen offiziellen Verlautbarungen selbstverständlich obenan, im Alltag jedoch gehen das reibungslose Funktionieren des Betriebes und die Ansprüche der Mitarbeiter in der Regel vor.

Solche Zielverschiebungen und Prioritätenwechsel entstehen leicht, weil jede Organisation mehr als nur ein Ziel verfolgt. Die Motive, weshalb das eine Ziel einem anderen übergeordnet wird, sind oft nur halbbewusst oder werden verdeckt. Verschiedene Interessen stehen miteinander in Konkurrenz.

Prioritätengrundsätze, die nirgends offiziell festgehalten, aber dennoch meist zwingend sind, beziehen sich auf die Verwendung der fast immer zu knappen Mittel in sozialen Organisationen. Es gibt oft eine unausgesprochene, aber allseits bekannte Losung, welche die Prioritäten über die Verwendung der Mittel bestimmt. Die Losung ist verbreitet, wonach die billigere Lösung gegenüber der teureren, wenn auch wirksameren, zu bevorzugen sei. Motto: so wenig als möglich, statt: so viel wie nötig. Oder die Losung: sich nach der Decke strecken; oder: wo ein Wille ist, ist auch ein Weg.

Auch in anderen Bereichen gibt es verdeckte Prioritätenlosungen. Wir erinnern daran, dass bei der Auswahl neuer Mitarbeiter alle möglichen nicht deklarierten Prioritäten eine Rolle spielen können, zum Beispiel die konfessionelle oder politische Zugehörigkeit.

Fazit

Nachdenken über Prioritäten setzen in Organisationen ist ein Nachdenken über unterschiedliche Rangordnungen von Werten, welche für verschiedenes zielgerichtetes Handeln gelten und gelten sollten. Ethisch verantwortbares und richtiges Handeln in Ihrer Organisation erfordert, dass Sie sich bewusst damit auseinandersetzen. Vergessen Sie dabei nicht, auch über Ihre eigenen Wertmassstäbe nachzudenken.

Bedenken Sie zudem, dass in der Organisation als vernetztem System Prioritäten setzen in einem Bereich immer auch Auswirkungen hat auf die Prioritätenrangordnung in anderen Bereichen.

3.3.2. Führen mit Prioritäten

Wichtig – Dringlich

Prioritäten setzen und mit ihnen führen heisst nichts anderes, als die immer beschränkten Mittel so sinnvoll wie möglich einzusetzen. Sinnvoll sind alle Aktivitäten, die zur Zielerreichung beitragen. Welche Aktivitäten sollen jedoch den Vorrang haben, wenn die Mittel nicht für alle ausreichen?

In der Alltagspraxis werden zwei Merkmale unterschieden, nach denen Rangordnungen hergestellt werden:

- die Rangordnung der *Dringlichkeit* mit der Frage: Was soll früher, was später getan werden?
- die Rangordnung der *Wichtigkeit* mit den Fragen: Was soll getan werden, was nicht? Wieviele Mittel sollen in welche Aufgaben investiert werden (Schwerpunkte der Arbeit)?

Jede dieser Prioritätenordnungen kann in der Organisation schon früher einmal festgelegt worden sein.

«Der Kunde ist König» bezeichnet eine solche feststehende Prioritätenregel im Einkaufsgeschäft; abgewandelt in «Klienten haben Vorrang» in sozialen Organisationen.

Um zu führen, müssen Sie die vorgegebenen Prioritätenregeln kennen, um sie von Zeit zu Zeit daraufhin zu überprüfen, ob sie noch zeitgemäss sind. Wenn nicht – *verändern*! Umgekehrt sollten Sie immer wieder unter die Lupe nehmen, ob in der Organisation wirklich nach den aufgestellten Regeln gehandelt wird. Wenn nicht: *verbessern*!

Rangordnung der Dringlichkeit

Fachleute empfehlen, Wichtigeres (Bedeutenderes) stets vor dem Dringlicheren, das weniger wichtig ist, auszuführen. Wenn weniger Wichtiges uns zwingt, es dringlich vor dem Wichtigeren auszuführen, sind die unerwünschten Folgen der Preis für unser fehlerhaftes Planen. *Vermeiden!* (Kompliziert? Nochmals lesen!)

Unplanbare oder unvorhersehbare ad hoc-Aufgaben sind im Sozialbereich nicht selten. Wenn es brennt, brennt es meistens nicht erst seit heute, aber die Notsituation wird plötzlich unhaltbar und dringlich, weil niemand bisher etwas unternommen hat.

Die *Rangordnung der Wichtigkeit* ist schwieriger zu ermitteln. Trotzdem lohnt es sich, zu bestimmen, wo die Schwerpunkte der Arbeit in der Organisation liegen sollen. In welche Aktivitäten sollen mehr, in welche weniger Mittel fliessen? Sie können eine solche Rangordnung auf Dauer erstellen. Sie ist ungefähr identisch mit der Rangordnung der Organisationsziele. Natürlich müssen Sie auch diese von Zeit zu Zeit auf ihre Gültigkeit hin untersuchen. Aber auch für einen kürzeren Zeitabschnitt Schwerpunkte der Tätigkeiten zu bestimmen hat seinen Sinn. Jahresschwerpunkte, Monatsschwerpunkte bündeln gewissermassen alle Kraftanstrengungen, was zu erstaunlichen Resultaten führen kann.[20]

Die Methode der Kostenstellenrechnung zwingt Sie, die Wichtigkeit der verschiedenen Arbeitsbereiche zu bewerten. Besonders zu empfehlen ist es, den einzelnen Aufgaben eine bestimmte Anzahl von Arbeitsstunden zuzuteilen. Ein solches Gesamtzeitbudget für die Stelle verdeutlicht ihre Schwerpunkte. Durch die laufende Kontrolle des Zeitbudgets können wir vermeiden, dass für das Wichtigere einfach nie Zeit übrigbleibt (→ Kapitel 3.5.2. Die Zeit)

Der Vorgang beim Prioritäten setzen ist immer gleich, ob Sie nun sofort mit der Agenda in der Hand entscheiden müssen, welche Aufgabe dringlicher, welche wichtiger ist – oder ob Sie in Ruhe eine Rangordnung von Schwerpunkten diskutieren und festlegen wollen. Sehen wir uns diesen Vorgang näher an:

Beschreiben – Gewichten – Vergleichen – Entscheiden

Prioritäten setzen ist ein Entscheidungsprozess, der mit den bekannten Entscheidungstechniken durchgeführt wird. Das besondere der Situation ist, dass zwei Geschäfte miteinander in Konkurrenz stehen um die Zuteilung von Mitteln wie Zeit, Geld, Arbeitskraft, Fachwissen, Infrastruktur. Wir müssen die eine Sache bevorzugen, die andere benachteiligen, da die Mittel nicht für beide ausreichen.

Wir begnügen uns hier mit einer groben Aufzählung von Vorgehensschritten und verweisen auf die ausführlichen Texte an anderen Stellen des Buches (→ Kapitel 3.4. Entscheide fällen; 5.5. Entscheiden; 5.10. Gewichten; 5.25. Systematisch-logisches Vorgehen)

Schritte beim Prioritäten setzen

1. beschreiben
   Um welche Sache handelt es sich?
   Um welche Ziele geht es?

2. bewerten, gewichten, beurteilen
   Wie wertvoll/wichtig/bedeutend ist es?
   Wie dringlich ist es?

3. vergleichen
   Welche Sache ist wichtiger?
   Welche Sache ist dringlicher?

4. vernetzen
   Wichtig oder dringlich?
   Für wen?
   Wofür?
   Welche Priorität hat für andere Sachen/Bereiche
   welche Wirkung?

zurück zu 3.

5. entscheiden
   Das Wichtigere/das Dringlichere erhält Priorität, nachdem die beiden Sachen bewertet und gegeneinander abgewogen worden sind.

Für grundlegende oder sehr kontroverse Prioritätenentscheide lohnt sich ein aufwendiges, differenziertes Gewichtungsverfahren. Doch selbst wenn wir uns alle Mühe geben, die Gewichtung sorgfältig und den Vergleich unvoreingenommen auszuführen – es bleibt trotzdem oft bei groben Schätzungen nach bestem Wissen und Gewissen.

Für kleinere Entscheide genügt es in der Regel, über den Daumen zu peilen und rasch, aber bewusst, die fünf vorgenannten Schritte durchzugehen. Jedes bewusste Handeln ist – so meinen wir – dem impulsiven und vermeintlich zeitsparenden Sofort-Entscheid vorzuziehen.

Messlatten

So weit, so gut. Wie aber lässt sich begründen, warum etwas wichtiger oder dringlicher als etwas anderes ist? Gibt es dafür brauchbare Messlatten? Finden Sie solche in Ihrer Organisation?

Zuerst einmal vergewissern Sie sich, dass die zu vergleichenden «Sachen» den Rahmenbedingungen der Organisation nicht zuwiderlaufen. Sie müssen dem Leitbild oder den Organisationsgrundsätzen entsprechen und Zielen dienen, die den Organisationszielen zugeordnet werden können. Sie sollten mit den vorhandenen Mitteln realisiert werden können, also wirklichkeitsnah sein. Und schliesslich sind sie auch mit den ethischen Berufsregeln, dem Berufskodex, zu vereinbaren. Nach dieser Organisations-Verträglichkeitsprüfung nun zu den eigentlichen Prioritäten-Messlatten.

Prioritäten in der Dienstleistung

Soziale Organisationen sind auf die Hilfe zur Lösung von Problemsituationen ihrer Klienten ausgerichtet. Gut ist die Hilfe, wenn sie wirksam ist. Mit Überzeugung bezeichnen wir *Wirksamkeit* als erste Messgrösse für das Prioritätensetzen. Die wirksamere (bessere) Hilfe muss Vorrang vor der weniger wirksamen erhalten. Das tönt einfach, ist es aber leider nicht. Sofort tauchen verschiedene Fragen auf, die wir nicht so leicht und bestimmt beantworten können. Zum Beispiel: Wirksamkeit kurzfristig, mittelfristig, langfristig, wie dauerhaft also? Wirksam für wessen Problem – für die einzelnen Klienten, für ganze Klientenkategorien, für das Ansehen der Organisation? Für das Klientenumfeld, die Gesellschaft? Und welches Problem ist das wichtigere? Gibt es voraussichtlich Nebeneffekte? Sind es positive oder negative, und wo treten sie auf (Vernetzung!)? Versuchen Sie, auf diese Fragen zu antworten, auch wenn es Mutmassungen bleiben, und sammeln Sie auf diese Weise erst einmal Gesichtspunkte für die Waage der Wirksamkeit. (→ Kapitel 5.10. Gewichten)

Effizienz, das bestmögliche Verhältnis von Aufwand und Ertrag, von Kosten und Nutzen, ist unsere zweite Messgrösse. Priorität erhält diejenige Aktivität, die mit geringerem Mitteleinsatz die gleiche Wirkung erzeugt oder mit dem gleichen Aufwand die bessere Wirkung. Sie sind es Ihren Geldgebern, ob Steuerzahlern oder Spendern, schuldig, soviel aus den Geldmitteln herauszuholen wie möglich, indem Sie das bessere Verhältnis von Kosten und Nutzen bevorzugen. Wir haben heute noch wenig Übung darin, den Aufwand für bestimmte Aktivitäten in sozialen Organisationen kritisch zu erfassen. (→ Kapitel 3.5. Ressourcen) In der Prioritätenkonkurrenz empfehlen wir Ihnen mit Nachdruck, die Messgrösse «Effizienz» hoch zu gewichten.

Es ist besonders wichtig, dass darüber diskutiert und gemeinsam festgelegt wird, was in der Organisation unter Wirksamkeit für jeden Aspekt verstanden wird. Gemeinsam müssen Wege gefunden werden, um Effizienz nicht nur zu definieren, sondern auch herzustellen. Konsens über Effektivität und Effizienz zu erreichen, ist eine sehr wichtige Führungsaufgabe.

Effizienz und Effektivität als Messgrössen im sozialen Bereich? Wir wissen, dass diese Begriffe oft zum Schimpfwortinventar von sozial Tätigen gehören. Welches auch immer die unbewussten und bewussten Gründe dafür sein mögen – was ist eigentlich gegen Wirksamkeit (Effektivität) und sinnvollen Einsatz der Mittel (Effizienz) einzuwenden?

Prioritäten beim Führen

Alles, was wir für den Dienstleistungsbereich formuliert haben, können wir allgemein auf den Vorgang des Führens mit Prioritäten übertragen. Führungswirksamkeit und Führungseffizienz sind die Messgrössen dafür, welche Führungsaktivität Vorrang haben soll. Dabei ist vernetztes Denken besonders wichtig. Es geht nicht nur darum, zwei Aktivitäten bei ein und demselben Aspekt gegeneinander abzuwägen. Gleichzeitig muss mitüberlegt werden, welche Bevorzugung zu welchen Auswirkungen in den anderen Aspekten führen würde, also welcher Nutzen oder Schaden andernorts mutmasslich eintritt (Nebeneffekt).

Als Leiter oder Leiterin sind Ihnen solche Überlegungen vertraut: Sollen wir bei kleineren Einnahmen unsere Dienstleistung quantitativ oder qualitativ einschränken? Welche Auswirkung hat die eine oder andere Priorität auf unsere Beziehungen zum Markt? Soll ich meine Zeit vorrangig für die Ausarbeitung einer aussagekräftigen Statistik einsetzen oder für die Planung eines Organisationsleitbildes? Welche Auswirkungen hat die eine oder andere Lösung auf das Wohlbefinden der Mitarbeiter? Soll ich ein Vorstandsmandat in einer befreundeten Organisation annehmen oder besser die dafür aufzuwendende Zeit für die Pflege der Innenbeziehungen einsetzen? Welche Vor- und Nachteile entstehen dadurch für unsere Dienstleistung, was bedeutet dies für die Mitarbeiter?

Eine Arbeitszeit, *eine* Arbeitskraft und *zwei* Aufgaben, die nicht beide gleichzeitig getan werden können. Ob die eine oder die andere Priorität bekommt – die Auswirkungen machen sich bei anderen Aspekten des Führens bemerkbar.

Sachzwänge

Schicksalhaft auftauchende Umstände, Entwicklungen und Ereignisse zwingen uns Prioritäten auf. Jedenfalls wird es gerne so dargestellt. Echte Sachzwänge sind selten. Meistens wird die Unfreiheit der Prioritätenwahl selbst verschuldet durch schlechtes oder zu spätes Planen; durch laissez-faire, laissez-aller anstelle von Führen; durch Zögern und Hinausschieben des Entscheidens; durch unvollständige oder falsche Einschätzung, wie sich etwas entwickeln wird; durch Übernahme von Aufträgen, ohne genügende Abklärung, ob sie überhaupt durchführbar sind.

Was aber, wenn Sie wider besseres Wissen wirklich gezwungen sind, falschen Prioritäten zu folgen? Es bleibt Ihnen nichts anderes übrig, als den Schaden so klein wie möglich zu halten und daraus für die Zukunft zu lernen. Führen nach Prioritäten verhindert einen grossen Teil der sogenannten Sachzwänge.

Transparenz – Durchschaubarkeit

Wir fühlen uns sicher in einer Organisation, in der wir wissen, was und mit welchen Spielregeln gespielt wird. Das gilt auch für Prioritätenentscheide. Es gehört deshalb zu Ihrem guten Führen, die Kriterien offenzulegen, nach denen Sie gewichtet, beurteilt und entschieden haben. Wer mit dem Entscheid nicht einverstanden ist, weiss dann wenigstens, wo er mit seiner Kritik ansetzen kann.

Die Freiheit, Prioritäten nach eigener Wahl zu setzen, haben Sie dank ihrer hierarchischen Position. Gegen den Willen der Mitbetroffenen zu entscheiden, muss aber die begründbare Ausnahme bleiben, jedenfalls wenn wir Führen als Vorgang in einer Lerngemeinschaft auffassen wollen. Dies gilt für Sie als Vorgesetzten wie für Ihren eigenen Vorgesetzten.

Was wir in diesem Kapitel vor allem betonen, ist die Transparenz sich selber gegenüber: Was auch immer an rationalem Denken und an nichtrationalem Erfühlen in Ihre Entscheidung einfliesst – es muss bewusst geschehen.

7 HINWEISE

- Prioritäten setzen ist ein Entscheid über den Einsatz von Mitteln – Geld, Zeit, Infrastruktur.
- Anlass dazu sind die beschränkten Mittel, die nicht für alles ausreichen.
- Zwei oder mehr Angelegenheiten (Aufgaben, Aktivitäten, Sachen, Geschäfte) stehen miteinander in Konkurrenz um die Mittel.
- Zwei Aspekte stehen im Vordergrund:
  - Wie dringlich werden die Mittel gebraucht? Jetzt, sofort – später, nachher?
  - Wie wichtig ist die Angelegenheit? Wieviel Mittel soll sie erhalten? Alle, viel, mehr – gar keine, wenig, weniger?
- Wirksamkeit und Effizienz sind die beiden wichtigsten Messgrössen (meinen wir!).
- Prioritäten festlegen für einen Bereich geht nie ab ohne Auswirkungen auf andere Bereiche (Nebeneffekte, Vernetzung).
- Die Schritte: beschreiben – beurteilen – gewichten – abwägen – vergleichen – wählen/entscheiden – begründen.

5 FRAGEN

1. Kennen Sie die Losungen, die in Ihrer Organisation die Prioritäten bestimmen?
2. Wie haben Sie selbst bisher über Prioritäten entschieden?
3. Haben Sie schon einmal mit Ihren Mitarbeitern Diskussionen geführt im Zusammenhang mit Prioritäten, Wirksamkeit, Effizienz?
4. Wie gehen Sie mit den sogenannten Sachzwängen um?
5. Wie lautet die Prioritätenrangordnung für Ihre eigene Arbeit, speziell für Ihr Führen?

Wahrsagen ist äusserst schwierig, besonders wenn es um die Zukunft geht.
Edgar Fiedler[21]

3.4. Entscheide fällen

3.4.1. Nachdenken über Entscheiden

Entscheiden heisst, seinen Willen einzusetzen, um etwas zu erreichen oder zu verhindern. Ich entscheide mich, morgen nicht zu arbeiten, sondern das schöne Wetter für eine Wanderung zu nutzen. Ich entscheide mich, einem Verein beizutreten, eine andere Stelle zu suchen, eine Beziehung abzubrechen, mit dem Rauchen aufzuhören. Ich treffe beinahe täglich Kaufentscheide, Entscheide im Strassenverkehr, Entscheide im Umgang mit meiner Tages- und Wochenzeit, Entscheide über das Aufnehmen oder Verweigern von Nachrichten.

Viele dieser Entscheide sind fast zu Reflexen geworden, zu Routine-Entscheiden, ja zu eingefleischten Gewohnheiten. Je programmierter mein Verhalten ist, desto mehr stehen meine Reaktionen in dieser oder jener Situation von vornherein fest. Für *Wählen* und *Wollen* bleibt dann nur wenig

Spielraum, sind doch die Grenzen zwischen eigenem Willen und Konditioniert-Sein durch andere, zwischen Autonomie und Automatismus fliessend. Manche Entscheide treffen wir, weil gegebene Einflüsse und Umstände nichts anderes zulassen, faute de mieux! Der Einfluss anderer Menschen auf unsere Entscheide ist gross, besonders in den beruflichen und ausserberuflichen Verbindungen mit anderen. Auch die Zeit kann Zwang bedeuten – jetzt oder nie!

All dies gilt für die, die wählen wollen, die wollen können. Da gibt es aber auch die chronischen Zauderer, die vor jedem Entscheid zurückschrecken, die Zögerer, deren Wählen auf die lange Bank geschoben wird. Dort liegt dann der nicht gefällte Entscheid, bis andere für sie entscheiden oder die Gelegenheit verpasst ist. Solchen Leuten – wer kennt sie nicht – fehlt der Wille zum Wählen, oft wohl auch das Urteilsvermögen, das es zum Entscheiden braucht. Sie haben Angst, falsch zu entscheiden, sie können oder wollen kein Risiko und damit keine Verantwortung tragen, oder sie sind von ihren Fähigkeiten her ganz einfach überfordert. Für verantwortungsvolle Aufgaben, wie für das Führen, sind solche Leute nicht geeignet.

3.4.2. Führen und Entscheiden

Charakteristisch für Organisationen ist, dass hier Entscheidungen getroffen werden, auf die viele Einfluss haben und von denen viele mitbetroffen sind. Dies macht Entscheiden – noch mehr den Prozess als die Inhalte – zu einem Kernpunkt des Führens. Worüber wird in einer Organisation entschieden? Wie kommen diese Entscheide zustande? Welche Auswirkungen haben die getroffenen Entscheide, werden sie durchgesetzt (gelebt) oder werden sie stillschweigend missachtet?

Entscheiden im Prozess des Führens

Leistungsorganisationen sind Handlungssysteme. In ihnen und durch sie findet gemeinsames Handeln mehrerer, eventuell vieler Menschen statt. Dabei geht es zum Beispiel darum, dass wir Situationen, Bedürfnisse Dritter, Entwicklungen in der Umwelt erkennen und beurteilen; dass wir Probleme definieren, Ziele setzen, Lösungen entwerfen und Vorgehenspläne entwikkeln; dass wir *Entscheide treffen, das heisst Ziele und Vorgehensweisen wählen*; dass wir Massnahmen anordnen und deren Durchführung veranlassen; Ergebnisse dieser Massnahmen (Erfolg, Misserfolg, Nebenwirkungen) bewerten und nötigenfalls Korrekturen vornehmen.

Alle diese Tätigkeiten finden auch dann statt, wenn die Menschen in einer Organisation nur wenig bewusst und eher unsystematisch zusammenarbeiten. Wir definieren deshalb hier nochmals Führen als bewusstes Bündeln und Verdichten der verschiedenen Aspekte und Tätigkeiten, die das Ganze einer Organisation ausmachen. Der Schritt des Entscheidens ist der Wendepunkt, an dem die durch Analysen und Varianten gebundenen Kräfte frei werden, um das Entschiedene zu realisieren.

Wer ist am Entscheiden beteiligt?

Je mehr Mitglieder in einer Organisation am Führen beteiligt sind, desto mehr Personen wirken auch an den Entscheidungsprozessen mit. Man kann dabei drei Phasen unterscheiden: die Phase des Vorbereitens von Entscheiden, den Akt des Entscheidens als Ausdruck von Wählen und Wollen und endlich die Phase des Durchführens.

Viele am Entscheidungsprozess zu beteiligen, dafür spricht die Tatsache, dass die meisten Entscheide in Organisationen Problemlösungen gelten, für die eine Vielzahl von Mitarbeitenden besondere Sachkompetenz haben. Daraus ergibt sich die Führungsregel, wonach diejenigen, die am unmittelbarsten mit einem Problem zu tun haben, in ihrer Aufgabe auch über die grösste Entscheidungskompetenz verfügen sollten. Sie und alle, die sachlich oder persönlich von den Auswirkungen einer Entscheidung betroffen sind, sollten miteinbezogen werden oder zumindest dabei vertreten sein.

Ob gemeinsame Entscheide durch Mitbestimmung oder Mitsprache zustande kommen, ist nicht ausschlaggebend, vorausgesetzt, dass die Mitsprache ernst genommen wird. Der Einfluss wird sehr oft unterschätzt, der durch Mitdenken und Mitargumentieren auf das Entscheiden ausgeübt werden kann.

Dem dezentralisierten Entscheiden steht die Überlegung gegenüber, dass wichtige Entscheide nur von denen gefällt werden können, die den Gesamtzusammenhang mit anderen Einflussgrössen der Organisation zu überblicken imstande sind. Damit gewinnt die Frage, wer nun zu guter Letzt die Entscheidungsgewalt ausüben soll, erneut an Brisanz.

Als Leiterin oder Leiter fordern Sie nun vielleicht, dass nur Sie diesen Überblick haben und deshalb die wichtigen Entscheide eben doch allein fällen müssen. Wir sehen es anders: Es ergeben sich genügend Gelegenheiten, Ihren qualifizierten Mitarbeiterinnen und Mitarbeitern Zusammenhänge offenzulegen und Hintergrundinformationen zu vermitteln, wenn Sie sie von Anfang an in den Entscheidungsprozess miteinbeziehen.

Wir möchten andererseits eindringlich davor warnen, den Grundsatz gemeinsamen Entscheidens unüberlegt und überall einzuführen. Der beträchtliche Aufwand an Zeit und Geld für ein Entscheiden als Gruppe, als Team, muss in einem angemessenen Verhältnis zur Bedeutung und Reichweite des Gegenstandes stehen. Die endlosen Diskussionen um Kleinigkeiten, das Mitentscheiden um jeden Preis, zeigen häufig auf, dass eifersüchtig darüber gewacht wird, dass niemand Macht an sich zieht, und wenn es auch bloss um den Pflanzenschmuck in den Büros oder die Wahl der Kaffeesorte für die Pausen geht. Aus einer egalitären Grundstimmung heraus – alles geht alle an – kann eine Art von Terror entstehen, die jede spontane Einzelinitiative im Keime erstickt.

Überlegen Sie sich deshalb genau, nach welchen Kriterien Sie festlegen wollen, welche Entscheide gemeinsam erarbeitet und getroffen werden sollen und welche Sie allein oder bestimmte Mitarbeiterinnen fällen.

Transparente Regeln für die Beteiligung an Entscheiden können Auseinandersetzungen und viel Ärger ersparen. (→ Kapitel 5.10. Funktionendiagramm)

Sach- und Policyentscheide

Führungsklarheit in einer Organisation wird, wie dargelegt, unter anderem dadurch erreicht, dass zumindest in groben Zügen festgelegt wird, welche Sorten von Entscheiden grundsätzlich in den breiter angelegten Prozess und welche zum Pflichtenheft einzelner Personen gehören. In diesem Zusammenhang kann es nützlich sein, Entscheide in zwei Kategorien einzuteilen: Es gibt strategische und operative Entscheide, auch als Policy- und Sachentscheide bezeichnet. Sachentscheide ergeben sich aus den täglichen Aufgaben, sie berühren im allgemeinen die Organisationsziele und -grundsätze nicht. Policyentscheide hingegen werden fällig, wenn es um die Geschäftspolitik geht, zum Beispiel:

- wenn wir Ziele vereinbaren und in Handlungen (Massnahmen) umsetzen wollen;
- wenn aufgrund eingetretener Erfahrungen Ziele zu verändern sind;
- wenn wir Ressourcen verteilen und sie nach Prioritäten einsetzen müssen;
- wenn wir Mitarbeiter anstellen oder entlassen;
- wenn die Öffentlichkeit ihren Einfluss auf die Organisation kritisch geltend macht und wir darauf reagieren möchten.

An Policyentscheiden sollten immer mehrere Personen beteiligt sein; Sachentscheide können je nach Reichweite einzelnen überlassen werden. In hierarchischen Strukturen muss meistens eher das gemeinsame Entscheiden gelernt werden, während in Teamstrukturen oft das Delegieren von Entscheiden an Einzelne zu kurz kommt.

Die vier Schritte des Entscheidungsprozesses

Es gibt vier voneinander unterscheidbare Schritte, die zum Entscheiden führen. Sie können rasch oder langsam vollzogen werden, gemeinsam oder allein, je nachdem, um was es sich handelt. Die Schritte bestehen aus

1 sich informieren
2 sich eine Meinung bilden
3 Denkpause
4 entscheiden (wählen)

Schritt 1 sich informieren
sich informieren lassen

Wir tragen die Informationen zusammen, die wir brauchen, um die Situation mit ihren Zusammenhängen zu verstehen. Wir müssen wissen, welches Problem der Entscheid lösen soll, um welche Festlegung für die Zukunft es sich handelt.

Gefahr: Unverhältnismässig viele, zu viele Informationen sammeln. Sie hängen irgendwie auch mit dem Thema zusammen, sind aber für den Entscheid nicht von Bedeutung. Beliebte Taktik, um Entscheide hinauszuzögern oder zu verunmöglichen. Das gleiche gilt für allzu differenzierte Spezialinformationen.

Hinweis: Überlegen Sie sich genau, welche Informationen nötig, welche unnötig sind. Wichtige Informationen zurückzuhalten macht partizipatives Entscheiden zur Farce.

Schritt 2 sich eine Meinung bilden
beurteilen, abwägen, vergleichen
Lösungsvarianten entwickeln

Wir wägen Vor- und Nachteile verschiedener Entscheidungsmöglichkeiten gegeneinander ab. Wir überlegen uns, welche Auswirkungen in welchen Bereichen mutmasslich eintreten können (Vernetzung). Wir versuchen zu beurteilen, mit welchem Entscheid das gesetzte Ziel am besten erreicht werden kann und mit welchem Aufwand. Wir fragen nach den Folgen eines Fehlentscheids (Risikoabwägung), nach den Möglichkeiten, den Schaden später wieder zu beheben und nach dem Mass des Risikos, das wir eingehen können. Wir diskutieren, argumentieren und bilden uns eine begründbare Meinung.

Gefahr: Endlose Diskussionen mit vorgefassten, unbegründbaren Argumenten. Einer Sicherheit nachjagen, die es nie gibt, weil alle Entscheide in die nie ganz bekannte Zukunft reichen. Beliebte Taktik, um hinter sachlich erscheinenden Meinungen persönliche Interessen zu verbergen.

Hinweis: Eine gute Vorbereitung der Diskussionsleitung hilft Ihnen, ausufernde Palaver im rechten Zeitpunkt zu beenden, dann nämlich, wenn nichts mehr Neues gesagt wird (→ Kapitel 5.21. Sitzungstechnik). Persönliche Interessen, Gefühle, Ängste können berücksichtigt werden, wenn sie in einem Klima der Offenheit und des Vertrauens angesprochen werden.

Schritt 3 Denkpause
wenn möglich nach bewährtem Brauch
eine Nacht darüber schlafen

Bei wichtigen oder sehr kontroversen Entscheiden ist es meist nützlich, nach einem Unterbruch eine zweite Diskussionsrunde (zweite Lesung) abzuhalten. In der Zwischenzeit haben sich möglicherweise unbeachtete neue Fakten ergeben, Argumente haben an Wichtigkeit gewonnen oder verloren. Die Beteiligten sind sachlicher, gelassener und hören einander besser zu.

Hinweis: Sie können eine sinnlose Wiederholung der ersten Diskussion vermeiden, wenn Sie anfangs den Stand der Dinge zusammenfassen und Sinn und Ziel dieser zweiten Runde deklarieren.

Schritt 4 entscheiden, wählen, festlegen

Der Akt des Entscheidens braucht nicht viel Zeit. Wir befinden uns ja nicht an einer Vereinsversammlung oder in einem Parlament mit komplizierten Verfahrensregeln und Stimmenzählern. Etwas ist aber gleich: Auch in sozialen Organisationen braucht es Entscheidungsregeln.

Entscheidungsregeln

Sie sind allgemein bekannt, so dass wir uns kurz fassen können. Es gibt verschiedene Regeln:

- Der *Mehrheitsentscheid*. Man stimmt ab und zählt die Stimmen. Die einfache Mehrheit oder die Zweidrittelsmehrheit entscheidet. Im Sozialbereich ist diese Regel häufig unbeliebt, denn es gibt Gewinner und Verlierer, was man vermeiden möchte.
- *Konsens*. Entscheide werden erst dann und nur dann gefällt, wenn wirklich alle dahinter stehen. Dieses Prinzip führt zu vielen (oft guten, oft faulen) Kompromissen oder gar zum Entscheidungsverzicht. Die Harmonie bleibt gewahrt, es wird niemand «unterdrückt». Wehe denen, die sich dem Konsens nicht immer beugen wollen!
- *Vetorecht*. Hier behält sich eine in der Hierarchie höher stehende Person das Recht vor, abschliessend zu einem regulär (nach den Regeln) gefällten Entscheid einzelner oder einer Gruppe Nein! Njet! Quod non! zu sagen.

Sie setzt damit ihre eigene Meinung durch oder weist den Entscheid mit bestimmten Auflagen zurück. Es muss allen Beteiligten klar sein, dass es sich für sie nur um Vorentscheide oder Vorschläge gehandelt hat, die erst dann zu Entscheiden werden, wenn eine höhere Instanz von ihrem Vetorecht keinen Gebrauch macht. Gemildert wird diese Situation dadurch, dass festgelegt ist, für welche Entscheide überhaupt ein Veto eingelegt werden kann.

- *Rückkommensregeln*. Sie legen fest, auch welche Weise ein Entscheid neu zur Diskussion gestellt werden kann.

Transparente Entscheidungsregeln sind notwendig. Wenn sie sich nicht bewähren, lassen sie sich ändern.

Der Dilemmaentscheid – eine besondere Situation

Es kommt vor, dass wir uns trotz aller Bemühungen keine eindeutige Meinung bilden können, wie wir entscheiden sollen. Wenn zwei verschiedene Entscheide gleich gut sind, kommt es nicht so sehr darauf an, welcher nun gefällt wird. Häufiger aber zeigt sich, dass jeder der beiden Entscheide seine Vor- und Nachteile hat; trotz Abwägen und Gewichten lässt sich das kleinere Übel nicht im voraus bestimmen. Jeder Entscheid bringt neben Gutem auch Schlechtes, eventuell gleich viel Schlechtes. Nun gibt es nichts mehr anderes, als sich auf die Intuition zu verlassen, die Münze aufzuwerfen oder das Los zu ziehen. Eine unbefriedigende, spielerische Lösung, sicher, doch es bleibt nichts anderes übrig, wenn wir ehrlich sein wollen. Sie kommen vor, solch extreme Dilemmaentscheide, aber glücklicherweise nicht häufig.

Wählen und Wollen – die zwei Kernerfahrungen beim Entscheiden

Wer keine Wahl hat, hat nichts zu entscheiden. Vielleicht erklärt diese Aussage, weshalb in manchen Organisationen und besonders in sozialen Aufgabenfeldern Entscheide nur selten vorkommen. Man ist vollauf damit beschäftigt, das Notwendige zu tun, steht dauernd unter Zug- und Sachzwängen, lebt von der Hand in den Mund. Entscheide, als Stellungnahmen für ein Verhalten in der Zukunft, haben hier keinen Raum.

Für eine Organisation, die lebendig und wirksam bleiben will, ist es notwendig, den Spielraum für wählbares Handeln immer wieder offen zu halten und auszuschöpfen. Prozesse des Entscheidens führen die Beteiligten jedesmal zu den gesetzten Zielen und der Auseinandersetzung mit ihnen, ein wichtiger Vorgang. Führen hat sehr viel damit zu tun, dass dieses Wählen in der Organisation nicht Sachzwängen oder auch ganz einfach der Trägheit zum Opfer fällt.

Die andere Kernerfahrung des Entscheidens liegt im Wollen. Indem ich entscheide, setze ich Energie ein für die Verwirklichung eines bestimmten Vorhabens. Ich fühle mich nicht nur zuständig, sondern verantwortlich dafür, dass geschieht, was wir entschieden haben. Wie oft aber werden in Organisationen Entscheide gefällt – und es geschieht nichts. Das Wählen hat stattgefunden, aber das Wollen bleibt aus.

Hier kommen wir zurück zur Frage, wer in einer Organisation die Entscheidungsträger sind, wo die Zentren der Willensbildung liegen und ob unter den Beteiligten ein Verständigungsgrad vorliegt, der ein gemeinsames Wollen möglich macht, und der gewährleistet, dass man sich an die getroffenen Entscheide auch wirklich hält. Sich allein auf das Wollen zu verlassen, ist sicher etwas tollkühn. Kontrolle gehört zu jedem Entscheid. (→ Kapitel 3.6. Kontrolle ausüben)

Ein gutes Mittel, Entscheide nicht zu vergessen, ist die Entscheide-Kartei. (→ Kap. 5.5.) Mit ihr finden Sie Entscheide schneller und sicherer als in alten Protokollen. Sie hilft Ihnen auch zu vermeiden, dass immer wieder in Vergessenheit geratene Entscheide mit viel Aufwand neu – und doch ohne neue Fakten – wiederholt werden.

Entscheiden als Wagnis – die «letzte Verantwortung»

Entscheiden durch Denken, Überlegen, Abwägen, Wählen; Berücksichtigen der gegenwärtigen und zukünftigen Situation; Miteinbeziehen, dass der Entscheid den Organisationszielen gerecht wird, aber auch den Ressourcen, den Kunden, den Mitarbeitern, der Kommunikation und der Organisationsstruktur . . . die Rationalität (Bewusstheit) steht bei dieser Art von Entscheiden im Vordergrund. Rationalität ist nicht alles, sie reicht manchmal nicht aus.

Die Erfahrung zeigt, dass wir viele – und gerade auch wichtige – Entscheide ohne gesicherte Basis an Informationen treffen müssen. Einiges bleibt unbekannt und vieles unvorhersehbar, so dass die analytische ratio nicht weiterhilft. Das Wählen wird zum Wagnis, in dem die Intuition ihren Platz hat (und nicht nur hier!). Das «Unternehmen des Neuen bedeutet eine Überwindung des Unbekannten, des Unsicheren oder gar nur des Unüberschaubaren. Es ist riskant und verlangt, meine ich, nach einem besonderen Menschentyp, den ich nun einmal ‹UNTERNEHMER› im breitesten Sinne nennen will . . .[22]» Unternehmerinnen und Unternehmer in dieser Bedeutung braucht es auch in sozialen Organisationen.

Das Risiko eines Fehlentscheids auf sich zu nehmen und für den entstandenen Schaden verantwortlich zu sein, darin besteht das Wagnis. Davor fürchten sich manche Leute. Sie auch?

Um Ihre Angst zu reduzieren, fragen Sie sich zuerst, was denn Schädliches passieren könnte. Sind es schlimme Auswirkungen, welche Kunden, Mitarbeiter oder die Organisation als Ganzes und Sie selbst treffen könnten? Weiter überlegen Sie sich, ob der Fehlentscheid zu korrigieren wäre und der Schaden repariert werden könnte. Wenn diese Erklärung noch keine Entlastung bringt, dann suchen Sie bei einer Person Ihres Vertrauens Rat und Hilfe, die wenn möglich bereit ist, den schwierigen Entscheid mitzuverantworten.

Was heisst *Verantwortung* tragen? Für Schäden haften, die falsche Entscheide oder unterlassene Kontrolle ergeben, entstandene Schäden gutmachen. Grundsätzlich trägt jede Person für ihre Entscheide die Verantwortung. Sind mehrere daran beteiligt, tragen sie gemeinsam die Verantwortung, und zwar die ungeteilte Verantwortung gemeinsam. Nicht: Niemand ist schuldig, sondern: Alle sind mitschuldig für das Misslingen, aber auch allen gehört der Erfolg.

Sie haben viele Aufgaben mit den dazugehörenden Entscheidungsbefugnissen und Verantwortungen an Ihren Mitarbeiterkreis delegiert. An vielen Entscheidungsprozessen lassen Sie viele teilnehmen, denn Sie führen mit einer partizipativen Struktur. Und doch lastet die «letzte Verantwortung» vielleicht schwer auf Ihnen. Die Risiken, die Führen mit sich bringt, kann Ihnen niemand abnehmen.

Fehler lassen sich nie ganz vermeiden. In einer fehlerfreundlichen Organisation sind Fehler zum Lernen da und zum Korrigieren. Dass *dies* geschieht, gehört zu Ihrer «letzten Verantwortung». Fehlerhaftes Handeln von Mitarbeiterinnen und Mitarbeitern, an dem Sie vordergründig keinen Anteil haben, betrifft Sie letztendlich doch. Sie haben sich vielleicht getäuscht über die Tätigkeit einer Person, Sie haben den Informationsfluss und die Kontrolle einschlafen lassen. Sie sind zu selten im Hause. Darum: Nehmen Sie bei schweren Mitarbeiterfehlern nach oben und aussen die Verantwortung auf sich, mit allen Konsequenzen, die das für Sie persönlich haben kann. Nur in seltenen Fällen sind diese hart. In der «letzten Verantwortung» steckt die Solidarität des Oberen mit den Unteren.

8 HINWEISE

- Bewusst entscheiden wollen und entscheiden können sind Grundelemente menschlichen Lebens.
- In der Aufgabe des Führens ist Entscheiden eine wichtige Grundfunktion.
- Viele am Entscheiden beteiligen ist das Kennzeichen partizipativen Führens – unabhängig von der Organisationsstruktur.
- Alle alles entscheiden zu lassen, ist unmöglich.
- Entscheiden ist ein Prozess, an dessen Ende ein Entscheid gefällt wird.
- Dem Entscheid muss das Wollen der Durchführung folgen.
- Das Wagnis des Entscheidens gehört zum Führen.
- Die «letzte Verantwortung» tragen besteht darin, seinen grossen Schirm über Mitarbeiterinnen und Mitarbeiter aufzuspannen und dabei selbst im Regen zu stehen.

7 FRAGEN

1. Ist es in Ihrer Organisation klar, wer an welchen Entscheiden beteiligt ist? Mit Mitbestimmung? Mit Mitsprache?
2. Sorgen Sie jeweils dafür, dass alle Beteiligten wissen, welcher Schritt im Entscheidungsprozess jetzt ansteht?
3. Was tun Sie, um die Gefahr von Entscheidungsmarathons in Ihrer Organisation abzuwenden?
4. Gibt es Entscheidungsregeln, die schriftlich festgehalten sind und in der Praxis gelebt werden?
5. Was kehren Sie vor, damit Entscheide eingehalten und durchgeführt werden? Wie fördern Sie das Wollen? Und was tun Sie, wenn Sie feststellen, dass Entscheide übergangen werden?
6. Wie gehen Sie mit dem Wagnis des Entscheidens ins Unbekannte um?
7. Drückt Sie die «letzte Verantwortung»? Haben Sie sich schon einmal bewusst gemacht, welches die Gründe dafür sind.?

Wo Gäld isch, isch dr Tüüfel,
wo's nid isch, isch dr dopplet.
Innerschweizerisches Sprichwort

3.5. Ressourcen beschaffen und richtig einsetzen

3.5.1. Das Geld

1. Nachdenken über Geld

Nachdenken über Geld führt uns in ein weites Feld. Wer es hat, dem wird gegeben – wer es nicht hat, hat auch sonst nichts.

Wir wollen und können hier nicht eine philosophische oder ethische Betrachtung über das Geld ausbreiten. Hingegen ist es unsere Absicht, dass

Sie durch einige Hinweise angeregt werden, zu überlegen, was *Ihnen* Geld bedeutet. Wir alle haben von Kindheit an eine Geldbiographie, die unseren Umgang mit Geld weitgehend bestimmt. Mit diesem persönlichen Umgehen hängt zusammen, wie wir das Geld in unserer Organisation behandeln.

Geld ist in unserer Gesellschaft ein zentraler Massstab, für fast alles. Nicht nur materielle und immaterielle Güter haben ihren Geldwert, sondern auch Menschen mit ihren Eigenschaften, Kenntnissen und Beziehungen. Aus fast allem kann man Geld schlagen, oder, zeitgemäss ausgedrückt, fast alles lässt sich vermarkten. Man kann sich die Lebenspartner einkaufen und sich von ihr oder ihm wieder freikaufen; Fussballer werden auf dem Transfermarkt zu Höchstpreisen gehandelt. Zu ähnlichen Preisen wie ein Fussballstar werden die Sonnenblumen von Van Gogh verkauft. Wer die Millionen hat, dem ist kein Preis zu hoch; wie hoch mag das Taschengeld des armen Malers im Irrenhaus zu Avignon gewesen sein? Der Spruch «Was nichts kostet, ist nichts wert» hat eine Variante: Je mehr etwas kostet, desto mehr ist es wert. Über je mehr Geld wir verfügen, desto mehr Freiheit haben wir. Kein Geld bedeutet Unfreiheit, Beschränkung und Abhängigkeit. Weil Geld so viel vermag, bedeutet es auch Macht, Ansehen, Bewunderung. Bewunderung, dass jemand es so gut verstand, zu Geld zu kommen oder das Geld seiner Vorfahren zu wahren und zu mehren.

Geld besitzt Eigenschaften; es gibt sauberes, gewaschenes und schmutziges Geld, echtes und falsches, sauer erworbenes und leicht verdientes, sicheres und riskantes Geld. Niemand sieht ihm von aussen diese Eigenschaften an, denn es stinkt nicht, non olet.

Im Zusammenhang mit Geld kommen gewisse unserer menschlichen Eigenschaften überdeutlich ans Licht. Wir gehen mit Geld grosszügig um, verschwenderisch sogar, oder kleinlich, geizig. Wir sitzen auf unserem Geld, geben es als Mäzene und Wohltäter weiter oder sind kühle Rechner. Wir haben einen cleveren Geschäftssinn und helfen damit unserem Geld nach, bis es sich von selbst vermehrt. Oder wir sind gutgläubige, ahnungslose Naivlinge, bis uns das Geld ganz allmählich zwischen den Fingern zerrinnt. Die sehr weit verbreitete Habgier bezieht sich vor allem auf das Haben von Geld. Eine Sünde ist es für Habgierige, eine Gelegenheit zum Geldmachen nicht zu nützen, und geht es dabei auch nur um ein paar Franken.

Dies sind einige, vielleicht ärgerliche Gedanken über Geld, die Sie anregen wollen, das eigene Verhältnis zum Geld für sich zu klären. How much worth is she? fragt man in den Staaten, wenn man das Gehalt erfahren möchte. Und Sie, wieviel wert sind Sie? Stehen Sie dazu gegenüber Ihren Mitarbeiterinnen? Geld weckt ambivalente Gefühle, deshalb wird das Ergebnis des Nachdenkens darüber immer widersprüchlich sein.

2. Nachdenken über Geld in sozialen Organisationen

Dienstleistungen zu erbringen kostet Geld. Auch wenn es keine Löhne auszuzahlen und keine Miete zu begleichen gibt, auch wenn die Dienstleistung selbst kein materielles Gut ist – die Menschen, die diese Dienste leisten, müssen leben können, und dafür brauchen sie Geld. Unbezahlte Mitarbeiterinnen leben dann von Einkünften, die ausserhalb der Organisation liegen, vielleicht aus dem Gehalt einer zweiten, bezahlten Arbeit, aus Erspartem und Vermögen, oder vom Einkommen des Lebenspartners. «Geldlose» soziale Organisationen sind selten, manchmal gibt es sie im Pionierstadium, und dann ist es in der Regel eine gemeinnützige Frauenorganisation.

Soziale Organisationen brauchen als Nonprofit-Betriebe Geld, nicht, um es zu einem Gewinn zu mehren, sondern um es zu verbrauchen, zu verteilen. In Kulturen, in denen gewinnbringende Geschäfte interessant genannt werden, sind soziale Dienstleistungen uninteressant.

In gewinnbringenden Organisationen kommt das Geld vor allem von Kunden. Warum nicht auch in sozialen Organisationen? Einwände dagegen gibt es viele, auch stichhaltige: Klienten, so wird etwa gesagt, die mit mehr oder weniger starkem Zwang die Dienste einer sozialen Organisation beanspruchen müssen, kann man dafür nicht auch noch zahlen lassen. Wer als Kunde von uns etwa Geld oder andere lebensnotwendige Güter erhält, dem darf man doch nicht einen Teil davon als Bezahlung gleich wieder abnehmen. Der Zugang zu unserer Beratungsstelle wird erschwert, wenn die Dienste etwas kosten würden. Argumente, die aus einer der christlichen Wurzeln des Sozialwesens kommen, tauchen auf: Mitmenschliche Hilfe lässt sich nicht bezahlen, wenn sie echt sein soll. Es sei schon problematisch genug, dass von Organisationen angestellte Helfer von Not und Elend ihrer Mitmenschen leben.

So und ähnlich lautet die Ablehnung des Vorschlags, Klienten etwas für die Dienstleistungen bezahlen zu lassen. Es könnte nützlich sein, zu überlegen, ob sich nicht auch positive Wirkungen ergeben. Kostendeckende Beiträge wären zwar bei der Mehrheit unserer Klienten undenkbar. Durch kleine, vielleicht mehr symbolische Forderungen für unsere Dienste könnten wir das Selbstwertgefühl mancher Klienten stärken und ihre Motivation zur Zusammenarbeit erhöhen. Es ist immer ein gutes Gefühl, nicht vollständig auf Geschenke angewiesen zu sein. Es gibt auch zahlungsfähige Klienten und zahlungswillige Auftraggeber, zum Beispiel Instanzen, die ein Fachgutachten wünschen. Rechnungen jedoch erhalten sie nicht – warum eigentlich? Von einer Art von Kunden ist Geld zu erwarten, von den Mitgliedern in Selbsthilfeorganisationen, durch ihre Mitgliederbeiträge. Doch selbst hier wird diese Geldquelle in der Regel nicht ausreichen, um die Kosten zu decken.

Der weitaus grösste Teil der Geldmittel sozialer Organisationen stammt aus öffentlichen Kassen. Dies gilt ohnehin dann, wenn die Sozialdienststelle selbst ein Teil der öffentlichen Verwaltung ist, sei es auf Gemeinde- oder Staatsebene. Private Organisationen leben ihrerseits oft von Subventionen öffentlicher Instanzen, die aufgrund von Gesetzen regelmässig fliessen oder einmalig, mit Wiederholungsmöglichkeit, ausgerichtet werden.

Alle Geldgeber, öffentliche wie private, haben bestimmte Vorstellungen darüber, wie ihr Geld in der Organisation verwendet werden soll. Die öffentlichen Instanzen legen Bedingungen fest, die mit der Ausrichtung von Geldmitteln verknüpft sind, zum Beispiel Vorschriften über die Arbeitsbedingungen der Angestellten oder über den Stellenplan. Private Spender bevorzugen bestimmte soziale Notlagen und bestimmte Menschengruppen als Empfänger ihrer Zuwendungen. Es kommt auch vor, dass sie ihre Zuwendungen vom Wohlverhalten der Mitarbeiter abhängig machen, von ihren öffentlichen Verlautbarungen und politischen Betätigungen. Sind diese nicht gleich wie die eigenen Überzeugungen, so wird unter Umständen der Geldhahn zugedreht.

Soziale Organisationen müssen ihre Notwendigkeit und Nützlichkeit stets neu beweisen, um zu den nötigen finanziellen Mitteln zu gelangen. Sie können dabei nicht, wie in Betrieben der Wirtschaft, die Gewinn- und Verlustbilanz in Zahlen vorweisen, unterliegen dafür aber auch nicht den harten Tatsachen dieser Buchhaltung. Unabhängig davon wer Träger der Organisation ist, führen soziale Organisationen oft einen chronischen Kampf ums

Geld, einen Kampf um wenigstens gleich viel wie bisher oder mehr Geld zu erhalten. (→ Kapitel 3.5. Ressourcen beschaffen und richtig einsetzen)

Geld zu beschaffen ist für die einen problemloser als für die anderen. Es gibt reichere und ärmere soziale Organisationen. Dies hängt damit zusammen, dass Notlagen, in die Menschen geraten können, in der Umwelt sehr verschieden wahrgenommen und akzeptiert werden. Für anerkannte, gleichsam populäre Notlagen, öffnen sich private Geldbeutel und öffentliche Geldschränke bedeutend leichter als für solche, die Befremdung, Ablehnung oder sogar Angst auslösen. Organisationen, die sich den altehrwürdigen sieben leiblichen Werken der Barmherzigkeit widmen, gehören zu den begünstigten. (Wissen Sie, welches die sieben Werke der Barmherzigkeit sind?)[23] Hier sind sie: Hungrige speisen – Durstige tränken – Nackte kleiden – Fremde beherbergen – Gefangene befreien – Kranke pflegen – Tote begraben.

Auch soziale Schwierigkeiten, die mit Krankheiten zu tun haben, sind eher anerkannt, und entsprechende Dienste werden als unterstützungswürdig eingestuft. Niemand kann ja sicher sein, ob er nicht selbst durch Krankheit in soziale Not geraten wird, schicksalhaft und ohne eigenes Verschulden. Es gibt zudem Privilegien der Mittelbeschaffung. Gewisse Organisationen besitzen Geldsammelmonopole, wie zum Beispiel die Ausgabe von Sondermarken. Für Pionierorganisationen ist es vergleichsweise schwer, ihren Nutzen von Anfang an zu dokumentieren. Sie kämpfen um ihr Bestehen und müssen während einer oft längeren Durststrecke beweisen, dass sie unterstützungswürdig sind. Für manche sozialen Organisationen gehört das Betteln zur Überlebenskunst. Reiche oder arme Organisationen – über die Qualität ihrer Dienstleistungen ist damit nichts ausgesagt.

Wir haben nachgedacht über Geld. Auf dem meist verborgenen Hintergrund vielfältiger Zusammenhänge spielt sich geldbewusstes Führen in der Organisation ab.

3. Geldbewusst führen

Betrachten wir unser Führungsmodell (→ S. 32) mit seinen sechs vernetzten Aspekten. Wir wollen versuchen, geldbewusstes Handeln mit jedem dieser Aspekte zu verknüpfen.

La Cigale et la Fourmi

La Cigale ayant chanté
Tout l'été
Se trouve fort dépourvue
Quand la bise fut venue:
Pas un seul petit morceau
De mouche ou de vermisseau.
Elle alla crier famine
Chez la fourmi sa voisine
La priant de lui prêter
Quelque grain pour subsister
Jusqu'à la saison nouvelle.
– Je vous pairai, lui dit-elle
Avant l' août, foi d'animal.
Intérêt et principal.
La fourmi n'est pas prêteuse:
C'est là son moindre défaut:
– Que faisiez vous au temps chaud?
Dit-elle à cette emprunteuse.
– Nuit et jour à tout venant
Je chantais, ne vous déplaise.
– Vous chantiez, j'en suis fort aise.
Eh bien! Dansez maintenant.

La Fontaine

Diese zwei ausgeprägten Grundhaltungen lassen sich auch in Organisationen finden:

- Sparen und horten für schlechte Zeiten; vorsichtig mit Geld umgehen; sich nach der Decke strecken; nicht begehrlich sein.
- Verbrauchen und ausgeben; sich und andern etwas gönnen; heute ist heute; wo ein Wille ist, ist auch ein Weg.

Sie gehen mit Geld um, das Ihnen nicht gehört. Sie sind Treuhänderin und Treuhänder, es wird von Ihnen erwartet, dass Sie es mit aller Sorgfalt verwalten. Wem gehört denn das Geld? Für wen sparen? Auf wessen Kosten können Sie grosszügig sein in der Dienstleistung? Dürfen Sie für die Klienten herausholen, was sich herausholen lässt? Müssen Sie die öffentlichen Kassen, die Sozialversicherungen, die Spender so stark wie möglich schonen?

Durch unsere einleitenden Gedanken über Geld sind Sie sensibilisiert und haben versucht, Ihre eigene Grundhaltung zu erkennen. Das erlaubt Ihnen, eine eigene Antwort auf solche und ähnliche Fragen zu geben. Auch wenn diese Antworten nicht eindeutig ausfallen, werden Sie bewusster handeln. Vielleicht sind im Zusammenhang mit einzelnen Dienstleistungen im übergeordneten Gremium Diskussionen rund um das Geld aufgetaucht. Sie haben dabei sehr widersprüchliche Leitbilder bei einzelnen Personen entdeckt. Zum Beispiel erleben Sie, wie vermögende Besitzer mit einer grosszügigen Lebenshaltung im Privatleben sich in der Organisation als kleinliche Sparer geben, besonders was die Dienstleistung an die Klienten, aber auch etwa die Gehälter angeht. Wie wäre es mit einer vorsichtig eingeleiteten Leitbild-Diskussion über Geld, wenn sich die Gelegenheit dazu bietet?

Eine solche Diskussion ist sicher auch mit den Mitarbeiterinnen wünschbar. Besonders über Widersprüche bei sich selbst und zwischen Mitgliedern der Organisation muss ab und zu gesprochen werden. Es sollte ein Ziel Ihres Führens sein, auch hinsichtlich Geld eine unité de doctrine herbeizuführen, ein Geld-Leitbild, das gelten soll.

Vergessen wir nicht: Geld ist ein hoher Wert. Ob offen oder versteckt, es regiert auch unsere Organisation.

Menschen und ihre Fähigkeiten

Menschen gestalten die Organisation, Menschen mit Freude an ihrer Arbeit, einfallsreiche, zusammenarbeitsfähige und was der wünschenswerten Fähigkeiten mehr sind. Um gute Fachleute anzuziehen, muss die Organisation attraktiv (eben: anziehend!) sein. Zu den Attraktionen gehört das Gehalt, ein gutes Gehalt. Das ist nicht alles, natürlich nicht. Eine gute Leiterin ist ebenfalls ein Plus sowie verantwortungsreiche Aufgaben, Entfaltungsmöglichkeiten, Mitsprache und Mitbestimmung, Fortbildungsangebote und anderes mehr. Und doch – das Geld muss stimmen, für viele die erste der Bedingungen.

Das Gehalt sollte einigermassen den Erwartungen der Stellensuchenden entsprechen. Solche Erwartungen formen sich im Vergleich mit der Einschätzung des eigenen Wertes und der eigenen bisherigen Berufslaufbahn.

Bei Besoldungsfragen stossen wie überall auch in sozialen Organisationen Interessengegensätze aufeinander. Je nach Situation auf dem Arbeitsmarkt bestimmen mit grösserem Gewicht die Arbeitnehmerinnen oder die Arbeitgeber die Löhne. Wo stehen *Sie*? Verstehen Sie sich als von der Trägerschaft angestellter Arbeitnehmer, oder als Arbeitgeber Ihrer Mitarbeiter? Oder stimmt für Sie beides? Und was bedeutet das für Sie?

Ihr Interesse ist es jedenfalls, dank guter Arbeitsbedingungen gute Mitarbeiterinnen einstellen und halten zu können. Selbst wenn die Gehaltszuteilung durch Regelungen gegeben ist, haben Sie gewiss einen Verhandlungsspielraum und ein Vorschlagsrecht. Die Anstellungsverhandlung um das Geld kann Ihre Beziehung zu neuen Mitarbeiterinnen von Anfang an und für lange Zeit mitbeeinflussen.

Schwierigkeiten können Ihnen subtile Empfindlichkeiten von Mitarbeiterinnen bereiten, die sich aus organisationsinternen Vergleichen der Löhne ergeben. Es geht dabei um Lohngerechtigkeit: Das eigene Gehalt wird verglichen mit demjenigen jüngerer und älterer Kolleginnen, mit dem Leiterinnengehalt und solchen anderer Berufsgruppen. Geld als Massstab! Dahinter verbergen sich tieferliegende Gefühle und Erwartungen, Gefühle von Ungerechtigkeit, Sich-Zurückgesetzt-Fühlen, Enttäuscht-Sein, auch Missgunst und Neid. Transparenz in Lohnfragen löst zwar diese Probleme nicht, erleichtert aber Ihre Bemühungen, die Ressource Geld möglichst gerecht und zufriedenstellend auf die Mitarbeiterinnen zu verteilen.

Über den gerechten Lohn könnte man lange Abhandlungen schreiben. Ihn zu bestimmen ist nicht so einfach. Weitherum gilt der Leistungslohn als gerecht. In sozialen Organisationen gibt es ihn nicht, weil hier Leistung schwer zu bestimmen ist. Eine besonders gute Arbeit oder eine besonders schwierige Aufgabe wird meistens nicht besonders honoriert, auch wenn dazu eine über die Grundausbildung hinausgehende Fortbildung nötig ist. Nicht alle Betroffenen sind der Ansicht, dass die Belohnung darin bestehe, grössere Befriedigung durch grössere Verantwortung zu erfahren. Sie haben oft die Möglichkeit, dem gerechten Lohn dadurch etwas nachzuhelfen, dass Sie zum Beispiel die Besoldungsvorschriften möglichst gut ausnützen (Beförderungen) oder dem vorgesetzten Gremium eine Lohnerhöhung beantragen. Vernachlässigen Sie die Beschäftigung mit derartigen Problemen, so werden Sie häufig mit chronischen Missstimmungen kämpfen müssen. Gute Mitarbeiterinnen verlassen möglicherweise die Organisation, wenn sie glauben, ihre Arbeit sei mehr wert, als was sie an Geld dafür bekommen. Jeder Mitarbeiterinnenwechsel kostet Zeit und Geld und bewirkt Unruhe in der Zusammenarbeit, was indirekt auch die Klienten zu spüren bekommen.

Ihre Mitarbeiterinnen und Mitarbeiter sind zum Teil in Berufsverbänden und Gewerkschaften organisiert, um in Konflikten, und speziell Lohnkonflikten, nicht allein dazustehen. Auch mit diesen Fragen haben Sie sich zu beschäftigen, mit der gewerkschaftlichen Organisation und den vertraglichen Möglichkeiten wie Gesamtarbeitsvertrag, Anstellungsrichtlinien der Berufsverbände und ähnlichem mehr.

Ein paar Gedanken zu den freiwilligen Helfern und dem Geld. Obwohl sie unbezahlt Aufgaben im Rahmen der Dienstleistung übernehmen, kosten sie sehr wohl etwas, nämlich Mitarbeiterzeit. Sie brauchen Anleitung, Aussprache, Anerkennung und eine dauernde Begleitung. Sie weiten unser Dienstleistungsangebot aus, aber nicht gratis! Versuchen Sie, während einer bestimmten Zeitspanne aufschreiben zu lassen, wer wieviel Zeit den freiwilligen Helfern widmet. Es könnte sich herausstellen, dass der Aufwand gar nicht so gering ist, wie Sie sich vorgestellt haben. Vielleicht fragen Sie sich, ob der Aufwand den Nutzen überhaupt lohnt.

Freiwillige einzusetzen darf nicht nur von der Effizienz für die Dienstleistung her beurteilt werden. Immer mehr haben freiwillige Helfer auch noch eine andere Funktion: Sie bilden eine wichtige Brücke zur Umwelt, die uns ruhig etwas kosten darf. Immer wichtiger wird es zudem, Möglichkeiten zu sinnvoller Betätigung innerhalb der zunehmenden Freizeit anzubieten, wozu auch soziale Organisationen bereit sein müssen.

Eine andere Art von freiwilligen Helfern sind die Mitglieder von vorgesetzten Gremien. Auch ihnen bezahlt Ihre Organisation nichts, leisten sie doch in der Regel ihre Mitarbeit in ihrer – bezahlten – Arbeitszeit. Gleichwohl haben Sitzungsgelder eine erfreuliche Wirkung: Sitzungen mit Entschädigung werden erfahrungsgemäss regelmässiger besucht. Ja, das Geld! Dieses bindet offensichtlich auch Vorstandsmitglieder stärker an die Organisation, auch im Sozialbereich. In Frauenorganisationen sind Sitzungsgelder sehr viel weniger üblich. Wir meinen, dass dieses wenige Geld für diese Art freiwilliger Mitarbeiterinnen mit ihren willkommenen Fähigkeiten gut eingesetzt wäre. Geldbewusst führen bezieht sich auf alle Mitglieder der Organisation auf allen Ebenen.

Beziehungen

Eine gute Zusammenarbeit und gute Beziehungen zwischen den Mitarbeiterinnen, zwischen Ihnen und Ihren Angestellten, aber auch zwischen Ihnen und den Mitgliedern des vorgesetzten Gremiums, erhalten sich nicht von selbst. Ein Klima zu fördern, das dafür die Voraussetzungen schafft, ist eine Ihrer Führungsaufgaben. Sie kostet Zeit und Geld.

Sach- und problembezogene gemeinsame Aktivitäten sind die wichtigsten Erfahrungsfelder, um ein gutes Kommunikationsklima zu entwickeln. Das Bedürfnis, besondere Anlässe zur Klärung der Beziehungen oder zum Austragen von Konflikten durchzuführen, ist fast immer ein Zeichen dafür, dass mit den arbeitsbezogenen Themen unzulänglich umgegangen wird, oft einfach deshalb, weil angemessene Gesprächstechniken fehlen oder weil man sich zu wenig Zeit nimmt. Organisationen können nur sehr beschränkt Geld und Zeit dafür einsetzen, gespannte oder gestörte Beziehungen zwischen ihren Mitarbeiterinnen und Mitarbeitern aufzuarbeiten. Sie sind dazu da, Dienstleistungen für ihre Klienten zu erbringen. Alle zeitintensiven gruppeninternen Aussprachen mit Therapiecharakter kosten Zeit und Geld, die den Klienten abgeht. Mit Supervision lässt sich manchem Konflikt vorbeugen, bietet sie doch auch Gelegenheit, Dampf abzulassen und aufzutanken. (→ Kapitel 3.8. Konflikte erkennen und handhaben)

Unabhängig von fachlichen und arbeitsbezogenen Gelegenheiten der Beziehungspflege gibt es auch besondere Anlässe wie zum Beispiel Dienstjubiläen, Abschieds- und Willkomm-Rituale für Mitarbeiterinnen, Betriebsfeste. Geld dafür sollte als reguläre Ausgabe im Budget erscheinen, als Aufwand für die Gestaltung der internen Beziehungen, als notwendiges Öl im Getriebe. Den Geldspendern gegenüber ist diese Auffassung zu verantworten.

Auch nach oben gibt es für Sie die Aufgabe der Beziehungspflege. Vergessen Sie sie nicht! Vertrauensvolle Beziehungen zu den einzelnen Personen in der Hierarchie aufzubauen und zu pflegen, gehört zum Führen, wie auch die Sorge um ein gutes Klima im Gremium. Sie haben genug Möglichkeiten, dieses positiv zu beeinflussen, auch wenn Sie nur eine unterstellte Person sind und im Gremium vielleicht nicht einmal das Stimmrecht besitzen. Der Aufwand für diese Aufgabe macht sich immer bezahlt.

Strukturen, Organisation

Eine effiziente Struktur ist die billigste Struktur. Zur effizienten Struktur gehören angemessene Regelungen – nicht zu viele, nicht zu wenige; ein gut funktionierendes Informationssystem – keine Überfülle und keine Lücken; eine übersichtliche Dokumentation und Ablage – einfach und eindeutig; gut vorbereitete und gut geleitete Sitzungen – nicht zu pedantisch und nicht zu locker; sachgemässe Entscheide – nicht hastig und nicht langatmig gefällt; vernünftige Kontrolle – so viel wie nötig und so selbstbestimmt wie möglich.

Eine gute Struktur hilft nicht nur, den Löwenanteil der finanziellen Mittel in die Dienstleistung zu stecken. Sie ist auch die Grundlage für geldbewusstes Führen in allen übrigen Bereichen der Organisation. (→ Kapitel 3.7. Strukturen berücksichtigen)

Das Dienstleistungsangebot

Soziale Dienstleistungen haben meistens weiche Begrenzungen, sie liessen sich stets ausweiten. Besonders mit dem Anspruch ganzheitlicher Hilfe sind den Hilfeleistungen kaum Grenzen gesetzt. Das vorhandene Geld dafür ist jedoch immer beschränkt. So stellt sich die Frage, nach welchen Grundsätzen das Geld eingesetzt werden soll. (→ Kapitel 3.3. Prioritäten bestimmen)

Soll das Geld zum Beispiel gleichmässig auf alle Klienten verteilt werden, in Form von Gütern oder Beratung oder jedem nach Bedarf, so lange es reicht? Soll uns der Grundsatz der Effizienz beim Einsatz der Mittel leiten, also die Frage nach Aufwand und Wirkung? Oder ist es besser, gar keine Grundsätze aufzustellen und die rechte Hand nicht wissen zu lassen, was die linke tut? Ist es richtig – was häufig geschieht –, die Mittel in immer kleineren Tranchen an immer mehr Klienten zu verteilen, weil wir niemanden abweisen wollen oder dürfen? Fragen zum Durchdenken beim geldbewussten Führen.

Es gibt teurere, längere und billigere, kürzere Beratungsmethoden. Die freie Wahl der Methode ist ein Credo vieler Sozialarbeiterinnen. Vom Standort geldbewussten Führens her ist die Methode der Wahl diejenige, die mit weniger Aufwand mindestens die gleiche Wirkung erzielt. Zwei Methoden zu vergleichen ist im Sozialbereich jedoch schwierig, deren Effizienz zu bestimmen ebenfalls. Methodenfreiheit bedeutet deshalb oft nichts anderes als diejenige Methode frei wählen zu können, die einer Sozialarbeiterin besser liegt, die gerade Mode ist, oder die sie einmal ausprobieren möchte. Möchten Sie diese Frage nicht einmal unter dem Aspekt der Kosten mit Ihren Mitarbeiterinnen diskutieren, statt, wie sonst üblich, von der Berufsautonomie her?

Dieses Thema führt uns zum nächsten: Was kosten eigentlich die einzelnen Dienstleistungen, aus denen unser Angebot besteht? Wir können uns vorzustellen versuchen, dass wir unsere Leistungen für die Klienten berechnen und die Rechnung an eine Sozialkasse schicken könnten. Ähnlich wie ein Arzt würden wir die verschiedenen Handlungen auflisten und könnten für jede Position einen Betrag einsetzen. Tatsächlich kennen wir eine private soziale Organisation, die auf diese Weise für ihre Sozialberatung im Auftrag einer Behörde Rechnung stellt. Handlungskataloge mit den Erfahrungswerten für die benötigte Zeit gibt es in der Tat[16]. Die Rechnung setzt sich zusammen aus einem mittleren Stundenlohn für die Beraterin, eventuell Reisekosten, Gemeinkosten für die Infrastruktur. Sie wären vielleicht erstaunt zu sehen, wieviel insbesondere längerdauernde Beratungen kosten, die auf eine Verhaltensänderung abzielen. Wieviele solcher Beratungen sollen in unserem Budget Platz haben? Es kann zum Beispiel darum gehen, zu lernen, seine Kinder besser zu behandeln, ohne Schulden zu leben, von einer Sucht loszukommen, mit der Partnerin oder dem Partner konfliktfreier zusammenzuleben, den Aufenthalt im Pflegeheim zu akzeptieren. Unsere Leitbilder und Wertmassstäbe (→ Kapitel 3.1. Ziele setzen) geben uns Hinweise, ob solch kostspieliges Tun mit unseren Organisationszielen in Einklang ist. Umgekehrt lässt sich die gleiche Frage stellen zu den kurzen und dadurch billigeren sogenannten Feuerwehrübungen, bei denen die Hilfe zu spät kommt oder zu wenig Mittel für eine dauerhafte Lösung zur Verfügung stehen.

Wirtschaftlich produzieren

Effizienz als Grundsatz

Effizienz gilt in Produktionsbetrieben als zentraler Wert – mit möglichst geringem Geldaufwand einen möglichst grossen Gewinn erzielen. Dieser Effizienzbegriff beginnt sich heute zu erweitern: Manche Verantwortliche von Betrieben in der Wirtschaft fragen nicht mehr ausschliesslich nach dem erwirtschafteten Geld (obwohl die Kasse natürlich immer noch stimmen muss) sondern auch nach andersartigem Nutzen. Vermehrt zählt die Zufriedenheit der Mitarbeiter, als Geistkapital, und gezwungenermassen zieht man auch die Umwelt in ihrer ökologischen und sozialen Ausprägung in das Aufwands- und Ertragsdenken mit ein. Nicht zuletzt soll mit diesem neuen Effizienzbegriff die Stellung und das Ansehen der Unternehmung in ihrer Umwelt gestärkt werden.

In sozialen Organisationen ist solches Denken schon seit längerer Zeit vorhanden. Die Art der sozialen Dienstleistungen bringt es mit sich, den Menschen eher in den Mittelpunkt der Überlegungen zu stellen, sei dieser Mensch nun Betriebsangehörige oder Kundin. Man versucht, die Probleme ganzheitlich anzugehen und die Persönlichkeit des einzelnen mit seinen Entwicklungsmöglichkeiten miteinzubeziehen. In Retraiten und Seminaren werden die Potentiale der Teilnehmer entdeckt und im Betrieb gefördert. Viel Aufmerksamkeit schenkt man einer guten Zusammenarbeit. Die Bereiche des Führens, in denen Gefühle, Befindlichkeiten, Beziehungen eine grosse Rolle spielen, werden in sozialen Organisationen selten vernachlässigt. Hingegen kommt das materielle Effizienz-Denken, die Beschäftigung mit dem Geld, eher zu kurz.

Wir meinen, in Gegenläufigkeit zu Profit-Organisationen, welche das ausschliessliche Gelddenken kritisch in Frage stellen, müssten Nonprofit-Organisationen vor allem besser lernen, die Wirtschaftlichkeit ihrer Betriebe anzustreben. Weil es in diesem Bereich viel nachzuholen gibt, verweilen wir ja mit diesem Kapitel so lange beim Geld!

Bestmögliche Wirkung

Effizient oder wirtschaftlich führen heisst, bewusst so zu handeln, dass die Organisation mit den vorhandenen Mitteln die bestmögliche Wirkung ihrer Dienstleistungen erreicht. Wir haben schon festgestellt, dass es im Sozialbereich schwierig ist, das gute Verhältnis zwischen Aufwand und Wirksamkeit zu bestimmen. Der Aufwand lässt sich wohl in Geld ausdrücken – aber die Wirkung?

Nicht zufällig beschränken wir uns in den Jahres- oder Geschäftsberichten fast immer darauf, aufzuzählen, was und wieviel davon wir getan haben. Die Öffentlichkeit hat ein Recht zu wissen, was wir mit ihrem Geld erreichen konnten. Wir geben ihr Auskunft darüber, wieviel Geld in die einzelnen Aufgabenbereiche geflossen ist; wievielen Personen wir welche Dienste vermittelt haben; welcher Art die Notsituationen und die Klienten waren. Was aber hat unser Tun bewirkt?

Es gibt Dienstleistungen materieller Art, deren Wirkung uns so fraglos richtig erscheint, dass wir sie gar nicht für erwähnenswert halten. Wenn wir an Klienten Geld auszahlen, halten wir das Problem für gelöst. Ähnlich vertrauen wir der Wirksamkeit von Ferien- und Erholungsaufenthalten, der Vermittlung von Versicherungsleistungen, von Steuererlassen, oder von Hilfsmitteln für Behinderte. Sogar hier, wo die Dienstleistung gleichsam identisch ist mit der Wirksamkeit – oder es so aussieht –, wäre es nicht überflüssig zu fragen, in welcher Art sich die Situation des Klienten zum Besseren verändert hat.

Noch viel schwieriger ist es, diese Frage für immaterielle Dienstleistungen zu beantworten. Welchen Nutzen konnten wir durch unsere Beratung und Begleitung stiften? Sind es unsere Bemühungen, welche die positiven Wirkungen hervorgebracht haben, oder waren andere Einflüsse im Spiel? Es gehört zur Professionalität im Sozialbereich, Beratungsprozesse zu dokumentieren, so dass eine Beurteilung der Wirkung laufend möglich ist. Die Klienten nach Abschluss der Beratung in Kategorien wie «erfolgreich», «gebessert», «ohne Erfolg» einzuordnen, lässt sich kaum durchführen, wie etwa im gesundheitlichen Bereich.

Es kann auch ein Ziel sein, eine Verschlechterung der Situation zu verhüten, ein weiteres soziales Abgleiten des Klienten zu verhindern. Wie stellt man in solchen Fällen die vorbeugende Wirkung einer Dienstleistung fest?

Bei der Arbeit mit Gruppen oder Gemeinwesen und ganz besonders in allem prophylaktischen Tun ergeben sich die gleichen Schwierigkeiten beim Versuch, Aufwand und Wirkung gegeneinander abzuwägen.

Wir meinen, dass wir allen Schwierigkeiten zum Trotz regelmässig zu fragen haben, ob unsere Dienstleistung wirksam ist und ob sie den Aufwand lohnt. Den Massstab für eine solche Beurteilung findet man in keinem Buch. Sie können ihn aber mit Mitarbeiterinnen und Mitgliedern des vorgesetzten Gremiums für Ihre Organisation erarbeiten.

Es mag merkwürdig klingen zu fordern, dass der Kostenaufwand verglichen werden soll mit der Verbesserung des Wohlbefindens notleidender Menschen, sich im Bereich der Mitmenschlichkeit überhaupt die Frage zu stellen, ob sich der Aufwand lohnt. Lange hat man sich auch im Gesundheitswesen gegen diese Frage gesträubt. Wenn es um so hohe Güter wie Gesundheit und soziales Wohlergehen geht, soll nicht nach den Kosten gefragt werden. Bei den meist knappen Ressourcen sozialer Organisationen scheint uns die Frage heute dennoch ganz unumgänglich (→ Kapitel 3.3. Prioritäten bestimmen). Sie können eine solche Diskussion zuversichtlich aufgreifen, wenn Sie sich selbst zuvor Rechenschaft abgelegt haben über Ihre eigene Einstellung zum Grundsatz der Effizienz.

Wir wenden uns nochmals dem Aufwand für Dienstleistungen zu. Immer dann, wenn der benötigte Aufwand (das Arbeitsvolumen) grösser ist als die verfügbaren Mittel (Arbeitszeit), entsteht der gefürchtete Arbeitsdruck, mit allen negativen Folgen für die Kunden, die Mitarbeiterinnen und die Organisation. Um diesen Druck zu vermindern, ist als erstes zu prüfen, ob sich der Aufwand senken liesse. Gibt es zum Beispiel die Möglichkeit, die Anzahl von Besprechungen zu begrenzen, auf die ein Kunde Anspruch haben soll? Welchen Qualitätsstandard kann unsere Organisation sich leisten? Lässt sich unser Engagement in Gremien reduzieren, die sich mit generellen Projekten befassen, die mittelbar ganzen Klientenkategorien zugute kommen (auswärtige Sitzungen)? Können wir eine engere Grenze unserer Zuständigkeit ziehen und Kunden teilweise an andere Stellen verweisen? Lassen sich die organisationsbezogenen Tätigkeiten rationeller bewältigen?

Ohne ganz konkrete Zahlen über Zeit- und Geldaufwand können wir niemanden überzeugen, dass unsere Mittel trotz grösster Sparsamkeit für die Ausführung unserer Aufgaben zu knapp sind. Schätzwerte und Hinweise für kühles Rechnen in sozialen Organisationen finden sich bei Ruth Brack[16].

Effizient Geld beschaffen

Weniger Hemmungen, offen von Geld zu reden, haben wir bei der Geldbeschaffung. Wir unterscheiden wieder die zwei üblichen Geldquellen: erstens die staatlichen und kommunalen Mittel, die aufgrund von Gesetzen regelmässig für soziale Organisationen bereitgestellt werden; zweitens das Geld, das von der Organisation selbst jährlich oder von Zeit zu Zeit gesammelt werden muss.

Wir wollen hier nicht auf die Methoden des Geldsammelns eingehen. Wir beschränken uns auf zwei Gesichtspunkte, die mit geldbewusstem Geldbeschaffen zu tun haben. Auch beim Geldbeschaffen ist zunächst nach der Zielsetzung zu fragen. Was steht im Vordergrund: Die Höhe des gesammelten Betrags? Sich bei bestimmten Zielgruppen der Öffentlichkeit in Erinnerung zu rufen? Für die Dienstleistung zu werben? Über bestimmte Notsituationen aufzuklären? Je nach Antwort werden wir das Verhältnis zwischen Aufwand und Ertrag anders gegeneinander abwägen. Selbst die antiquierte Geldsammlung von Haus zu Haus, mit Spenderliste und Sammelbüchse, kann in ländlichen Gegenden immer noch ihre Berechtigung haben, wenn damit die Identifikation der Spender mit unserer Aufgabe erhalten werden kann. Nur wo solche Sammlungen von unbezahlten Helfern durchgeführt werden, kann ein wirklich vertretbarer Nutzen entstehen. Sobald alle investierte Arbeitszeit – wirklich alle – budgetiert wird, kann sich zeigen, dass diese Art von Geldbeschaffung nur noch kostet! Dasselbe gilt für Mitgliederbeiträge, die seit Jahren nicht der Geldentwertung angepasst wurden und deshalb nur mehr symbolischen Wert haben.

Ihre Organisation kann sich möglicherweise nicht auf Sammlungstraditionen und -privilegien abstützen, so dass Sie einen grossen Teil Ihrer Arbeitszeit für Geldbeschaffung aufwenden müssen. Ihre Zeit ist nicht nur teuer, sondern sie sollte Ihnen vor allem zum Führen und für die Gestaltung der Zusammenarbeit zur Verfügung stehen. Versuchen Sie einmal, sämtliche Arbeiten für die Geldbeschaffung zeitlich zu erfassen und den Zeitaufwand in Geld umzurechnen. Mehr als 30 % Aufwandskosten für die Mittelbeschaffung werden als ineffizient bezeichnet. Ihre Zeiterfassung kann Sie anregen, mit neuen Ideen und auf neuen Wegen zu den benötigten Mitteln zu kommen. Vielleicht müssen Sie bestehende, überlieferte Geldleitbilder auf ihren Realitätsgehalt hin überprüfen. Es gilt immer noch als richtig und pädagogisch wünschbar, dass gemeinnützige Organisationen einen Teil ihres Geldes zusammenbetteln. Mit solch eigenem Geld fühlen sich die Verantwortlichen unabhängiger, sagt man. Wenn aber dieses eigene Geld nur noch einen winzigen Teil des Budgets ausmacht, muss man sich die Frage stellen, ob hier nicht auf sehr ineffiziente Art eine Illusion gehätschelt wird.

Erfahrene Geldbeschaffer wissen, wann die guten und wann die schlechten Zeiten zum Sammeln sind. Sie setzen professionelle Methoden durch externe Berater ein und betreiben ein eigentliches Spendermarketing.

Effizient Geld verwalten

Dies ist eine trockene Materie, die Spezialkenntnisse erfordert. Sie haben sich in der Regel nicht selbst damit zu befassen. Sicher aber gehört es zum Wissensstand führender Personen, mindestens Grundkenntnisse in EDV und Buchhaltung zu besitzen. Die finanzielle Administration ist ein Führungsinstrument, auch in Nonprofit-Organisationen. Unerlässliche Stützen in dieser Aufgabe sind in einer privaten Organisation die kompetente Buchhalterin oder der versierte Quästor (Schatzmeister). Stellen, die als Abteilung einer öffentlichen Verwaltung eingegliedert sind, haben vor allem für eine gute, flexible Zusammenarbeit mit dem zentralen Rechnungswesen zu sorgen. Konflikte entstehen vielfach wegen des Unterschieds zwischen dem auf ordentliche Abläufe ausgerichteten bürokratischen Denken von Verwaltungsbeamten und den kreativ-ganzheitlichen Vorstellungen der Sozialtätigen, die sich am individuellen Menschen orientieren. Wenn aber irgendwo in der sozialen Organisation Pedanterie und bürokratische Regeln ihren Platz haben müssen, dann beim Geld!

6 HINWEISE

- Geld ist allgegenwärtig – im Leben, in der Organisation, beim Führen.
- Geld ist ein tragender Pfeiler für alle Aspekte des Führens – es verdient deshalb besondere Aufmerksamkeit.
- Genügend Geld erleichtert gutes Führen – die knappe Kasse stimuliert die Kreativität.
- Geld zwingt in besonderem Masse dazu, in vernetzten Bezügen zu denken und zu handeln.
- Geld effizient einsetzen heisst: sorgsam damit umgehen, nicht: sparsam und kleinlich.

8 FRAGEN

1. Wie sieht Ihre eigene Geldbiographie aus? Wie ist Ihr Verhältnis zum Geld heute?
2. Kennen Sie Losungen über den Umgang mit Geld in Ihrer Organisation?
3. Gibt es immer wieder Diskussionen über die Löhne? Warum? Wie lösen Sie das Problem?
4. Sind die Ausgaben offiziell anerkannt und ins Budget aufgenommen, die Sie für die Gestaltung und Erhaltung eines guten Betriebsklimas vorgesehen haben?
5. Gibt es in der Organisationsstruktur teure Leerläufe? Was liesse sich verbessern (verbilligen)?
6. Gibt es auf Ihrer Stelle Arbeitsdruck, weil die vorhandenen Ressourcen (Geld/Zeit) nicht ausreichen für das Arbeitsvolumen? Was unternehmen Sie zur Abhilfe?
7. Wo liegen die Probleme beim Geldbeschaffen? Sind sie lösbar? Wie?
8. Benützen Sie das Rechnungswesen als Führungsinstrument? Wenn nein: Was hindert Sie daran?

Wenn der Leiter allzuviel
Aktivität entwickelt, wird es
für ihn Zeit, sich in die selbstlose Stille zurückzuziehen.

LAO TSE[3]

3.5.2. Die Zeit

1. Nachdenken über die Zeit

Keine Zeit haben, unter Zeitdruck stehen, im Terminkalender verzweifelt nach einem noch unbesetzten Datum suchen – dies sind Erfahrungen, die heutzutage vielen, vorab jedoch sicher vielen Führungsverantwortlichen geläufig sind.

Die meisten von uns gehen mit der Zeit, offenbar auch in dem Sinne, dass sie ständig in Zeitnot sind oder jedenfalls für manches, das sie gerne tun möchten, keine Zeit mehr finden. Die Zeit ist eines der wenigen Dinge im menschlichen Leben, das nicht dehnbar ist, im Unterschied zum Geld, zum Wissen, zur Anzahl der Menschen auf diesem Erdball und vielem anderen.

Zwar könnten die allgemein längere Lebenserwartung und der verbreitete Gewinn an Freizeit den gegenteiligen Eindruck erwecken: Die moderne Zivilisation tut so, als hätten wir sogar die Zeit in den Griff bekommen. Doch längst belehrt uns die eigene Erfahrung, dass dies nicht stimmt. Je mehr wir uns anstrengen, Zeit zu gewinnen und Zeit zu sparen, desto brutaler holt uns die Erfahrung der Zeitnot – gleichsam durch die Hintertüre – wieder ein. Es hängt offenbar damit zusammen, dass wir die gewonnene Zeit unverzüglich wieder mit neuen Aktivitäten füllen, mit noch schnelleren Verfahren und noch knapper terminiertem Planen.

Der wirkliche Grund für unseren chronischen Zeitmangel scheint denn auch der zu sein, dass wir uns immer mehr in immer kürzeren Zeiträumen vornehmen; dass wir uns einem beschleunigten und in allen Bereichen überaktiven Leben verschrieben haben; dass wir die Zeit – genauso wie das Geld – verdinglicht und in ein Objekt für die menschliche Raffgier verwandelt haben.

Die chinesischen Alchemisten suchten nicht – im Unterschied zu ihren abendländischen Zeitgenossen – nach der Verwandlung von Metallen zu

Gold, sondern nach der Verlangsamung der Zeit. Sie wollten durch Einwirken die natürlichen Verfallprozesse aufhalten und so Unsterblichkeit erreichen. Das einzige wirkliche Zeitproblem ist, dass wir alle sterblich sind und unser Zeitvorrat im Laufe des Lebens zusammenschmilzt. Vor diesem Hintergrund müssen wir uns immer wieder die Frage stellen, ob wir, in welcher Lebenssituation auch immer, uns für die wichtigen Dinge genügend Zeit gönnen.

Ein aufgeklärtes Verhältnis zur Zeit ist damit jenen vorbehalten, die bewusst ihr Sterben leben. Alle anderen Zeitprobleme sind nur Symptome, das heisst die Folgen anderer Probleme. Wir können uns nicht vornehmen, in Zukunft mehr Zeit zu haben, wir können nur unsere Aufmerksamkeit schärfen für jene Verhaltensweisen, Gewohnheiten und Störungen, die uns und andere, die mit uns verbunden sind, unnötige Zeit kosten.

Äussere und innere Zeit unterscheiden

Über Zeit lässt sich auf verschiedene Arten nachdenken. Wir können zum Beispiel Zeitrechnungen für das eigene Leben anstellen wie die folgenden:

220 Arbeitstage pro Jahr, zu 8 Stunden, ergeben 1760 Stunden Zeitkapital pro Jahr.
220 Tage, zu 3 Stunden Freizeit, nebst 145 arbeitsfreien Tagen zu 12 Stunden, ergeben 2400 Stunden Freizeit pro Jahr.
Ein Vierzigjähriger kann somit sein Zeitbudget bis zum 65. Geburtstag auf 44 000 Arbeitsstunden und 60 000 Freizeitstunden beziffern. Vielleicht beruhigen ihn diese Zahlen, vielleicht setzen sie ihn, erst recht, unter Zeitdruck?

Michael Ende erzählt in ‹Momo› die seltsame Geschichte von den Zeitdieben und von dem Kind, das den Menschen die gestohlene Zeit zurückbrachte. Die Zeitdiebe (die ‹Grauen Herren›) bringen es zustande, dass fast alle Menschen am Ort des Geschehens ein schlechtes Gewissen darüber entwikkeln, Zeit nutzlos für Dinge zu verschwenden, die sich nicht in Franken und Rappen auszahlen. Die Menschen werden so zu Sklaven einer äusseren Uhr, die ihnen mehr und mehr den Zugang zur inneren Uhr, ihrem Gefühl für das wirklich Lebenswerte, verbaut.

Zur *äusseren Uhr* gehört auch die statistisch errechnete Lebenserwartung, die ja mit zunehmendem Alter steigt. Gebannt von diesem äusseren Lebenszeitgesetz erwarten wir, das uns zustehende Durchschnitts-Lebensalter auch wirklich zu erreichen. Wer früher stirbt, stirbt zu früh.

Weit wichtiger als die Kenntnis unserer mutmasslichen Lebenserwartung ist die Erfahrung, dass sich Zeit in bestimmten Lebensphasen und mit dem damit verknüpften Lebensgefühl immer wieder ändert. Diese *innere Uhr* teilt uns vieles mit, das unmittelbar und hautnah mit unserem persönlichen Leben zu tun hat, mit unseren Erfahrungen und Hoffnungen, unseren Beziehungen, unseren Zielen. Auf sie zu hören kann viel zu einem befriedigenden Leben beitragen.

2. Zeitbewusst führen

Arbeitszeit – das wichtigste Betriebsmitel in sozialen Organisationen

In Abwandlung des Slogans «Zeit ist Geld» können wir sagen: Arbeitszeit kostet Geld – Geld ist Arbeitszeit. Arbeitszeit lässt sich dehnen, im Gegensatz zu Zeit allgemein, vorausgesetzt es gibt Arbeitskräfte, und wir können sie einkaufen. Arbeitszeit in sozialen Organisationen garantiert die Dienstleistung, darum ist sie wörtlich und im übertragenen Sinne kostbar. Das bedeutet, dass Sie sich mit dem Betriebsmittel Arbeitszeit ebenso ernsthaft beschäftigen müssen wie mit dem Geld.

Zwei Fragenkreise stehen dabei im Vordergrund:

- Wie gehen wir mit unserer Arbeitszeit gemeinsam um? Wie gehen die einzelnen Mitarbeiter mit ihrer Zeit um, wie ich mit meiner eigenen?
- Wohin fliesst unsere Arbeitszeit? Wieviel davon in welche Aufgaben und Tätigkeiten?

Vom Umgang mit der Arbeitszeit

Wir meinen, dass die Arbeitszeit so genutzt werden soll, dass möglichst viel für unsere Klienten herausschaut. Das ist nur möglich, wenn ich mich mit und in meiner Arbeitszeit wohl fühle. Wohl fühle ich mich, wenn ich mit meiner Zeit ein angemessenes Arbeitspensum bewältigen kann. Es ist mir möglich, dabei zwar intensiv, aber ruhig zu arbeiten, Stress kommt nicht auf. Wo solche Zeitbedingungen vorhanden sind, lassen sich vorübergehende, unvermeidbare Druckzeiten besser ertragen.

Sie können durch Ihr Führen vieles dazu tun, gute Voraussetzungen für den Umgang mit der Arbeitszeit zu schaffen. Wie Sie mit Ihrer eigenen Zeit umgehen, bewirkt schon viel: viel Negatives, wenn Sie von früh bis spät eilig herumhasten, jederzeit Überstunden machen und für die Mitarbeiter kaum erreichbar sind; Ihre Gelassenheit umgekehrt, Ihr häufiges im Hause sein und Ihr rechtzeitiger Feierabend schaffen ein vorbildhaftes Zeitklima. Nehmen Sie deshalb Ihr Zeitverhalten bewusst wahr, bevor Sie dies mit dem Zeitverhalten Ihrer Mitarbeiter tun.

Auch für diese Führungsaufgabe gibt es eine Reihe nützlicher Fragen, deren Beantwortung Ihnen neue Erkenntnisse bringt und Anlass zu Veränderungen sein kann:

Gibt es Mitarbeiter, die chronisch Überstunden arbeiten? Andere, die kategorisch jede neue, zusätzliche Aufgabe zurückweisen, die andauernd ausgebucht sind? Herrscht bei Ihnen einigermassen Arbeitsmassgerechtigkeit, tragen alle etwa das gleiche Gewicht? Gibt es Mitarbeiter, die mit ihrer Arbeit stets im Rückstand sind, kaum je Termine einhalten? Wie verbringen wir unsere gemeinsame Zeit? Brauchen wir Kaffeepausen zur Entspannung und zum Schwatzen, die Sitzungen und Besprechungen zum Arbeiten? Zerrinnt uns die Zeit immer wieder, ohne dass wir es merken? Nutzen wir unsere Zeit vielleicht zu wenig?

Und die alles zusammenfassende Frage: Welche Zeitkultur herrscht bei uns vor – nehmen wir uns im allgemeinen genügend Zeit für die uns beschäftigenden Probleme, oder setzen wir uns in fast allen Arbeitsbereichen immer wieder unter Zeitdruck?

Das so sehr verbreitete Ich-Habe-Keine-Zeit-Verhalten kann zwei Ursachen haben: Entweder reicht die Zeit wirklich nicht für die anstehenden Aufgaben, oder die Zeit wird nicht gut genutzt. Sie wird verkleinert, weil allerlei Zeitfresser an ihr nagen. Um sie beseitigen zu können, muss man sie kennen:

Zeitfresser	Mögliche Lösungen
• Zu perfekt sein wollen.	Nur so gut wie nötig, nicht so gut wie möglich arbeiten.
• Alles selber tun.	Delegieren.
• Vieles gleichzeitig tun.	Eins ums andere tun, Prioritäten setzen.
• Alles wissen wollen.	Auf Mitarbeiter vertrauen. Kurzberichte fordern. Zielerreichung kontrollieren.
• Unangenehmes aufschieben.	Unangenehmes zuerst erledigen oder mindestens einen Schritt weiterbringen.
• Planlos arbeiten, ohne Prioritäten.	Tagesziele setzen. Das Wichtige vor dem Dringenden tun.
• Gespräche/Sitzungen nicht vorbereiten.	Gesprächsziele, Sitzungsziele festlegen. Zeitplan erstellen.
• Termine nicht einhalten.	Termine vereinbaren und festhalten (beide Partner). Termine konsequent mahnen und selbst einhalten.
• Durch häufige Telefonanrufe gestört werden.	Sperrstunden einführen. Vor Gesprächen/Sitzungen: Telefon abmelden.
• Durch interne Besuche gestört werden.	Ein geplantes statt viele spontane Gespräche.

Tabelle der Zeitfresser[24]

Zu den empfehlenswertesten Wegen zu einem besseren Umgang mit der Arbeitszeit gehört der Tages-, Wochen-, Monatsplan, der Terminplan (→ Kapitel 5.26. Tagesplan; 5.28. Zeitverluste erkennen). Mit Hilfe solcher Planungsinstrumente lassen sich Zeitfresser reduzieren, vor allem aber zwingen sie uns, den Zeitbedarf für bestimmte Tätigkeiten realistisch einzuschätzen. Dabei ist auf keinen Fall die ganze verfügbare Zeit zu verplanen. Pannen entstehen fast immer dadurch, dass wir vergessen, die nötige Pufferzeit freizuhalten für Unvorhergesehenes und zum Ausgleich für zu knapp budgetierte Zeit. Als Faustregel gilt: Legen Sie in Ihrer Zeitplanung höchstens

60–70 Prozent der Arbeitszeit fest; die Pufferzeit sollte 30–40 Prozent ausmachen.

Zeit budgetieren genau wie Geld

Beim Budgetieren geht es darum, die Ausgaben so zu planen und aufzuteilen, dass sie mit den Einnahmen, dem zur Verfügung stehenden Geld, übereinstimmen. Wir folgen dem Budgetplan als unserem finanziellen Kontrollinstrument das Jahr hindurch mit dem Ziel, bewusst mit dem Geld umzugehen. Dabei ist es uns geläufig, dass zum Beispiel die 5000 Franken, die wir für einen bestimmten Zweck aufwenden wollten, nicht gleichzeitig für einen andern Zweck zur Verfügung stehen. Beim Budget der Zeit verhalten wir uns anders: Wir geben sie immer wieder zwei- oder dreimal aus, so als stünde sie uns unbegrenzt zur Verfügung. Dass der Tag 24 Stunden zählt und keine Stunde mehr, wird zwar häufig zitiert; doch was alles in die begrenzte Arbeitszeit hineingedrängt werden kann, scheint keiner verbindlichen Norm zu unterstehen.

Für das Zusammenstellen eines Budgets müssen wir wissen, wieviel wir wofür wollen und was etwas kostet. Auf unser Zeitbudget übertragen heisst das, dass wir, wenigstens in groben Zügen, planen, wohin unsere Arbeitszeit fliessen soll. Wir setzen damit Schwerpunkte, mindestens für das nächste Jahr. Die Kostenstellenrechnung eignet sich gut, um die Zuteilung von Zeit (und damit Geld) auf einzelne «Stellen» (Arbeitsbereiche) übersichtlich und kontrollierbar zu machen.

Zum Zeitbudget für Ihre Organisation könnten Sie sich die folgenden und ähnliche Fragen stellen:

Wieviel Zeit brauchen wir, um einem Arbeitsbereich, einer Tätigkeit das nötige Gewicht zu geben? Wieviele Stunden kostet uns eine besondere Aktivität, zum Beispiel unser Jubiläum, die Sondergeldbeschaffungs-Aktion, der Umzug, der Besuch einer längerdauernden Weiterbildung eines Mitarbeiters? Lassen sich Aussagen machen über Tendenzen im Dienstleistungsbereich: Zeitbedarf bleibt ungefähr gleich wie bisher, nimmt zu, nimmt ab? Welchen Zeitanteil sollen die generellen Aufgaben, unsere Projekte im Verhältnis zu den individuellen Aufgaben haben? Reicht die verfügbare Zeit aus, um neue Aufgaben zu übernehmen, eine intensive Team- und Organisationsberatung durchzuführen?

Die Aufstellung eines Zeitbudgets führt Sie zum Nachdenken über Ihre Organisation. Lassen Sie Ihre Mitarbeiter daran teilhaben.

Eng verknüpft mit dem Zeitbudgetieren ist das Erfassen des Zeitbedarfs für bestimmte Aufgaben und Tätigkeiten. Zeiterfassungen im sozialen Dienstleistungsbereich sind schwieriger durchzuführen als in einem Produktionsbetrieb. Und doch ist es möglich und nützlich. Sie finden eine Sammlung von Zeiterfassungsstudien, von Vorgehensweisen und Zeitnormgrössen für bestimmte Handlungen in der Publikation «Das Arbeitspensum des Sozialarbeiters» von Ruth Brack[16]. Lassen Sie sich bei Ihrem Zeitbudget durch diese Lektüre anregen.

Wir möchten Sie eindringlich davor warnen, einfach einmal eine Zeiterfassung durchzuführen, weil die Ergebnisse doch sicher interessant sein werden. Ohne dass Sie oder Ihre Mitarbeiter oder das Team etwas ganz Bestimmtes wissen wollen, werden Zeiterfassungen zu einem Flop. Sie werden ratlos vor einem Berg von detailliert ausgefüllten Erhebungsbögen sitzen mit der Frage: Was machen wir jetzt damit? Und wenn jemand sich dann mit Rechnen abmüht, wird der Berg eine Maus geboren haben. Die Zeiterfassung soll Ihnen Antworten liefern auf ganz konkrete Fragen, zum Beispiel über den Zeitaufwand für interne oder externe Sitzungen, für die Durchführung eines Eintritts ins Alterswohnheim, für die Aufgaben im Zusammenhang mit dem vorgesetzten Gremium, für die Betreuung von Archiv und Dokumentation, für Reisen zu Haus- oder Heimbesuchen usw.

Solche konkreten Fragen stellen Sie nicht aus Lust zum Fragen, sondern weil Sie vermuten, dass sich etwas verbessern und verändern liesse oder dass bisher verborgene Ursachen für Zeitprobleme ans Licht kommen könnten.

Der Aufwand für kleinere Zeiterfassungs-Vorhaben ist gar nicht so gross, wenn Sie aus konkretem Anlass eine oder einige gezielte Fragen stellen und sich überlegen, wer mitmachen soll. Es müssen nicht immer alle sein. Und selbstverständlich gibt Ihnen ein Zeitbudget für Ihre Zeiterfassungsstudie Auskunft darüber, wieviel Zeit sie die Beteiligten kosten wird. Auf Wissenschaftlichkeit haben Sie nicht besonders zu achten, denn es ist eine Erhebung für Ihren Hausgebrauch.

Wir kommen zurück zum Anfang dieses Abschnitts, zur Tendenz, die gleiche Zeit zweimal auszugeben. Es ist Ihnen sicher klar, dass Sie zusätzliche Aufgaben und Tätigkeiten wirklich nur dann aufgreifen und übernehmen können, wenn Sie dafür zusätzliche Arbeitszeit erhalten oder bisherige Aufgaben im gleichen Umfang abgeben können. Helfen Sie Ihren Mitarbeitern, diese Regeln ebenfalls zu befolgen.

Uns ist es klar, dass es auch Organisationen, Leiter und Mitarbeiter gibt, die ihre Arbeitszeit sozusagen nur halb ausgeben. Auf diese Sonderfälle im Sozialbereich möchten wir nicht eingehen (→ Kapitel 3.6. Kontrolle ausüben; 3.5.1. Das Geld).

Produktive und unproduktive Zeit unterscheiden

In jeder Organisation lassen sich Arbeitsphasen mehr vorbereitender, planerischer, organisatorischer Art unterscheiden von Phasen unmittelbarer Dienstleistungsaktivitäten. Man benützt in diesem Zusammenhang häufig die Bezeichnungen unproduktive und produktive Zeit, die bei Fabrikationsvorgängen plausibel, im Bereich der Dienstleistungen jedoch irreführend ist. Irreführend dann, wenn nur die unmittelbar auf die Klienten bezogene Arbeit, und vielleicht gar nur der direkte Beratungskontakt, als produktiv und somit als hochwertige eigentliche Arbeit eingeschätzt wird. Alle übrige Zeit für Aufgaben, welche die Dienstleistung überhaupt erst möglich machen, gilt dann als unproduktiv, weniger wichtig. Eine solche Auffassung kann dazu führen, dass nur die vollständig mit Kliententerminen belegte Agenda als gute Arbeitserfüllung eines Mitarbeiters gilt, auch in seinem Selbstverständnis.

Ganz besonders trifft dieses einseitige Zeitverständnis natürlich Sie als Führende. Obwohl Führen sich nicht direkt an die Kunden richtet, ist diese Tätigkeit alles andere als unproduktiv. Wenn wir schon dieses aus der Wirtschaft übernommene Vokabular gebrauchen wollen, so schlagen wir vor, besser von indirekt produktiv zu sprechen. Ihre indirekt produktive Zeit für das Führen ist die Voraussetzung dafür, dass Dienstleistungen produziert werden können.

Führen heisst ja, dass Sie sich mit den verschiedenen Aspekten unseres Führungsmodells (→ S. 32) bewusst auseinandersetzen und deren Verknüpfung immer wieder sicherstellen. Sie benötigen Zeit zum Nachdenken, Zeit für interne Kommunikation (Gespräche zu zweit, Sitzungen, Austausch), Zeit auch für geistige Ausflüge in die Zukunft, in welcher Form auch immer.

In vielen Organisationen steht für diese weichen Funktionen grundsätzlich wenig oder gar keine Zeit zur Verfügung, oft aus der Angst heraus, man erwerbe sich damit einen schlechten Ruf, nicht nur bei vorgesetzten Gremien sondern auch bei Geldspendern. Das mag auch der Grund sein, weshalb Leiter und Leiterinnen von Beratungsstellen viel zu viele Klienten beraten, so dass ihnen zum Führen zu wenig Zeit bleibt. Das schlechte Gewissen über unproduktiv verwendete Zeit sitzt uns tief in den Knochen.

Die verbreitete Abneigung gegenüber Sitzungen hängt ebenfalls damit zusammen. Sitzungen sind oft schon deshalb verschrieen, weil sie unterschwellig zur unproduktiven Zeit gezählt werden. Sitzungen sind jedoch sehr wohl eine produktive Arbeit (→ Kapitel 3.2. Kommunikation gestalten).

Produktive und indirekt produktive Zeit: Nehmen Sie sich Zeit für produktives Führen!

Zeitvorschriften und Zeitautonomie

Zeit ist eine sehr empfindliche Dimension beim Führen der Mitarbeiter. Eingriffe in sein persönliches Zeitverständnis und Zeitbudget lässt sich niemand gerne gefallen. Vorschläge, wie etwas einfacher, rationeller getan werden könnte, um Zeit zu gewinnen, werden vielfach als Zumutung empfunden. Man argwöhnt, noch mehr leisten zu müssen. Demgegenüber steht die Forderung nach Zeitautonomie: «Ich bestimme selbst, wieviel Zeit ich für eine bestimmte Arbeit, für eine Beratung oder für ein Projekt aufwenden will. Nicht einmischen!»

Es gibt gute Gründe dafür, der Zeitautonomie der einzelnen Mitarbeiter breiten Spielraum zu lassen. Es gibt schnelle und langsame Naturen, Leute, die ausserordentlich speditiv und solche, die gemächlich vor sich hin arbeiten.

Zeitvorgaben sind dann gerechtfertigt, wenn sie sich eindeutig auf das allgemeine Zeitbudget beziehen, das eingehalten werden soll. Vergessen Sie nicht, dass Ihre Toleranz gegenüber verschiedenen Arbeitstempi der Mitarbeiter ihre Grenze hat: Ein bestimmtes Arbeitsmass in einer bestimmten Zeitspanne, also Leistung, ist auch in sozialen Organisationen eine Notwendigkeit. Terminvorgaben, bis wann der Auftrag bearbeitet sein muss, sind unumgänglich. Sie tun aber gut daran, zwischen Zeitdisziplin und Termindisziplin deutlich zu unterscheiden (→ Kapitel 3.6. Kontrolle ausüben).

Zeitbewusstes Verhalten können Sie von Ihren Mitarbeitern und sich selbst auch dort verlangen, wo alle Beteiligten ganz direkt davon betroffen sind, zum Beispiel in Sitzungen. Sie sollten die Viel- und Langredner an gemeinsamen Anlässen immer wieder daran erinnern, dass auch die gemeinsam verbrachte Zeit kostbar ist und nicht unter dem Vorwand persönlicher Autonomie vergeudet werden darf.

Teilzeitarbeit

Ein aktuelles und heikles Problem ist der Trend zur selbstbestimmten Arbeitszeit, zur Teilzeitbeschäftigung (→ Kapitel 3.5.3. Mitarbeiter). Der überzeugende *Vorteil* individuell vereinbarter Arbeitszeiten ist ohne Zweifel der, dass der einzelne das für ihn stimmige Verhältnis zwischen berufsgebundener und privater Zeit ein Stück weit selbst festlegt. Damit kann sogar eine grössere Effizienz der Arbeitsleistung verbunden sein: 70prozentige Mitarbeit kann durchaus eine 80prozentige Leistung bedeuten, weil der Teilzeitler mit seiner reduzierten Arbeitszeit bewusster umgeht.

Ein weiterer Vorteil entsteht, wenn Vollstellen aufgeteilt und damit mehr Mitarbeiter eingestellt werden. Mehr Köpfe bringen mehr Ideen in die Organisation. Bewährt hat sich das Modell, aus vier Vollstellen fünf 80-Prozent-Stellen zu machen. Hier heben sich Vor- und Nachteile für die Organisation einigermassen auf.

Die *Nachteile* von Teilzeitarbeit für die Organisation sind ebenfalls realistisch zu betrachten. Besonders nachteilig wirkt es sich aus, wenn Teilzeitler mit grossen Unterschieden in ihrer Arbeitszeit nebeneinander arbeiten. Es braucht mehr Raum und Ausstattung, mehr Administration. Daraus ergeben sich Mehrausgaben. Wichiger aber sind die Nachteile für das Funktionieren des Teams, der Stelle, der Organisation. Die Arbeitsverteilung wird schwieriger, und die Kommunikation innerhalb des Teams beansprucht bei kleinerem Spielraum einen relativ viel zu grossen Zeitanteil. Zudem sind Teilzeitler für alle mit dem Führen zusammenhängenden Aufgaben in der Regel weniger ansprechbar als ihre vollamtlichen Kollegen. Diese wiederum erhalten das Gefühl, ungleich viel schwerer mit Verantwortung und allerlei Nebenaufgaben belastet zu werden. «Immer wieder bleibt alles an mir hängen!»

Es gibt keine Rezepte für ein gutes oder noch tragbares Verhältnis zwischen Teilzeit- und Vollzeitstellen. Sicher ist, dass mit zu vielen oder gar ausschliesslich nur Teilzeitlern meistens nicht mehr wirksam geführt werden kann.

Auch wenn Sie Teilzeitarbeit aus grundsätzlichen Überlegungen voll bejahen, werden Sie sich gut überlegen müssen, wieviele Teilzeitmitarbeiter Ihr Führen und Ihre Organisation verträgt.

8 HINWEISE

- Zeit ist nicht dehnbar, im Unterschied zu Geld, Wissen, Besitz. Als sterbliche Wesen sind wir zeitlich begrenzt, erleben aber auch den Unterschied zwischen äusserer und innerer Uhr.
- Arbeitszeit ist für die Dienstleistungen unser wichtigstes Betriebsmittel, die individuelle wie die gemeinsame Zeit. Sie will sorgsam behandelt sein.
- Zeitfresser kann man erkennen und weitgehend beseitigen.
- Ohne vorgesehene Pufferzeit kommt der schönste Zeitplan ins Schleudern.
- Ein Zeitbudget ist ein wichtiges Arbeitsmittel. Es bewahrt davor, die Zeit zweimal auszugeben. Keine neuen Aufgaben ohne neue Arbeitszeit!
- Zeiterfassungsprojekte beantworten ganz bestimmte, vor dem Projekt zu formulierende Fragen.
- Führen braucht Zeit, indirekt produktive Zeit.
- Teilzeitarbeit ja, aber innerhalb bestimmter Grenzen. Sie erschwert das Führen.

6 FRAGEN

1. Was tun Sie, um ein gutes Zeitklima zu schaffen? Ein Klima, das weder hektisch noch schlaff ist?
2. Haben Sie sich schon einmal mit den Zeitfressern beschäftigt?
3. Kennen Sie die Ursachen für Zeitdruck bei einzelnen Mitarbeitern, bei Ihnen oder in der ganzen Organisation? Was lässt sich dagegen tun?
4. Haben Sie sich schon Fragen gestellt, auf die Ihnen ein kleines Zeiterfassungs-Vorhaben Antworten liefern könnte?
4. Wie setzen Sie sich mit Teilzeitarbeits-Schwierigkeiten auseinander?
6. Und Ihre innere Uhr? Hören Sie auf ihr Ticken?

Die Arbeit wird von den Mitarbeitern verrichtet, die ihre Stufe der Inkompetenz nicht erreicht haben.

Peter und Hull[25]

3.5.3. Mitarbeiter

Mitarbeiter sind das zentrale Betriebsmittel sozialer Organisationen. In Wirtschaftsbetrieben werden die HUMAN RESOURCES in neuerer Zeit ebenfalls gross geschrieben.

Wir haben in einem einleitenden Kapitel über einige Besonderheiten der Mitarbeiter im Sozialbereich nachgedacht (→ Kapitel 2.3. Nachdenken über die Mitarbeiterinnen und Mitarbeiter). In allen Kapiteln über die Praxis des Führens steht die Gruppe der Mitarbeiter im Mittelpunkt der Aufmerksamkeit, da es ja diese arbeitenden Menschen sind, welche das Leben in der Organisation steuern und ermöglichen. Auf sie richtet sich in erster Linie das Führen.

Ergänzend wollen wir Ihnen hier einige besonderen Mitarbeiterprobleme bewusst machen, denen Sie begegnen können.

Der richtige Mann am richtigen Ort – Mitarbeiter beschaffen und richtig einsetzen

Wer kennt es nicht, das Peter-Prinzip![25] Es besagt, dass gute Leistungen an einer Stelle dazu verleiten, Mitarbeiter unbesehen auch für eine höhere Stelle oder eine andersartige Aufgabe für fähig zu halten. Dieses positive Vorurteil erweist sich häufig als falsch. Die auf den unrichtigen Platz Berufenen werden plötzlich zu Versagern, die niemand mehr auf einer andern Stelle haben will. Sie haben ihre Stufe der Unfähigkeit erreicht (Peter-Prinzip).

Vermeiden Sie es, nach diesem Prinzip Stellen neu zu besetzen oder Verschiebungen vorzunehmen. Nehmen Sie sich Zeit, die Aufgaben und die dazugehörenden Anforderungen jedesmal gründlich aufeinander abzustimmen. Eine Stellenbeschreibung mit Anforderungsprofil ist der einzig richtige Beurteilungsleitfaden bei der Auswahl von Stellenbewerbern.

Nicht immer können Sie auswählen, oder die Bewerber genügen alle den Anforderungen in der einen oder andern Hinsicht nicht ganz. Dann gilt es, die Lern- und Entwicklungsfähigkeit einzuschätzen. Das Aushandeln einer längeren Probezeit bewährt sich, damit Sie gut abklären können, ob der neue Mitarbeiter tatsächlich in seine neuen Aufgaben hineinwächst. Ein Qualifikationsgespräch vor Ende der Probezeit gibt Ihnen und dem Betroffenen Gelegenheit, zu entscheiden, ob dem Provisorium eine feste Anstellung oder ein Abschied folgen soll.

Schwierigkeiten wird es ziemlich sicher immer dann geben, wenn Sie Leute *unter* der Stufe ihrer Fähigkeiten einstellen. Da gibt es zum Beispiel Sozialarbeiterinnen, die sich um die Stelle einer Büroangestellten bewerben, weil sie einmal abschalten wollen. Oder es gibt stellenlose Soziologen, Juristen, Theologen, die ganz gerne auch einmal an der Basis arbeiten möchten. Solche Mitarbeiter streben häufig schon bald andere Aufgaben an als die, für die sie eingestellt wurden, und bringen dann mit ihren Ansprüchen das bestehende Gefüge der Arbeitsteilung durcheinander.

Haben Sie auch schon über die Fähigkeiten Ihrer Sekretärinnen nachgedacht? In diesem schlecht abgrenzbaren Beruf arbeiten oft Frauen – fast ausschliesslich Frauen – die mehr können, als sie tun. Haben Sie diese Mitarbeiterinnen wirklich optimal eingesetzt? Sicher gibt es anspruchsvolle Aufgaben, die Sie oder andere Mitarbeiter an eine Sekretärin delegieren könnten, mit der entsprechenden Verantwortung, wohlgemerkt. Es lohnt sich, die Aufgabenteilung einmal unter dem Gesichtspunkt der Fähigkeiten und des Könnens zu beurteilen und zu regeln, statt wie üblich aus dem Blickwinkel der zu verteidigenden Berufsreviere.

Aufgaben, welche Mitarbeiter herausfordern, sind Möglichkeiten zur Weiterentwicklung und Selbstentfaltung. Gibt es unter Ihren Mitarbeitern solche, die auf diese Chance warten?

Mitarbeiterwechsel – Mitarbeiter fördern und halten

Unser Modell des systematisch-vernetzten Führens verleitet nicht zur linearen Gleichung: zufriedene Mitarbeiter = mehr Geldgewinn. Der Gewinn, den zufriedene Mitarbeiter der sozialen Organisation bringen, bezieht sich auf alle Aspekte der Organisation, und umgekehrt trägt jeder Aspekt zur Zufriedenheit bei, wenn gut geführt wird. Nicht nur der Geldlohn für geleistete Arbeit, wie man früher allgemein annahm.

Motive der Selbstentfaltung und Entwicklung führen Menschen als Mitarbeiter in soziale Organisationen (→ Kapitel 2.3. Nachdenken über die Mitarbeiterinnen und Mitarbeiter). Dem Wunsch nach Weiterlernen können Sie mit verschiedenen Mitteln entgegenkommen. Vom Qualifikationsgespräch war schon die Rede (→ Kapitel 3.9. Führen und Lernen). Langfristige individuelle und gemeinsame Fortbildungsprogramme sind eine weitere Möglichkeit zur Weiterentwicklung, Supervision miteingeschlossen. Im Zeitbudget sollten Sie entsprechende Posten für solche Aktivitäten bewusst einplanen. Ihre Organisation wird dadurch für lernbereite Menschen anziehend.

Mitarbeiterwechsel sind unvermeidlich. Nehmen sie jedoch ein Ausmass an, das Ihre Organisation nicht zur Ruhe kommen lässt und das Führen erschwert, dann ist es Zeit, dass Sie sich fragen: Was ist los bei uns? Häufen sich zufällig die natürlichen Abgänge, weil Kinder erwartet werden, Pensionierungen eintreten oder Junge nach wenigen Jahren das Weiterwandern lockt? Oder gibt es Unzufriedenheit mit der Arbeit, mit Kollegen, mit Ihnen, mit den Arbeitsbedingungen, mit dem Stress? So wie Sie Bewerber nach ihren Beweggründen für die Bewerbung befragen, so selbstverständlich muss Ihnen das Austrittsgespräch sein. Sie werden viel dabei lernen können, vielleicht auch darüber, wie Sie zuviele Wechsel vermeiden könnten.

Mitarbeiterwechsel haben sicher auch ihre positiven Seiten: Sie bringen frischen Wind und können manchmal Festgefahrenes lockern. Immer aber bringt eine neue Person Veränderungen in das Gefüge der Organisation. Auf solche Veränderungen sollten sich alle, Sie und die alt eingesessenen Mitarbeiter, vorbereiten. Dabei geht es nicht nur um Hilfsmittel, die das Einarbeiten des Neueintretenden erleichtern (Checklisten, Sammlungen wichtiger Personenangaben und Quellen usw.). Es geht um das eigentliche Einarbeitungsprogramm und die Zuteilung der Verantwortung dafür. Mitarbeiter fördern beginnt am ersten Arbeitstag.

Ungewöhnliche Mitarbeiter – freiwillige Helfer, Supervisoren und Berater

Über die Vor- und Nachteile freiwilliger Helfer ist schon viel und Grundsätzliches geschrieben worden. Die Argumente dafür und dagegen sind Ihnen wahrscheinlich bekannt. Wenn Sie sich für den Einsatz freiwilliger Helfer entschieden haben, dann gehören sie zum Kreis der Mitarbeiter, auf den sich Ihr Führen richtet. Freiwillige müssen Sie mit der gleichen Sorgfalt werben und auswählen wie Ihre angestellten Mitarbeiter. Auch Ihnen haben Sie angemessene Aufgaben zuzuteilen. Auch sie brauchen dauernde Begleitung, Anerkennung, Kontrolle. Auch sie möchten in ihrer Arbeit Befriedigung und Selbstentfaltung erleben.

Das Führen freiwilliger Helfer können Sie als Daueraufgabe selbst in Ihre Arbeit einplanen oder auch an einen Mitarbeiter delegieren. Diese Aufgabe kostet Zeit – ein Irrtum, zu meinen, sie spare Zeit. Der Gewinn für die Organisation liegt anderswo: in einer möglichen Ausweitung der Dienstleistung und in ihrer Brückenfunktion zur Umwelt.

Zu den ungewöhnlichen Mitarbeitern gehören auch die *externen Berater*. Sie sind für eine bestimmte Zeit mit der Organisation verbunden, lose zwar, aber verbindlich. Wir zählen mit Überzeugung Organisationsberater und Supervisoren zu den temporären Mitarbeitern der Organisation. Sie stehen deshalb mit Ihnen in einem Führungsverhältnis. Es liegt in Ihrer Entscheidung, wie weit Sie sich an der Wahl eines Supervisors für einzelne oder für ein Team mitbeteiligen wollen. Selbstverständlich wird eine Supervision oder eine Beratung nur fruchtbar, wenn die Zusammenarbeit auf gegenseitigem Akzeptieren beruht. Ein bestimmter Berater oder Supervisor kann deshalb nie einfach verordnet werden. Ein Missverständnis ist es, zu glauben, Supervision sei eine Privatsache, welche die Organisation nichts angeht – ausser dass sie die Rechnung bezahlt. Supervision wirkt auf verschiedene Weise in die Organisation und damit in Ihr Führen hinein. Sie haben die Pflicht und das Recht, sich um die Supervisoren und Berater zu kümmern.

Sie mögen sich fragen, wie Ihre Führungsaufgabe in diesem Zusammenhang aussehen könnte. Sie können zum Beispiel Qualifikationskriterien aufstellen, denen externe Berater Ihrer Organisation genügen müssen. Sie können von ihnen eine formelle Offerte verlangen und auch Referenzen einholen. Sie können ein Vorstellungsgespräch führen und sich nach den Zielen der Supervision oder der Organisationsberatung erkundigen. Und Sie müssten vielleicht in einem Abschlussgespräch mit allen Beteiligten abklären, wie weit die Ziele erreicht wurden und ob aus der Beratung Wünsche an Sie und an die Organisation hervorgehen.

Wir meinen selbstverständlich nicht, dass Sie über den Inhalt und den Verlauf der Supervision orientiert sein müssen. Supervision als berufliches Lernen und als Hilfe für das persönliche Verarbeiten der belastenden Arbeit braucht ein geschütztes, keiner Öffentlichkeit zugängliches Feld. Ihre Frage nach dem persönlichen Gewinn am Ende der Supervisionsphase ist kein Einbruch in diese Vertrauenssphäre.

Bei einer Organisationsberatung ist es klar, dass Sie mit dabei sind, sei es als Teilnehmer an der Beratung selbst oder als Adressat regelmässiger Informationen über das Geschehen. Bei der Schlussauswertung ist Ihre Anwesenheit unerlässlich, wird doch dabei in der Regel der nächste Planungsschritt besprochen.

Und denken Sie an sich selbst! Beratung und Supervision sind auch für Sie eine wichtige Möglichkeit, mit einem kompetenten Gegenüber Führungsfragen aller Art zu besprechen und dabei weiterzulernen.

Berufskulturen – Mitarbeiter orientieren sich daran

Mitarbeiter im Dienstleistungsbereich wie Sozialarbeiter, Sozialpädagogen und Erwachsenenbildner orientieren sich sehr stark an ihren Berufsgrundsätzen und weniger an der Organisation. Ein besonderer Berufskodex bindet sie an bestimmte Regeln des beruflichen Verhaltens. Ihre beruflichen Zusammenschlüsse sorgen zudem für ein lebendiges Berufsbewusstsein.

Sind Sie ebenfalls Angehöriger dieses Berufsstandes? Dann sind Sie vertraut mit der Berufskultur einer wichtigen Gruppe Ihrer Mitarbeiter. Wenn Sie beruflich von anderswoher kommen, heisst es für Sie, die Verschiedenartigkeiten der Berufskulturen wahrzunehmen und damit zu rechnen.

Sozial Tätige mit ihrer organisationsexternen Orientierung grenzen sich gegenüber anderen Berufsgruppen in der Organisation oft etwas überheblich ab – so wirkt es zumindest auf die andern. Eine gewisse Abschottung untereinander lässt sich da und dort feststellen. Die beratende Dienstleistung an die Klienten wird dann wie eine Art Privatpraxis betrieben, zu der die Organisation nur die Infrastruktur liefern soll.

Ihre Aufgabe ist es, das Bewusstsein bei allen Ihren Mitarbeitern wach zu halten, dass Mitarbeit in einer Organisation bedeutet, gemeinsame Aufgaben gemeinsam anzupacken, in einer Personen- und Leistungsgemeinschaft eingebunden zu sein. An Ihnen liegt es, aus verschiedenen Berufskulturen eine gemeinsame Organisationskultur zu gestalten, in der sich alle wohlfühlen und einander unterstützen.

6 HINWEISE

- Mitarbeiter sind das wichtigste Betriebsmittel – HUMAN RESOURCES.
- Mitarbeiter nicht unterfordern, nicht überfordern, sondern herausfordern!
- Selbstentfaltung der Mitarbeiter zu ermöglichen bedeutet, ihre beruflichen Fähigkeiten voll zu entwickeln.
- Grosser Mitarbeiterwechsel ist ein Warnzeichen für den Zustand der Organisation.
- Mitarbeiter auf Zeit wie freiwillige Helfer, Supervisoren und Berater stehen nicht ausserhalb der Organisation. Führen richtet sich auch an sie.
- Mitarbeiter bringen verschiedene Berufskulturen mit. Sie fliessen in die gemeinsame Organisationskultur ein.

7 FRAGEN

1. Verbinden Sie bewusst bei der Anstellung neuer Mitarbeiter die Aufgaben, Anforderungen und Qualifikationen der Bewerber?
2. Gibt es unter Ihren Mitarbeitern solche, die anspruchsvollere Aufgaben übernehmen könnten? Andere, die mit den zugeteilten Aufgaben überfordert sind? Sehen Sie Lösungen für diese Probleme?
3. Was tun Sie, um Ihre Mitarbeiter zu fördern?
4. Gibt es ein inhaltliches und ein zeitliches Fortbildungskonzept in Ihrer Organisation, das die Wünsche der Mitarbeiter und die Bedürfnisse der Organisation gleichermassen berücksichtigt? Und wenn nein: Wollen sie nicht ein solches Konzept ausarbeiten?
5. Sind freiwillige Helfer, Supervisoren und Berater bewusst in Ihre Führungsaufgaben integriert?
6. Gehen Sie bewusst mit den verschiedenen Berufskulturen Ihrer Mitarbeiter um? Gibt es in Ihrer Organisation damit zusammenhängende Steine des Anstosses?
7. Welche Probleme mit Mitarbeitern beschäftigen Sie gegenwärtig am meisten? Welchen Aspekten sind sie zuzuordnen? (Vielleicht finden Sie in den entsprechenden Kapiteln Anregungen für die Problemlösung.)

Vice versa

Ein Hase sitzt auf einer Wiese
des Glaubens, niemand sähe diese.
Doch im Besitze eines Zeisses,
betrachtet voll gehaltnen Fleisses
vom vis-à-vis gelegnen Berg
ein Mensch den kleinen Löffelzwerg.
Ihn aber blickt hinwiederum
ein Gott von fern an, mild und stumm.

Christian Morgenstern[26]

3.6. Kontrolle ausüben

3.6.1. Nachdenken über Kontrollieren

Kontrolle ist überall

Zugegeben, es weckt negative Gefühle, dieses Wort «Kontrolle». Wir denken dabei an Überwachen, Beaufsichtigen, an das Auge des Gesetzes, an Polizei. Die Macht der Mächtigen fällt uns ein, denen wir ausgeliefert sind. Allerdings bringen wir auch die Magier damit in Verbindung, den Arzt, den Beichtvater. Fremdkontrolle stösst sich an unserem Bild vom mündigen autonomen Menschen, der sich selbst unter Kontrolle hat.

Es fällt uns leichter, kontrollieren in einer positiven Bedeutung zu sehen, wenn wir andere Worte dafür brauchen – bewerten, auswerten, evaluieren, nachprüfen. Solches zu tun scheint uns wichtig und selbstverständlich.

Kontrollieren definieren wir: feststellen, ob eine vorgegebene Norm erfüllt ist oder nicht.

Eine Norm kann sich auf die unterschiedlichsten Fakten beziehen, zum Beispiel auf physisch-biologische Gegebenheiten (Gesundheit, Wachstum, physiologisches Gleichgewicht), auf technische Dinge (das Funktionieren einer Maschine), auf menschliches Verhalten (bestimmte Arbeiten ausführen, ihre Quantität und Qualität), auf das Einhalten von Vorschriften (Gesetze, Gebote der Sitte, Bräuche). Kontrolle hat den Sinn, Abweichungen von der Norm zu korrigieren oder – eine andere Möglichkeit – die Norm so zu verändern, dass die Abweichung zur neuen Norm wird.

So wie es ganz verschiedene Arten von Kontrollieren gibt, so gibt es auch verschiedene Möglichkeiten, mit dem Resultat der Kontrolle umzugehen. Kontrolle kann Befriedigung bringen (alles in Ordnung), Enttäuschung und Angst, wenn das Ergebnis schlecht ausfällt. Abweichungen von der Norm können als Bedrohung erlebt werden, aber auch als Anstoss zum Nachdenken und Forschen, zum kreativen Handeln.

Erst recht gibt es verschiedene Wege, um eine Normabweichung zu korrigieren. Korrekturen, die von harschem Zwang bis zur Freiwilligkeit reichen, von differenziertem Know-how bis zu Holzfällermethoden – alles kommt vor. Unsere negativen Gefühle hängen mit Zwang und Sanktionen zusammen, mit denen die Gesellschaft Abweichler bestraft und damit Normkonformität erreichen will. Angst vor Strafe und Tadel ist ja auch ein Grund, weshalb wir uns bemühen, Normen einzuhalten.

Ein sanfterer Weg – oft auch ein erfolgreicherer – ist der Weg des Lernens. Wir erwerben uns neues Wissen und Können, mit dem wir den Normen besser genügen können.

Kontrollieren bietet auch eine Chance, den Wert und Sinn einer Norm neu zu beurteilen und ihre Berechtigung in der heutigen Situation zu überprüfen. Das Resultat lässt uns vielleicht neue Normen setzen. Selbstverständlich gehen die Ansichten über die wichtigen, gute Normen, welcher Art diese auch sind, weit auseinander, und damit auch die Meinungen darüber, wie kontrolliert werden soll.

Vorgegebene Normen bringen Ordnung und Sicherheit in unsere verschiedenen Lebensbereiche. Dank ihnen finden wir uns zurecht. Wieviel davon und wo überall wir Normen richtig finden, darin stimmen wir nicht überein. Kontrolle und Reaktion auf Abweichungen sind bestimmende Elemente der Norm.

Kurz: Kontrolle ist überall. Sie muss sein und hat ihren Sinn. Eine positive Einstellung zu allen Formen der Rückmeldung erleichtert vieles.

Normen und deren Kontrolle sind nicht eine menschliche Erfindung. Biologische Systeme haben äusserst fein abgestimmte Kontrollorgane, die in Selbststeuerung Abweichungen korrigieren (Regelkreise). Sie stabilisieren sich damit immer wieder neu. Sie sind fehlerfreundlich in dem Sinne, dass sie keine starren Ordnungen bilden, sondern ihr Gleichgewicht durch ständig fliessende Prozesse zwischen Unordnung und Ordnung aufrecht erhalten. Ähnlich fassen wir Kontrolle in Organisationen auf.

Die Gesamtheit aller Aufgaben mit den dazu gehörenden Organisationszielen bilden Normen, auf die hin die Mitglieder handeln sollen. (→ Kapitel 3.1. Ziele setzen) Das gilt sowohl für Grundsatzziele als auch für konkrete Handlungsziele. Ob die Organisation wirklich konkret ihre Ziele verwirklicht, erfahren wir nur, wenn wir immer wieder überprüfen, ob diese Ziele auch erreicht werden.

Ziele überprüfen oder das Handeln auswerten oder unsere Arbeit kontrollieren – wie immer wir den Vorgang bezeichnen wollen –, ist ein Anlass, zurück und vorwärts zu blicken. Es interessiert uns nicht nur, wie weit wir die Norm erfüllt haben, sondern ebenso sehr der Weg oder Prozess, der uns dazu geführt hat. Besonders wenn wir Mängel feststellen und diese beheben möchten, müssen wir den verschiedenen, meist miteinander vernetzten Ursachen nachgehen, sie zurückverfolgen.

Der Blick vorwärts soll uns dazu bringen, bessere Wege zu gehen, dazuzulernen. Oder eben: Wir können zum Schluss gelangen, dass bestimmte Hindernisse der Zielerreichung sich beim besten Willen nicht beheben lassen. Dann gilt es, unter den gegebenen Bedingungen neue, realistische Normen zu setzen.

Die Aufgaben in der Organisation (Dienstleistungen, organisatorisch-administrative, führungsbezogene, geschäftspolitische Aufgaben) müssen regelmässig kontrolliert werden, wenn die Organisation auf Kurs bleiben will.

Die Einhaltung des Arbeitsvertrages zwischen Organisation und Angestellten ist ein anderer Bereich, der mit Kontrolle zu tun hat. Vor der Anstellung haben die Vertragsparteien ausgehandelt, welche Leistungen ausgetauscht werden sollen und unter welchen Bedingungen. Organisation und Angestellte sind daran interessiert, dass die Einhaltung dieser Abmachungen beiderseits laufend kontrolliert wird. Für die Angestellten, die Leiterin inbegriffen, heisst das vor allem: Entsprechen das Gehalt und die diesbezüglichen Versprechungen (noch) dem Vertrag? Stimmen die Regelungen über Ferien, Spesen, Arbeitszeit, Überzeit mit den Abmachungen noch überein? Sind in der Arbeitswirklichkeit die Kompetenzen, der Arbeitsbereich, die Mitsprache oder Mitbestimmung wie vereinbart?

Die Organisation und als deren Exponenten Sie als Chefin und Chef wollen ihrerseits wissen, ob sie als Gegenwert für Gehalt und andere Sozialleistungen die entsprechende Arbeitsleistung erhalten, in beruflicher Qualität und angemessener Quantität; ob die vereinbarte Arbeits- und Freizeit eingehalten, Abwesenheiten ausgewiesen und die sogenannte Arbeitsdisziplin der Mitarbeiterinnen (organisationsspezifisch) normentsprechend sind.

Angestellte wachen in der Regel sehr genau über die Einhaltung der vertraglichen Rechte. Sie und die vorgesetzten Gremien sind umgekehrt nachlässigere Kontrolleure der vertraglichen Pflichten. Und doch entstehen auch bei einer weichen Kontrolle bei den Mitarbeiterinnen ungute Gefühle, die mit der ungleichen Verteilung von Macht in der Organisation zusammenhängen können.

3.6.2. Führen mit Kontrolle

Kontrollieren ist eine Grundfunktion des Führens

Führen heisst anordnen, Initiative ergreifen, planen, informieren, entscheiden – und eben: die Ausführung kontrollieren. Diese Grundkategorien menschlicher Tätigkeit bringen Dynamik und Lebendigkeit in das Gebilde der Organisation.

Kontrollieren hat besonders mit Entscheiden und Anordnen zu tun, mit Verantwortung und Kompetenz. Wir nehmen an, dass in sozialen Organisationen wirklich alle Mitarbeitenden in ihrem Arbeitsbereich etwas zu entscheiden und mindestens sich selbst etwas anzuordnen haben. Und damit haben auch alle etwas zu kontrollieren.

Ihre spezifische Aufgabe ist es, zu gewährleisten, dass kontrolliert wird, was kontrolliert werden muss.

Selbstkontrolle – Fremdkontrolle

Das Menschenbild vom selbstverantwortlichen, mündigen Menschen ist im Sozialbereich heute vorherrschend. Sozialtätige versuchen, so weit es möglich ist, ihre Klienten selbständig entscheiden und handeln und die Verantwortung dafür übernehmen zu lassen. Selbstverständlich nehmen sie das gleiche auch für sich in Anspruch und wünschen, dass sie ihre Arbeit selbst kontrollieren können. Kontrolle durch andere passt schlecht zum Grundwert der Autonomie.

Viele von uns wurden dazu erzogen, Selbstkontrolle zu verinnerlichen, als Gewissen und Gewissenhaftigkeit. Aus dem Ergebnis unserer Selbstkontrolle, der Diskrepanz zwischen unserem Wollen und dem Kontrollergebnis, erwachsen oft Schuldgefühle. Wir gehen mit uns selbst häufig strenger um als Fremde. Der hohe Wert der Selbstkontrolle, in unserem Privatleben wie auch im Umgang mit unseren Kunden, verträgt sich schlecht mit Kontrolle von aussen, wie sie das Leben in der Organisation mit sich bringt.

Fremdkontrolle lehnen deshalb Mitarbeitende in sozialen Organisationen häufig grundsätzlich ab, und zwar unabhängig von ihrer hierarchischen Stellung. Mindestens zwiespältig stehen oft auch Sie der Fremdkontrolle gegenüber, für Ihr eigenes Verhalten als Führende wie für Ihr Kontrollieren der Untergebenen. Ihre Aufgabe, Kontrolle zu gewährleisten, können Sie jedoch nur erfolgreich durchführen, wenn Sie Ihren Widerstand gegen Kontrolle abbauen. Sie könnten sich überlegen und sich erinnern, welche Grunderlebnisse Sie mit Kontrolle hatten und woher der Widerstand kommt.

Versuchen wir, Fremdkontrolle in ihren positiven Aspekten zu sehen: Kontrollieren ist der Ausgangspunkt, um die Arbeit zu verändern, zu verbessern, zu erleichtern; um zu hoch gesteckte Ziele etwas niedriger anzusetzen; um etwas objektiver, als wir dies allein können, unsere Arbeit zu beurteilen; um in unserer Arbeit sicherer zu werden; um dabei Anerkennung, natürlich auch Einwände entgegenzunehmen; um gefördert zu werden; um zu lernen. Fremdkontrolle ist auch ein angemessenes Instrument, um die Regelungen des Arbeitsvertrages zu überwachen. Fremdkontrolle – eine Chance! Finden wir doch dafür einen besseren Namen.

Sinnvoll und gut kontrollieren

Sinnvoll ist Kontrollieren nur – wir sagten es schon –, wenn Sie selbst ein entspanntes Verhältnis zu dieser Grundfunktion Ihres Führens haben. Kontrollieren, weil es halt sein muss oder weil irgendwelche Instanzen es so angeordnet haben, bringt nichts Positives. Selbst eine so bürokratische Einrichtung wie die Stempeluhr, die mit der gleitenden Arbeitszeit auch in soziale Organisationen eingezogen ist, kann unter dem Aspekt des Arbeitsvertrages als sinnvolle Fremdkontrolle betrachtet werden.

Kontrolle setzt konkret formulierte Ziele und Abmachungen voraus. Wer kontrolliert und wer kontrolliert wird, muss vorher wissen, was als normal gilt und an welchen Kriterien diese Normalität gemessen werden kann. Die arbeitsrechtlichen Normen sind im Arbeitsvertrag und in dazugehörigen Dokumenten klar festgehalten. Seltener gibt es in sozialen Organisationen Angaben darüber, was als normales Arbeitspensum gilt, woran ein guter Qualitätsstandard zu erkennen ist, welches das Normalmass an guten Einfällen und kreativen Lösungen ist, was an Zusammenarbeit erwartet wird, an Lernfähigkeit usw. Bei dieser Aufzählung geraten wir mitten hinein in die Kontroverse, welches eigentlich der Gegenstand des Kontrollierens in Organisationen ist. Das hergestellte Produkt – die Dienstleistung? Ihre Quantität? Ihre Qualität? Und dazu noch alle möglichen Verhaltensweisen, die für das Funktionieren der Organisation unerlässlich sind? In unserem Modell des Führens gibt es sechs Aspekte, aufeinander bezogen und alle gleich wichtig. Wir meinen, kontrollieren sei in allen Bereichen notwendig. Das setzt voraus, dass Sie für jeden Aspekt Standards und Kriterien der Beurteilung gemeinsam entwickeln, von Zeit zu Zeit überprüfen, im Bewusstsein wachhalten und nötigenfalls verändern. Kontrollieren führt uns immer wieder zu den Grundlagen der Organisation. Kontrolle ist eine Quelle der Erkenntnis.

Das Recht zu kontrollieren ist nicht an Termine und Zeiträume gebunden. In sozialen Organisationen sind unangekündigte Kontrollaktionen sicher die Ausnahme. Sie drücken immer Misstrauen aus und sind deshalb nur zu begründen, wenn Misstrauen wirklich am Platz ist. Wir meinen, kontrollieren sollte mit einem bestimmten Regelmass geschehen, das alle kennen. Es sollte dann aber wirklich geschehen und nicht als zweitrangig wichtigeren Geschäften weichen müssen. Vereinbarte Kontrollen nicht durchzuführen hat zur Folge, dass Kontrolle nicht mehr ernst genommen wird. Wo es ums Geld geht, sind wir regelmässiges Kontrollieren (Budgetkontrolle, Jahresrechnung, Kostenstellenkontrolle) längst gewohnt.

Ist es denn nötig, so systematisch zu kontrollieren, dort wo es nicht vorgeschrieben ist? Sie könnten doch einfach warten, bis etwas geschieht oder jemand sich beschwert, bis Sie auf Unregelmässigkeiten stossen. Dieses Feuerwehr-Prinzip bietet wenige Vorteile und viele Nachteile. Als Vorteil lässt sich anführen, dass «mir nicht heiss macht, was ich nicht weiss», und dass weniger Kontrolle weniger schädlich ist als zuviel. Den grössten Nachteil, unregelmässig und nur auf Abruf zu kontrollieren, sehen wir darin, dass grosse Pannen zu beheben schwerer ist als laufend ein wenig beizusteuern und zu korrigieren. Zudem vergeben wir eine Chance zu lernen.

Kontrollkonzept – auch so ein Wort

Kontrollieren als regelmässige Daueraufgabe und die damit gewonnene Klärung von «Normalien» in der Organisation ist eine sinnvolle Tätigkeit. Ein Kontrollkonzept und Kontrollplan könnten uns dabei helfen. Es handelt sich darum, Regeln und Termine festzulegen: Was und wer wird kontrolliert? Durch wen und wann? Wie oft? Und wie? Wer wird über das Resultat informiert? Was geschieht mit Abweichungen von der Norm – positiven oder negativen?

Der grösste Teil der Kontrollen findet ganz selbstverständlich statt, ohne dass wir uns eingeengt fühlen. In der Regel kontrollieren wir selbst und routinemässig, ob ausgeführt ist, was wir entschieden und angeordnet oder selbst bearbeitet haben. Wir sind froh, wenn die Ausführung von Teamentscheiden regelmässig zurückgemeldet wird. Wir schätzen es, wenn den Entscheiden des vorgesetzten Gremiums die entsprechenden Anordnungen folgen.

Sie fürchten sich davor, die Organisation aus dem Griff zu verlieren? Hoffen Sie, durch ein ganz engmaschiges Kontrollsystem alles in der Hand zu behalten? Sie wissen ja, dass es selbst in einer kleinen Organisation unmöglich ist, *alles* zu wissen, was vor sich geht. In Organisationen mit professionellen Mitarbeitern ist eine totale Kontrolle vollständig unangebracht. Ihre Aufgabe hingegen ist es, sich und den Mitarbeiterinnen das Kontrollieren zu ermöglichen. Sie erhalten die gewünschte Sicherheit, wenn Sie sich im richtigen Zeitpunkt darüber informieren lassen, was die Selbstkontrolle ergeben hat.

Über die Kontrollspanne (die Anzahl von Untergebenen, die ein Vorgesetzter kontrollieren kann) gibt es bestimmte Lehrmeinungen. Wir halten in sozialen Organisationen die Frage für wichtiger, wieviel Selbstkontrolle möglich ist, woraus die Kontrolle besteht und welche Normen gelten sollen. Die Antwort hängt mit unseren Führungsaspekten und deren Vernetzung zusammen. Kontrollieren in sozialen Organisationen ist dann am besten gelöst, wenn es den Fähigkeiten der Mitarbeitenden entspricht, wenn es das Betriebsklima und die Zusammenarbeit nicht behindert, wenn die Struktur mit ihrer Kompetenzverteilung berücksichtigt wird und die Kontrolle effizient, also wirtschaftlich ausgeführt wird. Die Selbstverantwortlichkeit soll nicht verletzt werden, und – in erster Linie – alles Kontrollieren muss der Verbesserung unserer Dienstleistungen dienen.

Überwachen – muss das sein?

Routine sollte es sein, dass die Durchführung von wichtigen Entscheiden kontrolliert wird. Wie oft fehlt doch diese Überwachung, besonders wenn ein Team an einer Sitzung entschieden hat. Die schönsten Entscheide sind wie Seifenblasen, wenn ihre Durchführung ausbleibt. Überwachen ist hier der richtige Ausruck für Kontrollieren. Wach sein heisst, die Kontrolle mit dem Akt des Entscheidens verknüpfen und festlegen: Wer kontrolliert bis wann die Durchführung des Entscheids? Wer wird darüber wann informiert? Entscheide, die auf Dauer etwas regeln, gehören in die Entscheide-Kartei. Viel Leerlauf kann vermieden werden, wenn Überwachung stattfindet.

Schwierigkeiten ergeben sich häufig in einem anderen Bereich, bei der sogenannten Arbeitsdisziplin. Pünktlich sein, Präsenzen und Absenzen eintragen, Termine einhalten, Zeiterfassungsformulare ausfüllen oder die Stempeluhr bedienen – sind das nicht kleinliche Zumutungen? Besonders für sozial Tätige, deren unschematische, oft schwierige Arbeit alles andere als Kleinlichkeit verträgt. Dennoch müssen Sie Disziplin durchsetzen können, nicht als Schikane, sondern weil jede gute Zusammenarbeit auf dieser Art von Verlässlichkeit beruht. Durchsetzen – aber wie? Es stehen Ihnen ja praktisch keinerlei Sanktionen zur Verfügung, mit welchen die ewig Verspäteten, die nie sich in Absenzlisten Eintragenden, die Terminverschlepper bestraft werden könnten. Vielleicht stehen diesen Disziplinmängeln Einfallsreichtum und erfolgreiches unkonventionelles Handeln in der Dienstleistung gegenüber. Versuche zur Umerziehung scheitern meistens, denn offenbar ist Ordentlichkeit oder Unordentlichkeit eine Grundeigenschaft von Menschen, vererbt oder erworben, ein konstantes Muster in allen Lebensbereichen. In sozialen Organisationen gibt es Toleranzgrenzen: Allzu ordentliche und allzu unordentliche Mitarbeiterinnen sind nicht tragbar, wenn durch ihr Verhalten Störungen im Getriebe auftreten. Für Sie sind diese Grenzen enger gesetzt (Vorbildwirkung).

Eine besondere Bedeutung erhält die Arbeitsdisziplin in sozialen Organisationen, die als Abteilungen in grössere Betriebe eingebaut sind: Sozialdienste in öffentlichen Verwaltungen, in Krankenhäusern, in Betrieben der Wirtschaft. Hier gelten für alle, die ein- und ausgehen, die gleichen Überwachungsregeln. Die Erfahrung zeigt, dass sozial Tätige oft Mühe haben, sich mit Hausordnungen abzufinden. Es gibt aber, so meinen wir, keine stichhaltigen Gründe, einen kontrollfreien Sonderstatus zu beanspruchen. Der besonderen Art von Aufgaben im Sozialbereich angepasste Ausnahmeregelungen lassen sich immer finden, wenn sie wirklich nötig sind.

Auswerten, ausprobieren, rückmelden

Wir möchten kurz auf eine besondere Schwierigkeit beim Kontrollieren eingehen, auf das Auswerten der Beratung von Klienten (Evaluation). Beraten ist ein differenzierter Vorgang, der von den Sozialarbeiterinnen professionell gesteuert wird. Das Ziel ist die Lösung oder Linderung individueller, meist komplexer und diffuser Probleme in Zusammenarbeit mit den Ratsuchenden. (→ Kapitel 2.1. Nachdenken über die Kunden) Eine helfende Beziehung ist die Grundlage für mögliche Veränderungen der Situation. Durch die beruflich festgelegte Schweigepflicht garantiert die Beraterin den Klienten Schutz gegen aussen. In der Gestaltung des Beratungsprozesses ist sie autonom, im Rahmen professioneller Regeln. Sie als direkte Vorgesetzte und weitere kontrollierende Instanzen haben nur sehr beschränkte Möglichkeiten, den Beratungsvorgang zu berurteilen und sich ins Bild zu setzen, zum

Beispiel darüber, wie zielgerecht und angemessen die Sozialarbeiterin im einzelnen Fall arbeitet; ob die erreichten Veränderungen oder die Erhaltung der gegenwärtigen Situation (als Ziel) den Aufwand lohnen; ob die Bemühungen ohne Erfolg den zu grossen Hindernissen in Person und Situation des Klienten oder der mangelnden Fachkunde der Beraterin zuzuschreiben sind; oder umgekehrt: ob Erfolg das Resultat der Beratung oder anderer Einflüsse in der Umwelt des Klienten ist.

Diese Überlegungen gelten auch für die Beratung von Gruppen oder Gemeinwesen. Zwar findet diese Art von Beratung weniger hinter verschlossenen Türen statt, sie ist öffentlich und dadurch transparenter. Eine differenzierte Beurteilung durch Aussenstehende ist aber auch da schwierig.

Im Bereich der Klientenberatung müssen Sie sich in hohem Masse auf Selbstkontrolle verlassen. Immerhin können Sie anordnen, dass diese regelmässig geschieht und Sie darüber Rückmeldungen erhalten, ob sie stattfindet.

Eine Zwischenstellung zwischen Selbst- und Fremdkontrolle in der Arbeit mit Klienten nimmt die regelmässige Fallbesprechung unter Kolleginnen ein. Sie nehmen oft an diesen Besprechungen teil und geraten damit ohne Ihr Zutun in ein Spannungsfeld. Wenn Sie selbst auch Klienten beraten – in kleinen Organisationen üblich –, ergeben sich Rollenkonflikte. In der Fallbesprechung werden Sie von der Vorgesetzten zur Kollegin. Ihnen selbst fällt das möglicherweise nicht schwer, die Mitarbeiterinnen aber haben in der Regel Mühe mit diesem künstlichen Rollenwechsel. Vorgesetzte bleiben Vorgesetzte, die Fremdkontrolle ist anwesend, wie verhalten Sie sich? Es braucht schon sehr gute Kommunikationsformen in einem guten, offenen Klima, damit solche Konfliktsituationen bewusst gemacht, diskutiert und durchgestanden werden können. Oft ist es besser, wenn Sie sich in Ihrer Arbeit mit Klienten in Ihrer eigenen Supervision kontrollieren lassen.

Eine andere, weniger problematische Auswertung der Beratungen ist die Überprüfung zu zweit. Hier können Sie – wieder ein gutes Klima vorausgesetzt – Ihre Funktion des Kontrollierens nach unseren Erfahrungen am besten ausüben. Zu regelmässigen Zeitpunkten werten Sie mit einer Mitarbeiterin gemeinsam aus, indem Sie sich gemeinsam bei jedem Fall anhand der Akten die Frage stellen: Wie sieht die Situation heute aus im Vergleich zum Beginn der Beratung? Wo steht der Klient auf dem Weg zur Zielerreichung? Hat sich etwas verändert, kann sich noch mehr verändern? Soll die Beratung fortgeführt, ausgesetzt, abgeschlossen werden? Müssen wir eventuell ein neues Ziel anvisieren, eine andere Methode anwenden oder mehr und neue Mittel einsetzen?

Die Auswertung zu zweit führt dazu, dass die Sozialarbeiterin bewusst auf diese Fragen hin ihre Fälle durchgeht. Sie erhält dabei etwas Distanz zu ihrem Tun. Und Sie erhalten einen Überblick über die Arbeit. Sie können Anteil nehmen an belastenden Aufgaben und Anerkennung und vielleicht Anregungen aussprechen. Der Zeitaufwand für solche Fallrevisionen ist im Verhältnis zum Gewinn, den er allen Beteiligten, auch den Kunden, bringt, vertretbar. Es lohnt sich, diesen Vorgang regelmässig, ein- bis zweimal im Jahr, einzuplanen.

Auch mit Mitarbeiterinnen anderer Arbeitsbereiche, zum Beispiel mit Sekretärinnen und Buchhalterinnen, ist eine solche Kontrolle zu zweit, sinngemäss angepasst, wichtig. Sie betonen damit den eigenständigen Wert jedes Arbeitsbereiches und schaffen damit die Chance, Personen, die oft fast vergessen werden, in ihrer Arbeit ernst zu nehmen.

Regelmässige Evaluationsgespräche im Beratungsbereich unterbrechen den Fluss des Kommens und Gehens der Kunden. Die regelmässigen Haltestellen geben dem Zeitlauf Struktur.

Testen, forschen und untersuchen

Forschung im Sozialbereich ist eine Art von Kontrolle. Empirische Forschung arbeitet unter anderem mit Experimenten unter kontrollierten Bedingungen. Mit unseren Kunden wollen wir kaum Experimente anstellen, wohl aber können wir experimentieren mit veränderten Dienstleistungen, mit der Dauer von Beratungen, mit andersartigen Organisationsstrukturen, mit neuen Mittelbeschaffungsmethoden, mit der Einführung zeitgemässer Administrationstechniken. Bei kontrollierten, also im voraus festgelegten Bedingungen testen wir das Ergebnis auf unsere Erwartungen hin. Kleine Forschungsvorhaben können meistens stellenintern beschlossen und durchgeführt werden. Auch wenn es mit der Wissenschaftlichkeit dabei oft nicht weit her ist, so dienen kleine Projekte doch dazu, Erfahrungswissen zu testen, auszuwerten und zu ordnen. Solche kleine Forschungsprojekte bringen Impulse, Neues auszuprobieren oder alte Wege zu verlassen[27].

Zurückzublicken und Vergangenes zu analysieren ist uns vertraut. Üblich sind Analysen eines Beratungsprozesses, eines Gruppenprozesses oder eines Verlaufs im Gemeinwesenbereich. Kommunikationsprozesse in der Organisation werden untersucht, auch Einflüsse von Führungsverhalten auf Klima und Verhalten der Mitarbeiter. Stiefkinder der Organisationsforschung sind im Sozialbereich Fragen nach Effizienz und Effektivität, nach Wirtschaftlichkeit und Verteilung von Ressourcen. Organisationsanalysen grossen Stils durch Beratungsfirmen mit grossem Namen und grossen Rechnungen halten heute mehr und mehr Einzug auch in Nonprofit-Organisationen, besonders in öffentlichen Verwaltungen. Sie könnten versuchen, mit eigenen Kräften für Ihre Stelle und Organisation einige Fragen selbst zu bearbeiten. Sie finden wahrscheinlich in Ihrer Nähe eine Beraterin oder einen Berater, die sich im Sozialbereich auskennen und mit relativ kleinem finanziellem Aufwand helfen können, Ihr Arbeitsgebiet mit fundierten Daten klar darzustellen und Verbesserungsziele zu formulieren.

Kontrolle in allen ihren Formen ist unerlässlich. Ihren Zweck erfüllt sie erst ganz, wenn die Ergebnisse, wenn nötig, zu Veränderungen führen.

5 HINWEISE

- Kontrollieren, – ein garstiges Wort. Überprüfen oder auswerten klingt besser und ist akzeptabler.
- Kontrollieren ist eine Grundfunktion des Führens, Kontrolliertwerden eine Grundfunktion des Geführtwerdens.
- Kontrollieren kann so gestaltet werden, dass Chancen zum Lernen und Impulse für Neues damit einhergehen. Bedrohendes oder bestrafendes Kontrollieren verfehlt seinen Zweck.
- Kontrollieren kann der Ausgangspunkt für eigene kleine oder grössere Forschungsprojekte werden.
- Ohne Kontrolle ist zielgerechtes Handeln nicht möglich.

8 FRAGEN

1. Werden in Ihrer Organisation Kontrollen durchgeführt? Welche? Wie? Durch wen? Wozu?
2. Welche Schwierigkeiten hängen mit Kontrolle zusammen?
3. Was überwiegt in Ihrer Organisation: Selbstkontrolle? Fremdkontrolle?
4. Gibt es irgendein Kontrollkonzept?
5. Gibt es eine Entscheide-Kontrolle über die Anordnung und Durchführung von Entscheiden? Wie finden Sie früher gefällte Entscheide?
6. Wird die Arbeitsdisziplin der Organisationsmitglieder überprüft? Wie? Ist/wäre sie kontrollbedürftig?
7. Welche Aufgaben werden regelmässig ausgewertet? Sollten Sie noch mehr veranlassen?
8. Haben Sie schon mit kleinen Forschungsprojekten experimentiert?

Alles Flexible und
Fliessende neigt zu Wachstum.
Alles Erstarrte und Blockierte
verkümmert und stirbt.

LAO TSE[3]

3.7. Strukturen berücksichtigen

3.7.1. Nachdenken über die gute Organisationsstruktur

Organisationen sind geplante, rational gestaltete soziale Systeme, in denen eine Anzahl verbindlicher Regelungen die Mitglieder verpflichten. Dazu gehören Regeln in den verschiedensten Organisationsbereichen und -elementen. Sie sollen das Handeln und Verhalten der Mitarbeitenden so auf die Organisationsziele hin steuern, dass es übersichtlich und voraussehbar wird. Die Gesamtheit dieser Ordnungen und Regelungen nennen wir Organisationsstruktur.

Ausser den formell festgelegten Regeln gibt es in jeder Organisation informelle Traditionen, Gebräuche und Selbstverständlichkeiten. Sie stehen nirgends geschrieben, man weiss sie einfach. Kollegengruppen, auch Interessen- oder Freundschaftsgruppen, sind die Quellen dieser informellen Strukturen, die das Verhalten der Mitglieder ebenfalls stark beeinflussen – nicht immer in Übereinstimmung mit der formalen Struktur. Bekannt sind solche stillschweigenden Übereinkünfte zum Beispiel über die Beschränkung der Arbeitsproduktion als Gegensteuer zum Akkordlohn; oder Traditionen der Mogelei bei Spesenabrechnungen.

Wie verbindlich eine formelle oder informelle Regel ist, zeigt sich bei Verstössen dagegen. Je nachdem, wie hart die dafür vorgesehene Sanktion ausfällt, kann man ermessen, wie wichtig eine Regel ist. Ja, erst das Eintreten einer Sanktion zeigt uns überhaupt an, dass unser Verhalten einer Norm unterworfen ist. Charakteristisch für soziale Organisationen scheint uns, dass sie kaum wirksame Sanktionen gegen Regelverstösse kennen. Die oft einzigen Mittel, die ihnen zur Verfügung stehen, um Regeln durchzusetzen, sind Appelle an Einsicht und guten Willen. Umso wichtiger ist es, über Strukturen in vernetzten Zusammenhängen nachzudenken, ganz besonders über die Menschen mit ihren Bedürfnissen.

Bereiche und Arten von Strukturen

Zwei unterschiedliche Bereiche in sozialen Organisationen müssen strukturiert sein: der Dienstleistungsbereich und die Verwaltung (Administration). Diese stellt Ausstattung und Instrumente für die Dienstleistung zur Verfügung, ist also mittelbar, als Infrastruktur, an der Dienstleistung beteiligt.

In beiden Bereichen sind immer zwei Arten von Regelungen notwendig. Die einen differenzieren Zuordnungen und verteilen Arbeit, Stellen, Kompetenzen, Gehälter. Man nennt sie Aufbau-Organisation oder *Aufbau-Struktur*. Sie ordnet und regelt die Elemente, mit denen die Organisation aufgebaut ist. Die andere Art von Ordnungen und Regeln verbindet die verschiedenen Aktivitäten zeitlich und räumlich, koordiniert ablaufende Prozesse zwischen Personen und schreibt Methoden und Verfahren vor. Man nennt sie Ablauf-Organisation oder *Ablauf-Struktur*.

Wir ersetzen die beiden gebräuchlichen Begriffe durch zwei Bezeichnungen, die uns besser auszudrücken scheinen, womit wir es zu tun haben. Das nachfolgende Schema zeigt, um was es bei der Struktur für das Teilen und bei der Struktur für das Verbinden geht.

Strukturen – eine Übersicht

Struktur für das *Teilen* (Gerüst)

FRAGEN: WAS? WER?

- Was ist zu tun? (Stellenbeschreibungen)
- Was wird wie belohnt? (Besoldungsreglement)
- Wer entscheidet worüber? (Kompetenzordnung)
- Wer muss was können? (Anforderungsprofile)
- Wer arbeitet mit wem zusammen und in welcher Funktion? (Aufgabenbündelungen)
- und ähnliches mehr

Struktur für das *Verbinden* (Prozess)

FRAGEN: WIE?

- Wie kommunizieren wir miteinander? (Informationswege)
- Wie setzen wir Betriebsmittel ein? (Geld- und Zeitbudgets)
- Wie entscheiden wir? (Entscheidungsregeln)
- Wie tragen wir Konflikte aus? (Konfliktlösungsregeln)
- Wie stellen wir Mitarbeiter an? (Anstellungsabläufe)
- und ähnliches mehr

Die beiden Strukturen beeinflussen sich gegenseitig stark. Ohne Regeln für das Teilen und Ordnen entsteht ein Zustand der Willkür und der Unsicherheit. Ohne Regeln für das Verbinden lauert die Gefahr starrer Routine oder das Auseinanderfallen der Organisation.

Wieviel Struktur?

Wieviel geregelt werden soll und mit welcher Verbindlichkeit ist davon abhängig, was die Mitglieder (Mitarbeiter) gemeinsam erarbeiten wollen.

Ein Produkt in einem Industriebetrieb herzustellen erfordert, dass die Arbeitsabläufe hochgradig definiert und detailliert sind. Ähnliches gilt für finanzielle Dienstleistungen zum Beispiel von Banken und Versicherungen, die aus einer ganzen Kette von vorgeschriebenen administrativen, kommerziellen und technischen Einzeloperationen hervorgehen. In solchen Organisationen findet man meistens ganze Handbücher voller Regelungen und Vorschriften, die den Arbeitsalltag weitgehend festlegen.

Anders verhält es sich mit Dienstleistungen, die stark auf dem persönlichen Kontakt mit dem Kunden beruhen: Berufe wie Berater aller Art, Coiffeure, Verkäufer, Architekten, Journalisten kommen heute noch mit einem Minimum an Struktur und Infrastruktur aus. Mehr und mehr werden aber auch diese, bisher als Freischaffende bezeichneten Berufe von technischen und organisatorischen Entwicklungen mit ihren Strukturen eingeholt. Darin zeigt sich die Komplexität unserer Gesellschaft, in der das Zusammenleben und Zusammenwirken von Menschen sich auf vielfältigen Vorleistungen technischer, ökonomischer und politisch-rechtlicher Art aufbaut. Ohne geplante Struktur geschieht in unserer Kultur fast nichts mehr.

Diese Dichte der Regelungen hat bei vielen das Empfinden dafür geschärft, dass mit Struktur allein kein staatliches Zusammenleben entsteht, keine Lebensqualität zu erreichen und keine Zusammenarbeit unter Leuten zu erzwingen ist. So wie der Mythos der Machbarkeit aller Dinge an Glanz eingebüsst hat, so ist auch der Glaube mancher Manager, man könne eine Organisation erfolgreich durchreglementieren, erschüttert worden. Besonders in grösseren Firmen, Verwaltungen, Spitälern und Schulen werden die Kehrseiten übermässiger Regelung und Normierung erkannt. Mangelnde Flexibilität und das Fehlen von Innovationsfreude sind die Folgen organisatorischer Verkrustung.

«Chaos-Management» ist in diesem Zusammenhang eine aufschlussreiche Sprachblüte. War bis anhin Management ein Schlüsselbegriff für das Im-Griff-Haben, so wird nun den Führenden in Betrieben der Wirtschaft geraten, in ihrer Organisation das nötige Mass an Chaos (sprich: Spontaneität, Improvisation, Flexibilität) zu fördern. Ähnlich wurde schon vor Jahren der Bürokratie die «Adhocratie» gegenübergestellt.[28]

Es gilt, ein Gleichgewicht zu finden. Eine Organisation, die nur ihre Strukturen pflegt, nur geordnet sein will, nur Dienstwege kennt und gelten lässt, erliegt früher oder später ihrer Starrheit. Eine Organisation umgekehrt, die nicht fähig ist, unter ihren Mitgliedern ein bestimmtes Mass an Regeln, an Übereinkünften und an Verlässlichkeiten zu entwickeln, verfällt durch ihre hausgemachte Anarchie: sie löst sich auf oder wird von oben, der Trägerschaft, zur Ordnung zurückgerufen.

3.7.2. Strukturbewusst führen

Wieviel Struktur bei uns?

Wir antworten mit dem bekannten Satz: so viel wie nötig, so wenig als möglich. Darin drückt sich unsere Überzeugung aus, dass es gut ist, manches sich von selbst ordnen und regeln zu lassen und die Spielräume zur Gestaltung möglichst gross zu halten. Andererseits meinen wir, es sei ebenfalls gut zu bedenken, dass viele Mitarbeiter mit ihrem Bedürfnis nach Sicherheit klare Strukturen begrüssen.

Bevor Sie sich mit den Strukturen Ihrer Organisation beschäftigen, werden Sie sich zuerst über Ihr eigenes Verhältnis zu Strukturen ganz allgemein klar werden müssen.

Neigen Sie persönlich eher zum Ordentlichen oder zum Improvisierten? Fühlen Sie sich wohl, wenn Sie bestimmte Dinge klar geregelt haben, oder sind Sie eher in Ihrem Element, wenn Sie an unbekannte, ungeplante Aufgaben herantreten müssen? Von dieser persönlichen Standortbestimmung her sollten Sie überlegen, welche Einstellungen und Erwartungen bei Ihren Mitarbeitern gegenüber jeder Art von Struktur vorherrschen. Möglicherweise möchten die Mitarbeiter von Ihnen klarere Vorgaben und Regeln für die Zusammenarbeit. Vielleicht müssen Sie ihnen mehr Sicherheit geben, als Ihnen persönlich lieb ist. Es kann aber auch umgekehrt sein, dass Sie selbst gegen den Widerstand einiger Mitarbeiter Kompetenzen, Terminvorschriften, Arbeitsdisziplin und Verwaltungsabläufe neu oder eindeutiger festlegen wollen, weil sich das Fehlen formeller Regelungen nachteilig auswirkt.

Die Dichte und Art der Struktur ist auch abhängig vom Arbeitsbereich, auf den sie sich bezieht

In jeder Organisation spielen sich parallel Vorgänge in verschiedenen Bereichen ab; die mit der eigentlichen Dienstleistung verbundenen Tätigkeiten; Vorgänge mehr administrativen Charakters; schliesslich alle Arten von Kommunikation nach innen und aussen. Es gibt keine Pauschalstruktur, mit der sich alle diese verschiedenen Tätigkeiten über einen Leisten schlagen lassen. Im administrativen Bereich zum Beispiel muss eine Struktur anderen Kriterien genügen als in der Beratung von Klienten. Während Verwaltungsabläufe bis in die Einzelheiten geregelt werden müssen, ist im Kernbereich der Organisationsaufgaben sehr darauf zu achten, dass durch Regelungen die fachliche und menschliche Kompetenz der Berater gegenüber den Klienten unterstützt und nicht etwa erstickt wird.

Wie stark die Beziehungen nach innen und aussen strukturiert werden sollen, hängt auch hier von der Aufgabe ab. Bei der Kontaktpflege zu den Geldspendern zum Beispiel geht es darum, das Zielpublikum genauer zu ordnen und den Rhythmus festzulegen, in dem man die Zielpersonen ansprechen will. Ebenso geht es hier um Verfahrensregeln: Mit welchen Medien treten wir an die Adressaten heran? Welche Art des Geldsammelns ist anzuwenden?

Für die Pflege der internen Beziehungen braucht es eher nur grobe Ordnungen und Regeln, wie zum Beispiel die sehr verbindliche Regel, an jeder Teamsitzung anwesend zu sein und sich diesen Termin unbedingt frei zu halten.

Wieviel Struktur also? Es gibt keine Rezepte. Sie werden aus Pannen, Schwierigkeiten und Leerläufen lernen, ob mehr oder weniger Struktur nötig ist. Auch in dieser Hinsicht ist Führen ein Lernprozeß!

Die Struktur für das Teilen (Gerüst)

Teilen der Arbeit

Die Tätigkeiten in der Organisation lassen sich auf die verschiedenste Art auf die Mitarbeiterinnen verteilen, wobei sich gleichartige Aufgaben zu Organisationseinheiten zusammenfassen lassen. Wegleitend muss sein, wie den

Kunden am besten gedient wird, ohne dass die Wirtschaftlichkeit, das Wohlbefinden der Mitarbeiterinnen und die Kommunikation vernachlässigt werden. Auch Werthaltungen und Weltanschauungen bestimmen neben sachlichen Überlegungen die Wahl der Arbeitsteilung. Wir gehen auf einige gebräuchliche Kriterien des Teilens ein.

– *Das Kriterium des Wissens und Könnens*

Arbeitsteilung nach Wissen und Können verläuft entlang den Berufsgrenzen. Diese Grenzen werden in sozialen Organisationen oft nur allzu sehr betont, obwohl sie alles andere als eindeutig sind. Wissen und Können sind nicht nur von formellen Ausbildungen abhängig, und so wäre besser zu fragen, wer was *kann*, als wer was *darf*. Wir denken dabei an die bekannten Arbeitsteilungsprobleme zwischen beratenden Sozialarbeiterinnen und Sekretärinnen.[29]

Weltanschaulich geprägt ist die Diskussion darüber, wieweit soziale Arbeit unter Spezialisten aufgeteilt werden soll. Wir kennen ja die Definition, wonach Spezialisten Leute sind, die immer mehr über immer weniger wissen, bis sie alles über nichts mehr wissen. Auf die Generalisten gemünzt könnte man das Bonmot umkehren: Ein Generalist weiss immer weniger über immer mehr, bis er nichts mehr über alles weiss.

Die Arbeit auf Spezialisten aufzuteilen bringt die Gefahr mit sich, dass jeder sich auf sein besonderes Arbeitsgebiet konzentriert und den Blick aufs Ganze verliert. Der Vorteil liegt in der Möglichkeit, in die Tiefe zu gehen und die Qualität der Arbeit auf einen hohen Stand zu bringen.

Die Arbeit gemischt zu verteilen, so dass grob gesprochen alle alles machen, bringt die Gefahr mit sich, vieles oberflächlich zu erledigen und sich zu verzetteln. Der Vorteil liegt in der Vielfalt der Arbeit.

Mit *ganzheitlichem* Arbeiten hat die Einteilung in spezialisierte oder Allround-Arbeit wenig zu tun. Sowohl Generalisten als auch Spezialisten erkennen nur mit vernetztem Denken die Zusammenhänge, das Ganze. Die Mitarbeiter rotierend in verschiedenen Arbeitsbereichen wirken zu lassen schärft den Blick für das Ganze. Die Vielfalt der Arbeit wird im zeitlichen Nacheinander erlebt, anstatt gleichzeitig. Jedes neue Aufgabenbündel ist zudem ein Anstoss zum Lernen. Klar ist wohl, dass die Beratung von Menschen in Notsituationen keine auf Spezialisten verteilbare Arbeit ist.

Zwischen übertriebener Spezialisierung und einem naiven Alle-Machen-Alles liegen verschiedene Mischformen, die sich in der Praxis gut bewähren. Übrigens: Führen ist ebenfalls eine spezialisierte Tätigkeit, die spezielles Wissen und Können verlangt. Sie sind selbst eine Spezialistin oder ein Spezialist und gleichzeitig meistens innerhalb des Führungsbereiches eine Generalistin, ein Allrounder. Dieses Spezialwissen ist bei den ehrenamtlichen Mitgliedern Ihres vorgesetzten Gremiums in der Regel nicht vorhanden. Es ist eine Ihrer Daueraufgaben, das Verständnis für die Besonderheiten der Aufgabe Führen zu vergrössern.

Das Kriterium Wissen und Können ist ganz besonders bei der Arbeitsteilung zwischen Angestellten und freiwilligen Helfern zu beachten. Es ist sorgfältig abzuwägen, welche Arbeit dem Wissen und Können der einzelnen Helferin entspricht.

– *Arbeitsteilung nach Arbeitsbereichen*

Gebräuchlich ist die Zusammenfassung der Aufgaben der Dienstleistung (Produktion) und derjenigen der Verwaltung (Infrastruktur). Innerhalb dieser Bereiche gibt es weitere Teilungskriterien, in der Verwaltung zum Beispiel nach Sachadministration und Personaladministration.

Im Dienstleistungsbereich werden die Kunden nach allen möglichen Kriterien aufgeteilt, zum Beispiel nach Alter oder Geschlecht, nach ihrer geographischen Herkunft, nach Sachhilfe und psychologischer Beratung.

Zu fragen ist auch hier, was sinnvoll und für die Organisation in allen ihren Aspekten richtig ist. Und ob ältere Zuordnungen heute nicht überholt sind.

– *Das Kriterium der Verbundenheit mit der Organisation: Angestellte und freiwillige Helfer*

Eine Arbeitsteilung ergibt sich auch durch die unterschiedliche Verbundenheit mit der Organisation. Freiwillige Helfer können nur ganz bestimmte Arbeiten übernehmen, die sie zeitlich bewältigen können und die sich zeitlich auch streuen lassen. An dieses Kriterium ist besonders auch bei der Arbeitsteilung mit ehrenamtlichen Mitgliedern in Behörden, Vorständen und Kommissionen zu denken.

Teilen der Macht

Zwei verschiedene Modelle, die Macht zu teilen, sind in sozialen Dienstleistungsorganisationen verbreitet: die Machtpyramide und das Machtkollektiv[10]. Sehr oft gibt es an der Spitze einer mehr oder weniger ausgeprägten Machtstruktur ein Kollektivgremium (Vorstand, Behörde) und an der Basis ein kollektivartiges Mitarbeiterteam. Macht in der Organisation heisst Entscheidungsbefugnis, aber auch Einfluss, der nicht an hierarchische Positionen gebunden ist. Neben der formellen, nach aussen sichtbaren und im Organigramm festgehaltenen Machtverteilung gibt es die informelle, meist verdeckte Einflussstruktur. Die grauen Eminenzen können sehr wohl auch im Mitarbeiterkreis gefunden werden, und vielleicht sind Sie selbst eine solche Person? Auf jeden Fall ist es für das Führen unerlässlich, die wirklichen Einflussverhältnisse zu kennen.

In einer Hierarchie wird das Ausmass an Macht abgestuft und den einzelnen Positionen zugeteilt. Ausser an der Spitze und an der Basis der Rangpositionen ist jeder zugleich Vorgesetzter wie Untergebener, er kann entscheiden und anordnen und muss selbst Anordnungen entgegennehmen und um Zustimmung fragen. Die Bezeichnung Vorgesetzte/Untergebene, Überstellung/Unterstellung sagen nichts aus darüber, wofür Einwilligungen eingeholt und was selbst entschieden werden kann. Sehr oft fehlt es an einer ausgearbeiteten Kompetenzordnung. Wir möchte Sie ermuntern, mit dem bewährten Instrument des Funktionendiagramms (→ Kapitel 5.9. Funktionendiagramm) gemeinsam mit den Beteiligten festzulegen, wer bei einer gemeinsamen Aufgabe entscheidet, anordnet, ausführt und kontrolliert. Durch ein solches Durchleuchten der Zusammenarbeit lässt sich die Entscheidungsbefugnis dort lokalisieren, wo die dafür benötigte Sachkompetenz liegt. Diese Sachkompetenz können Sie auch durch Regelung der Mitsprache in die Zusammenarbeit bei gemeinsamen Aufgaben einfliessen lassen, besonders auch in Aufgaben des Führens. Einsame Entscheide sind dem Führen in vernetzten Bezügen abträglich.

Teilen des Wissens

Übertriebene Vorstellungen von persönlicher Verantwortung oder auch Geltungsdrang verleiten manchmal Vorgesetzte dazu, wenig bis gar nichts aus ihren Führungsaufgaben zu delegieren, keine Stellvertreter zu bezeichnen und wichtige Informationen für sich zu behalten. Sie sind nicht gewillt, ihr Wissen zu teilen. Sie halten sich für unersetzlich und sind davon überzeugt: «Ohne mich geht nichts». So leiden sie unter einer chronischen Überbelastung, die weder von den Aufgaben noch von der Qualifikation der Mitarbeiter her gerechtfertigt ist. In jeder Organisation sind Erfahrungen, Know-how, Beziehungen zu wichtigen Instanzen, Kenntnisse über Hilfsquellen und vieles andere mehr gespeichert. Diese Kenntnisse sind zwar von bestimmten Personen erworben worden, sollten aber auf keinen Fall deren kostbar gehüteter Schatz bleiben. Die Kontinuität einer Organisation und ihre Leistungsfähigkeit können gefährdet sein, wenn alle Fäden in *einer* Person zusammenlaufen. Diese Person kann plötzlich ausfallen. Wissen persönlich zu horten anstatt es mitzuteilen bedeutet, andern Lern- und Entwicklungsenergie vorzuenthalten. (→ Kapitel 3.9. Führen und Lernen)

Sie leisten sich selbst und Ihren Mitarbeiterinnen einen grossen Dienst, wenn Sie möglichst viel von dem, was Sie beim Führen beschäftigt, was Ihnen auffällt oder Ihnen durch Aussenkontakte zufällt, regelmässig in geeigneter Form in die interne Information einfliessen lassen. Gleiches gilt für die Mitarbeiterinnen. Auch sie sollten ihr Wissen für andere nutzbar machen. «Nützliche Informationen für alle» als Dauertraktandum zu Beginn jeder Teamsitzung ist ein wirksames Strukturelement, um Wissen zu teilen.

Teilen der Stelle – die Stellvertretung

Im wörtlichen Sinn teilen sich Stellvertreterinnen nicht in die Stelle mit der Stelleninhaberin. Sie übernehmen die Stelle für eine begrenzte Zeit, aber ganz. Stellvertretungen müssen für *alle* Mitarbeitenden auf allen Ebenen der Organisation geregelt sein. Es braucht eine Stellvertretungsstruktur, da durch Improvisieren zuviel Unordnung entsteht.

Üblich ist die Stellvertretung zwischen Kolleginnen des gleichen Aufgabenbereichs. Ohne grössere Schwierigkeiten können Ersatzfrauen und Ersatzmänner die ähnliche Arbeit einer Abwesenden übernehmen und die Zeit bis zur Rückkehr überbrücken, vorausgesetzt dass die dafür nötige Zeit im Zeitbudget eingeplant ist.

Schwieriger ist die Stellvertretung für Stellen, die in ihrer Art nur einmal in der Organisation vorkommen, zum Beispiel für Sie als Führende. Es ist, glauben wir, nicht sinnvoll – besonders nicht in kleineren Stellen –, die offizielle hierarchische Position einer Stellvertreterin zu schaffen. Für vielleicht sechs bis acht Mitarbeiterinnen zwei hierarchisch übergeordnete Personen einzusetzen, ist absurd. Wenn Sie Ihre Mitarbeiterinnen an Ihrem Denken und Handeln teilhaben lassen, sind die meisten auch in der Lage, miteinander während Ihrer Abwesenheit Ihre Aufgabe zu bewältigen. Die Belastung wird nicht zu gross, wenn die Aufgaben verteilt werden. Vieles kann ja auch auf Ihre Rückkehr warten, und für Vieles können Sie vorsorgliche Anweisungen geben. Situationen, die sofort risikoreiche Entscheide erfordern, sind selten. Zudem muß dafür meistens auch von Ihnen eine höhere Instanz konsultiert werden. Sie ist auch für Ihre Stellvertreterinnen erreichbar. Sie haben keinen Grund, sich bei einer solchen unbürokratischen Regelung Sorgen zu machen. Partizipatives Führen ist mitarbeiternah und nachvollziehbar, denn es findet nicht abgehoben von den Untergebenen irgendwo in der Chefetage statt.

Längere Abwesenheiten, zum Beispiel wegen Krankheit oder Urlaub, lassen sich nicht mit der Stellvertretungsstruktur lösen. Dafür müssen neue Mitarbeiterinnen, eine neue Stellenleiterin, temporär eingestellt werden. Über längere Zeit kann niemand ohne Schaden zusätzliche Aufgaben übernehmen, für die seine Arbeitszeit nicht vorgesehen ist. Solches Weiterwursteln würde sich in allen Bereichen der Organisation negativ auswirken, bei den Dienstleistungen, der Kommunikation, der Effizienz, bei den Mitarbeitern und den Kunden.

Strukturen für Projekte

In sozialen Organisationen gibt es häufig Vorhaben (Projekte), die sich nicht in die bestehenden Strukturen einfügen lassen. Jedes Projekt benötigt deshalb eine eigene Projektstruktur. Sie wird wieder aufgelöst, wenn das Vorhaben abgeschlossen ist. Sie sollten darauf achten, dass im Projektplan die vorgesehene Projektstruktur nicht fehlt, mit allem was dazugehört: Kompetenz- und Aufgabenzuteilung an Personen und Teams, Informationsregeln und Kommunikationsformen und – nicht zu vergessen – Ihr eigener Platz im Projekt. Eine klare Projektstruktur ist von Anfang an unerlässlich, ob die Initiative von aussen oder von innen kommt, ob externe Personen daran mitwirken oder nicht. (→ Kapitel 5.19., Projektarbeit)

Strukturen für das Verbinden (Prozesse)

Wir haben schon an verschiedenen Stellen darauf hingewiesen, dass Prozesse besonders im Bereich der Verwaltung geregelt sein müssen. Die Abläufe beim Geld, die Personaladministration und auch die administrativen Vorgänge bei den Kunden verlangen nach genauen Festlegungen. Papierkrieg werden solche sicher nötigen Vorgänge genannt. Wir sagen dazu: so wenig Papier als möglich und auch so wenig Krieg als möglich! Weisen Sie Ihre sozial Tätigen immer wieder darauf hin, dass die Zielsetzung von Verwaltungsaufgaben die Durchführung geregelter Abläufe ist. Verwaltungsmitarbeiterinnen, Bürokratinnen denken anders als Beraterinnen mit ihrer Ausrichtung auf Personen. Die Verwaltungsregeln sind meistens hart, Unregelmässigkeiten werden sanktioniert, besonders wenn es ums Geld geht.

Als weniger verbindlich gelten Regeln für die Kommunikation, für das Konfliktlösen, für die Durchführung von Sitzungen oder das Auswerten. Diese Regelungen geraten auch etwa wieder in Vergessenheit. Ihre Aufgabe ist es, Regeln am Leben zu erhalten, solange sie nicht ausdrücklich ausser Kraft gesetzt oder revidiert werden. Wie Sie das fertig bringen sollen? Thematisieren, diskutieren, Konfliktlösung suchen.

Strukturen für die Beratung können nicht Gegenstand von Organisationsregeln sein. Regeln des Beratens finden sich in den Beratungsmethoden. Möglicherweise stehen Sie einmal vor der Situation, Regeln darüber aufstellen zu müssen, welche Methoden in Ihrer Organisation zugelassen sind und welche nicht. Die Methodenfreiheit hat ihre Grenzen, wenn wir bedenken, wieviele Scharlatane sich heute auf dem Methodenmarkt herumtreiben.

Vor dem Ende der Hierarchie? [30]

Hierarchie oder Teamstruktur – wir plädieren nicht grundsätzlich für die eine oder andere Form des Führens (→ Kapitel 2.4. Nachdenken über Führen). Wir wiederholen: Welche Strukturen in einer Organisation angemessen sind, hängt von der Situation ab, der Situation in ihrer Vernetzung mit den sechs Aspekten des Führens.

Die Teamstruktur ist wenig bekannt. Deshalb wollen wir sie hier kurz beschreiben. Wahrscheinlich interessieren Sie sich wenig dafür, da Sie in Ihrer Führungsposition hierarchisch eingegliedert sind. Möglicherweise diskutieren Ihre Mitarbeiterinnen darüber, oder – was auch vorkommt – Sie fühlen sich selbst in der Hierarchie nicht wohl.

In der Teamstruktur werden die Aufgaben des Führens vom Mitarbeiterinnen-Team ausgeführt, in der Weise, dass gewisse zu Ressorts zusammengefasste Aufgabenbündel bestimmten Mitarbeiterinnen zugeteilt werden. Entscheide von allgemeiner Tragweite trifft das Kollektiv, während die Ressortzuständigen die Ausführung und Kontrolle besorgen. Initiativen und Planungen gehen ebenfalls vorwiegend von den Ressorts aus. Die Verantwortung für die Entscheide und deren Auswirkungen trägt das Kollektiv, das mit dem vorgesetzten Gremium durch die Leiter des Ressorts «Interne Kommunikation» verbunden ist.

Die Strukturdichte entspricht derjenigen in der hierarchischen Struktur. Vieles muss ebenso klar geregelt sein. Teamstruktur bedeutet *keinesfalls mehr Freiheit von Regeln*. Weil diese aber von den Betroffenen selbst formuliert und in Kraft gesetzt wurden, wirken sie weniger einengend. Die Erfahrung zeigt, dass geregeltes Führen im Team nicht mehr Zeit beansprucht als partizipatives Führen.

Aus dem vorgesetzen Gremium sind meistens grosse Vorbehalte zu erwarten. Seine Mitglieder sind sich oft zu wenig bewusst, dass ja auch sie in der Regel als kollektives Team wirken.

Nicht jede Organisation und nicht jedes Mitarbeiterinnenteam eignet sich für eine Teamstruktur. Von den Mitarbeitenden erfordert es persönliche Reife, eine gewisse Organisationstreue (wenig Stellenwechsel) und eine hohe Qualität der Zusammenarbeit. Teamstruktur bewährt sich in verschiedenen sozialen Organisationen seit Jahren. Sie bringt den Beteiligten sehr grosse Befriedigung.[31]

Strukturen verändern

– *Strukturen ändern sich auch unmerklich*

Strukturen sind Vorstellungen und Erwartungen darüber, wie die Organisationsmitglieder ihre Rollen erfüllen und wie die einzelnen Teile der Organisation zusammengebaut sein sollen. Strukturen erscheinen in Dokumenten und grafischen Darstellungen, auf Papier. Norm und Wirklichkeit decken sich selten, das Leben ist stärker als das Papier.

Es ist Ihnen geläufig, dass das Verhalten Ihrer Mitarbeiterinnen nur ungefähr den geregelten Erwartungen entspricht. Da sind die Erwartungen der Kolleginnen, welche andere Regeln gesetzt haben; da ist das Bedürfnis, seine Rollen nach persönlichen Wünschen auszugestalten, oder auch einfach die Unfähigkeit, den Regeln zu entsprechen. So können Sie immer wieder beobachten, wie die Rollenerfüllung von der formellen Rollenerwartung abweicht; und wie ein Aussenstehender diese Abweichungen sieht (Rollenfremdbild) und die Rollenträgerin selbst sich beurteilt (Rollenselbstbild). Das Qualifikationsgespräch ist der Ort, wo Sie mit einzelnen Mitarbeiterinnen die gegenseitigen Wahrnehmungen austauschen können, um voneinander zu lernen.

Das Leben in der Organisation mit ihren unvollkommenen Mitgliedern ist die Wirklichkeitsvariante der formellen Struktur. Diese Variante wahrzunehmen, ist oft der Ausgangspunkt für geplante Strukturveränderungen. Keinen Grund gibt es für Sie, Strukturen zu verändern, wenn die Organisation funktioniert und Ihr Führen nicht behindert wird. Es ist immer wieder erstaunlich, wie trotz überaus verwirrlichen Organigrammen ein geordnetes Organisationsleben möglich sein kann.

– *Strukturen bewusst ändern*

Sozial Tätige neigen dazu, Schwierigkeiten in der Organisation vorerst einmal schwierigen Charakteren von Mitarbeitern zuzuordnen. Für Sie sollte es selbstverständlich sein, gleichzeitig auch nach Ursachen der Störung in der Struktur zu suchen. Sie werden allein, oder vielleicht zusammen mit einer in Strukturfragen kompetenten Person herausfinden, ob bestimmte Strukturen fehlen oder unklar sind, ob sie falsch und veraltet oder gar überflüssig sind, alles Quellen für Störungen in der Organisation.

Organisationsstrukturen zu verändern, zu ergänzen oder abzuschaffen erfordert immer viel Zeit und Geduld. Bestehen Sie auf einer befristeten Probephase, in der neue Strukturen ausprobiert werden können. Erst wenn die gründliche Auswertung ergibt, dass die erwünschten Verbesserungen eingetreten sind, soll die Strukturveränderung definitiv eingeführt werden. Lassen Sie sich nicht beunruhigen durch Mitarbeiterinnen, die das Rütteln an Strukturen nie lassen können. Den Phasen der Unruhe müssen Phasen der Ruhe folgen.

8 HINWEISE

- Es gibt nicht DIE gute Organisationsstruktur. Wieviel und in welcher Art Zuordnungen und Regelungen eingeführt werden müssen, bestimmt die konkrete Situation mit ihren sechs verknüpften Aspekten.
- Es braucht sowohl Strukturen für das Teilen wie für das Verbinden, das Gerüst für die Arbeitsteilung und die Prozesse der Zusammenarbeit.
- Ein heikles Thema der Arbeitsteilung ist die Spezialisierung. Zwischen Spezialisierung und Allrounder-Aufgaben muss die gute Mischung angestrebt werden.
- Hierarchische oder Teamstruktur – beide bewähren sich in der Praxis, wenn die Voraussetzungen dafür in der Organisation gegeben sind.
- Eine gute Struktur für die Stellvertretung basiert auf dem laufenden Teilen und Mitteilen von Wissen.
- Projekte erfordern eine spezielle Projektstruktur.
- Es kann auch an Strukturen liegen, wenn Spannungen zwischen Mitarbeitern kein Ende nehmen.
- Strukturen ändern ist ein langwieriges Vorhaben. Es muss dafür wichtige Gründe geben.

7 FRAGEN

1. Unter welchen Bedingungen bejahen Sie Zuordnungen und Regeln? Welcher Strukturtyp sind Sie? Und Ihre Mitarbeiter?
2. Haben Sie schon einmal zusammengestellt, welche Strukturen des Teilens und des Verbindens es in Ihrer Organisation gibt?
3. Mit welchem Strukturbereich beschäftigen Sie sich immer wieder? Aus welchem Anlass?
4. Welche Spannungen, Diskussionen, Probleme beim Führen könnten etwas mit Strukturen zu tun haben?
5. Haben Sie die Stellvertretung befriedigend geregelt?
6. Haben Sie auch schon daran gedacht, die Zusammenarbeit an gemeinsamen Aufgaben reibungsloser zu gestalten durch die Erstellung eines Funktionendiagramms?
7. Drängen sich Strukturveränderungen auf? Wie wollen Sie ein solches Vorhaben anpacken?

Alles Geschehen entspringt
einem Gegensatz.
Heraklit

3.8. Konflikte erkennen und handhaben

3.8.1. Nachdenken über Konflikte

Schon beim Wort Konflikt beginnt manchmal der Konflikt. Die am Gespräch Beteiligten können sich nicht darauf einigen, was das Wort für sie bedeutet. Wenn man sich nicht einig wird, dann ist eben Konflikt. Einer will mit dem Herkunftswörterbuch nachhelfen (lat. confligere) – die anderen winken ab, «Sprachgeschichte bringt uns nicht weiter», meinen sie.

Konflikt besteht, wenn man sich nicht einig wird und damit negative Gefühle hochkommen.

Konflikt ist etwas, das wir im allgemeinen nicht wünschen, eine Art Unfall in den menschlichen Beziehungen, Störfall sagt man heute, und alle hoffen, dass es nicht zum grössten anzunehmenden Unfall (GAU) kommen wird.

Unsere Haltung gegenüber Konflikten ist bejahender, auch neugieriger: Wir halten es für unvermeidbar, dass zwischen einzelnen Menschen und zwischen Interessengruppen Konflikte entstehen. Wir sehen in Konflikten nicht nur Negatives, sondern auch eine Quelle für bessere Kommunikation. Konflikte ermöglichen es, voneinander zu lernen und Interessen auszugleichen. Wir halten es deshalb für möglich, die Reibung und Spannung, die bei Konflikten erzeugt wird, positiv und weniger lebensgefährlich einzusetzen.

Konfliktkultur als Teil der Gesamtkultur

Konflikte sind unumgänglich, wegen der Verschiedenheit der Individuen, ihrer Werte, Ziele und ihrer Bedürfnisse, ihrer Interessen, Aufgaben und Rollen, ihrer sozialen Lage. Je nach Kultur und den vorherrschenden Normen für das gesellschaftliche Zusammenleben werden jedoch Konflikte sehr unterschiedlich bewertet und gehandhabt. Meinungsverschiedenheiten, Interessengegensätze und Antipathien auszutragen ist nur erlaubt, wenn damit bestimmte Regeln eingehalten werden. Zu diesen Regeln kann sehr wohl gehören, dass man den Konflikt gar nicht eingesteht und offenlegt. Der Tabuisierung von Konflikten (immer nur lächeln) entspricht in solchen Verhältnissen die Angst, dass Unstimmigkeiten und Gegensätze trotz allem ans Tageslicht kommen und die offiziell verkündete Harmonie (Konkordanz, Sozialpartnerschaft, Klassensolidarität) trüben. Es kann auch sein, dass unter bestimmten Machtverhältnissen wenig oder gar kein Spielraum besteht, Widerspruch anzumelden. In diesem Fall wird die Konfliktkultur vor allem vom Willen der Herrschenden und Privilegierten geprägt.

Zwar stösst man in Organisationen auf unterschiedliche Konfliktverständnisse; Konflikte sind hier eher zugelassen, dort gar nicht. Generell jedoch kann man feststellen, dass auch in Organisationen diejenigen Spielregeln gelten, die der Konfliktkultur in ihrer gesellschaftlichen Umwelt entsprechen.

Um was geht es bei Konflikten?

Die Verdrängung oder voreilige Deutung eines Konfliktes ist häufig der Grund dafür, dass der Konflikt erst recht zu einem solchen wird oder unter der Oberfläche schwelt. Wenn die gegensätzlichen Positionen nicht rechtzeitig geklärt werden, verschieben und verwischen sich möglicherweise die Streitthemen derart, dass niemand mehr richtig weiss, um was sich eigentlich das Ganze dreht.

Es ist wichtig, der Frage nachzugehen, welche Energie die Beteiligten zu konfliktträchtigen Haltungen veranlasst. Mit Energie sei hier ausgedrückt, dass es hinter jedem Konflikt einen emotionalen Auslöser oder Verstärker, ein zentrales Motiv gibt, das die Aufladung der Beziehungen bewirkt. Zu diesen zentralen Aufladungsfeldern gehören zum Beispiel:

- Besitzkämpfe um Lebensraum (Revier), Geld und andere Güter, um Personen (Eifersucht!);
- Verteidigen von Statusansprüchen, Rollenwünschen, von Autorität und Identität;
- Wunsch nach Zugehörigkeit, Angenommensein, nach Belohnung und Strafe, Vermeiden von Ausgestossenwerden;
- Ablehnen von andersartigen Zielen, Werten und Normen, von Ideen und Personen;
- Widerstand gegen Veränderungen, Ablösung von Autoritäten.

Konfliktvermeidung hat bei uns Vorrang

In unserer Kultur werden Konflikte immer noch in erster Linie vermieden und verdrängt. Dies drückt sich aus in der Art, wie wir unsere Kinder erziehen, Schüler ausbilden, Mitarbeiter führen und Politik machen – allgemein: wie wir unsere Beziehungen gestalten. Treten Spannungen, Widersprüche und andere Arten von Störungen auf, wird vorerst die ganze Energie der Beteiligten darauf gerichtet, die hässliche Tatsache eines Konfliktes nicht als solche gelten zu lassen.

Es gibt *Techniken der Konfliktvermeidung*, die uns in diesem Zusammenhang weit geläufiger sind als solche der Konfliktoffenlegung und -austragung. Beispiele für Konfliktvermeidung:

- Anzeichen von Konflikt, welcher Art auch immer, werden möglichst lange ignoriert oder umgedeutet («Hast du heute einen schlechten Tag erwischt?»);
- negative Gefühlsäusserungen gelten als unanständig und als Verstoss gegen die Gruppennorm («bei uns wird prinzipiell nicht geflucht»);
- Konfliktparteien verschleiern ihre Beweggründe und Interessen («ich mag sie einfach nicht»);
- Unterschiede der Einzelinteressen und der individuellen Erfahrungen werden durch Beschwören eines Gesamtinteresses zugedeckt («wir wollen ja schliesslich alle das Gleiche»);
- nach aussen wird eine scheinbare Eintracht zur Schau getragen, die dem Innenklima einer Organisation oder Gruppe nicht entspricht («nein, Spannungen gibt es bei uns nicht»);
- Anpassung und Nachgiebigkeit werden belohnt, während rebellisches Verhalten oder nur schon kritische Fragen übel vermerkt werden («er ist eben ein Querulant, ein Störefried, ein Besserwisser»);
- auf Anzeichen eines Konfliktes reagiert der Chef sofort mit einem Machtwort («was ein Konflikt ist und wie er zu lösen ist, entscheide ich»).

Wir kennen sie, solche Sprüche, und sollten sie kaum je für bare Münze nehmen.

Wandel der Konfliktkultur

Im Kontrast zur beschriebenen Konfliktvermeidungs-Kultur, die für viele von uns Älteren prägend war, gibt es heute unübersehbare Anzeichen für Konfliktbejahung und Enttabuisierung von Konflikten, für mehr Offenheit in Beziehungen, oft auch für Lust an der Konfrontation. Besonders in der Öffentlichkeit, in der Politik und in den Medien ist das Aufgreifen, Ausschlachten und Vermarkten von Konfliktthemen zu einem Geschäft besonderer Art geworden. Soziale Organisationen sind davon nicht ausgenommen.

3.8.2. Führen: mit Konflikten lernend umgehen

Konflikte innerhalb der Organisation

Der Wandel im Konfliktverständnis drückt sich vielleicht nirgends so deutlich aus wie in sozialen Organisationen. Eine Ursache dafür liegt darin, dass die Berufstätigen nicht mehr schematisch als Kategorie von Arbeitnehmern behandelt werden wollen, sondern ein breites Spektrum an individuellen Bedürfnissen und Erwartungen in ihre Arbeit mitbringen. Dies schafft jedoch eine Anzahl von Konflikten, auf die früher wenig bis gar nicht zu achten war. Solche internen Konfliktquellen können sein:

- Mitarbeiter erwarten in ihrer Arbeit ein höheres Mass an persönlicher Befriedigung, Selbständigkeit und Anerkennung als sie erhalten;
- Mitarbeiter haben keinen Zugang zu einer breiteren Information, obwohl sie die Zusammenhänge ihrer Aufgabe verstehen und die Ziele ihrer Organisation kennen möchten;
- Mitarbeiter akzeptieren es nicht mehr, durch einsame Entscheide ihrer Vorgesetzten vor vollendete Tatsachen gestellt zu werden;
- Mitarbeiter leben untereinander intensivere Beziehungen. Sie wissen (vielleicht) viel voneinander und sind deshalb anspruchsvoller in ihren Erwartungen an eine gute Zusammenarbeit;
- Mitarbeiter sind allgemein kritischer eingestellt gegenüber allem, was mit Führungsqualität in der Organisation zu tun hat.

(→ Kapitel 3.5.3. Mitarbeiter)

Organisationen sind immer auch voller Widersprüche

Konflikte ergeben sich auch aus Widersprüchen, die in der Organisation selbst liegen. Es müssen heute Strukturen und Instrumente dafür entwickelt werden, um diese internen, notwendigen Konflikte zu organisieren. Beispielsweise besteht zwischen den Finanzen und der Klientenarbeit ein Grundkonflikt rund um die Fragen: Was dürfen wir ausgeben? Welches Verhältnis zwischen Aufwand und Wirkung ist noch tragbar? Wie verteilen wir die knappen Geldmittel auf die verschiedenen Bedürfnisgruppen? (→ Kapitel 3.3. Prioritäten bestimmen). Konflikte entstehen auch beim Planen, nämlich dann, wenn zwischen kurzfristigen und längerfristigen Zielen unterschieden werden muss. Oder es kommt zum Konflikt zwischen dem Grundsatz der Gleichbehandlung von Mitarbeitern (hinsichtlich Arbeitszeit, Arbeitsdisziplin u. ä.) und dem toleranten Umgang mit Sonderwünschen einzelner Mitarbeiter.

Wichtig ist, dass die oft widerspruchsgeladenen Teilaspekte offen geklärt werden, etwa in eigens dafür anberaumten Sitzungen, bei denen der Konflikt verdeutlicht und ein Stück weit auch versachlicht werden kann. Der zentrale Aspekt ist dabei wohl häufig der Zielkonflikt zwischen der Leistungsgemeinschaft und der Personengemeinschaft. Es entspricht nicht mehr dem heutigen Bewusstsein, wenn sich leistungsgerichtete Organisationen auch im Sozialbereich noch allzu sehr und ausschließlich als marktorientierte Systeme verhalten und demzufolge alle personellen Fragen als zweitrangig betrachten. Die Gleichrangigkeit der Mitarbeiter- und der Organisationsinteressen ist die Folge eines sozialpolitischen Prozesses, der noch längst nicht abschlossen ist und in jeder Organisation neu bewältigt werden muss. Das nachfolgende Schema will diesen Widerspruch verdeutlichen.

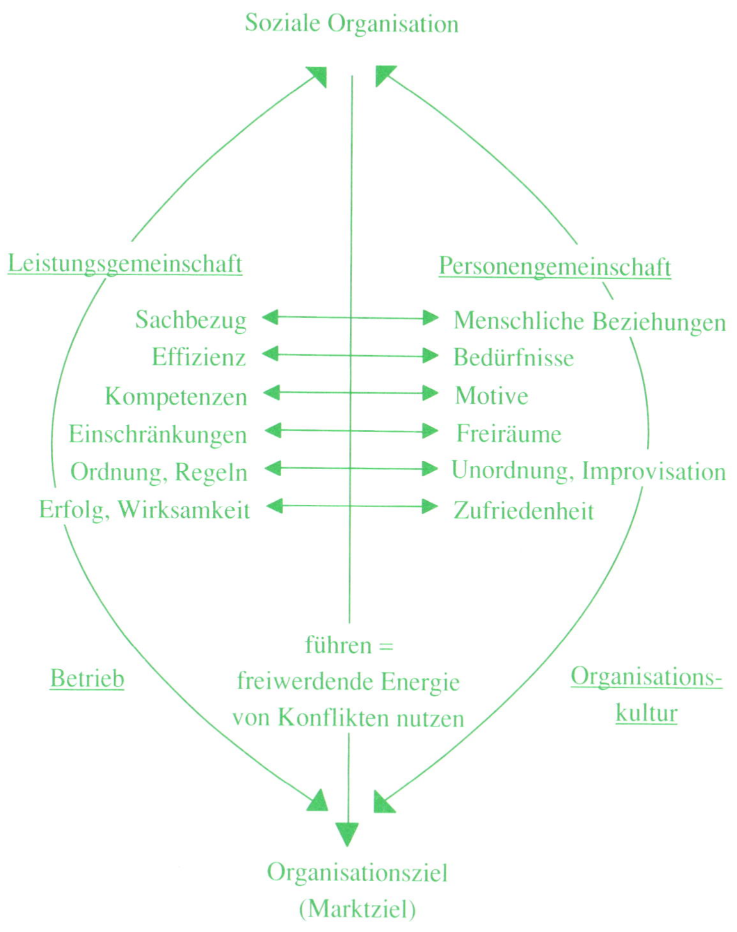

Der fruchtbare Widerspruch zwischen Leistungsgemeinschaft und Personengemeinschaft

Widersprüche und damit interne Konflikte können sich auch aus verschiedenen Denkarten und Verhaltensweisen ergeben.

Das Denken von freiwilligen Helfern oder ehrenamtlichen Entscheidungsträgern und das Denken von professionell sozial Tätigen kann voller Widersprüche sein. Widersprüche gibt es im Verhalten politisch gewählter oberster Vorgesetzter und demjenigen von angestellten Sozialarbeitern; zwischen dem bürokratischen, auf geordnete Abläufe ausgerichteten Denkstil von Verwaltungsbeamten und dem unkonventionellen Stil von Sozialarbeitern; zwischen den auf berufliches Lernen ausgerichteten Wünschen von Ausbildungsstätten an die Praktikumsleiter und deren Blickrichtung auf die Dienstleistung an Klienten. Die Liste lässt sich fortsetzen.

Aus solchen Widersprüchen entstehen Konflikte zwischen Personen, die auf strukturellen Gegebenheiten beruhen. Solche Hintergründe zu erkennen hilft Ihnen, Ursachen von Konflikten in einem grösseren Zusammenhang zu sehen und Schuldzuweisungen an einzelne Personen zu vermeiden. (Man schiesse nicht auf den Pianisten, er tut nur seine Pflicht.)

Konflikte fallen nicht vom Himmel

Lernend mit Konflikten umzugehen beginnt damit, dass Sie frühzeitig erkennen, was allenfalls zum Konfliktstoff werden könnte. Dies setzt voraus, dass Sie Konflikte nicht nur als Ereignisse oder gar Unfälle betrachten, sondern ihrem Entstehen nachspüren; durch das Zusammenwirken verschiedener Faktoren bildet sich ein Gegensatz heraus, der früher oder später eskaliert und dann manifest wird. Die Frage stellt sich, wie Sie sich in Ihrer Organisation so einrichten können, dass Sie Konflikte rechtzeitig und zutreffend wahrnehmen. (→ Kapitel 5.13. Konfliktanalyse)

Die Aufladung des Konfliktthemas erkennen

Anzeichen für einen Konflikt sind fast durchwegs emotionaler Art. Es sind Gefühle spürbar, die auf eine bestimmte Aufladung bei einem Sachthema, in einer Situation oder in einer bestimmten zwischenmenschlichen Beziehung schliessen lassen. Das häufige Ansinnen, ganz sachlich über Divergenzen zu verhandeln, ist immer dann verfehlt, wenn damit ungute Gefühle überdeckt werden sollen. Beim Versuch, Konflikte zu analysieren und zu gewichten, also deren Tragweite für die Beteiligten realistisch einzuschätzen, unterscheiden Sie mit Vorteil zwischen der Sachebene und der Gefühlsebene.

Das jeweilige Konfliktpotential wird bestimmt vom Mass der Energie, welche die Beteiligten in ein Thema oder in eine Beziehung, zum Beispiel in das Team, einbringen. Durch diese Gefühlsaufladung werden oft Probleme, die man sachlogisch lösen könnte, zu Konflikten, mit denen man vor allem psychologisch umgehen muss.

Wir setzen voraus, dass Sie in Ihrer Ausbildung psychologische Kenntnisse erworben haben, die Ihnen bei der Klärung der tieferen Wurzeln des Konflikts helfen können. Vielleicht stossen Sie dabei auf Konfliktherde in der Biographie der Beteiligten. Daraus kann sich ein konfliktlösender Bewusstseinsprozess anbahnen. Aber Vorsicht: Ihre Aufgabe ist es, Mitarbeiter zu führen, nicht sie zu therapieren!

Konflikte mit dem Umfeld

Ausser den internen Konfliktquellen gibt es auch solche im Umfeld. Im Vergleich zu früher gibt es für soziale Organisationen heute mehr externe Anfechtungen. Je nach ihrer gesellschaftlichen Aufgabe und ihrer Bedeutung geraten sie leichter ins Kreuzfeuer der Kritik. Dahinter stehen oft Wertveränderungen, die dazu führen, dass der Nutzen oder gar die Berechtigung der bisherigen sozialen Dienstleistung in Zweifel gezogen und angeprangert werden. Oft zu Recht, wenn Organisationen versäumen, sich lebendig weiterzuentwickeln (Entwicklungshilfe als Beispiel).

Zwischen Organisationen und ihren Klienten kann es ebenfalls zu Spannungen kommen, die zu öffentlichen Konflikten werden. Sie haben mit Klientenautonomie, Kritik an der Macht der Helfer und ähnlichem zu tun.

Konflikte mit dem Umfeld haben heute unvermeidlich öffentlichen Charakter. Wir meinen, dass auch aus solchen Prüfungen nicht nur Negatives entstehen muss. Viel hängt davon ab, wie die leitenden Personen der Organisation auf den Konflikt reagieren. Sie werden vermutlich dem Krisenstab angehören, der in einer solchen Situation intern gebildet wird. Sie können darauf hinwirken, dass offen und ehrlich allfällige Fehler zugegeben und unberechtigte Vorwürfe sachlich zurückgewiesen werden. Sie können dazu beitragen, dass es zu einer fairen Beilegung des Konflikts kommt. Und, das Wichtigste: Sie sorgen dafür, dass alle, die damit zu tun haben, daraus für die Organisation etwas lernen.

Destruktiver und konstruktiver Konfliktverlauf

– *Destruktiver Verlauf*

Die vorwiegend negative Einstellung, die dazu drängt, Konflikten eher auszuweichen, ihnen mit faulen Kompromissen zuvorzukommen, hat praktisch zur Folge, dass Konflikte häufig als destruktiv erlebt und auch dementsprechend gehandhabt werden. Destruktive Konflikte wiederum haben die Tendenz, sich über ihren anfänglichen Anlass hinaus hochzuschrauben. Drei Einstellungsmerkmale verbinden sich dabei zu einer Art Teufelskreis:

Die Gewinner-Verlierer-Einstellung

Es wird angenommen, die Lösung des Konflikts erziele man nur durch eigene überlegene Kraft oder durch eigenes Geschick. Jeder strebt an, die eigene Macht auf Kosten der Macht des anderen zu vergrössern. Man begegnet den Konfliktpartnern argwöhnisch, feindselig. Die Kommunikation zwischen den Parteien verarmt. Informationen, die direkt vom andern kommen, wehrt man ab oder missdeutet sie.

Blockierte Wahrnehmung

Die Fähigkeit, sich in die Haut anderer Menschen zu versetzen, mag bei sozial Tätigen gut entwickelt sein. Trotzdem besteht bei Konflikten häufig die Tendenz, die eigenen Motive und Verhaltensweisen für berechtigter zu halten als die der anderen. Dies führt zu Wahrnehmungsmängeln, durch die nur noch sehr wenige Alternativen erkannt werden. Unter Zeitdruck stehen einzig die unmittelbar empfundenen Anliegen im Brennpunkt. Es gibt nur noch gut oder schlecht, Zwischentöne fehlen. Die Tendenz zu rein defensivem Verhalten wächst. Die übermässige Gefühlsspannung verhindert eine bewusst eingesetzte Konflikt-Rationalität.

Bekenntniszwang und Abstempelung

Im konfliktgeprägten Klima zieht die Polarisierung zwischen den zerstrittenen Parteien möglicherweise rasch weitere Kreise. Es wird dann auch für nicht direkt Betroffene schwierig, zu einer Sache Stellung zu nehmen, ohne sogleich auf den Standpunkt des einen oder anderen Lagers festgenagelt zu werden. Für kreative Beiträge, für einen konfliktbezogenen Lernprozess bleibt wenig Spielraum.

– *Konstruktiver Verlauf*

Zu positiven Ergebnissen verhilft eine Konflikt-Orientierung, die vor allem gemeinsame Interessen betont. Dazu gehört, dass Sie den Konflikt als Problem mehrerer Beteiligter auffassen und nicht nur einseitig einer einzelnen Person. Verfolgen Sie von vornherein keine Lösung, die Sieger und Verlierer zurücklässt. Versuchen Sie zudem zu sehen, dass Konflikte für den Prozess des Führens durchaus willkommene Aspekte enthalten. Die nachstehende Figur zeigt solche Aspekte auf:

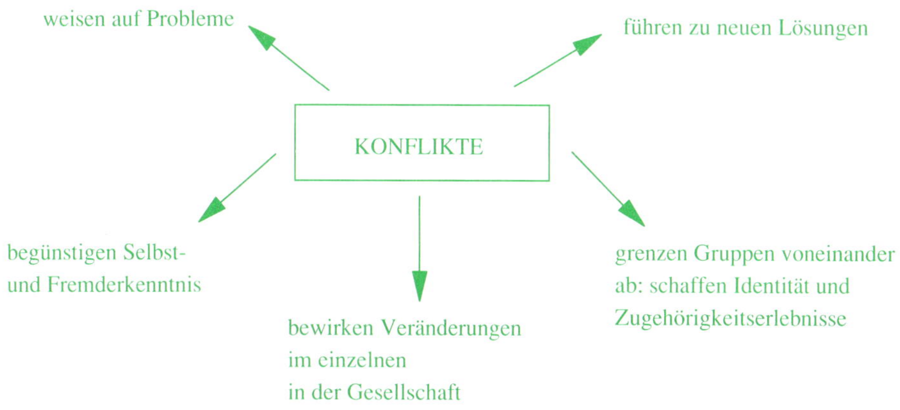

Kommunikation in Konfliktsituationen

Nicht alle Konflikte sind lösbar – miteinander reden und im Gespräch bleiben ist immer der erste Schritt.

Menschen in Organisationen finden es in der Regel richtig, dass in erster Linie die Aufgaben erfüllt und die Kunden zufriedengestellt werden müssen. Sie erwarten nicht, dass alle ihre persönlichen Wünsche in Erfüllung gehen müssen. Sie können es hinnehmen, dass es durch die Umstände und die

Interessen anderer Menschen gar nicht möglich ist, alles zu verwirklichen, was sie sich vielleicht erträumen.

Was Menschen nicht akzeptieren ist die Botschaft, sie hätten kein Recht auf ihre Wünsche oder sie hätten die falschen Gefühle. Wird eine Person in der Gruppe mit ihrem Ärger, ihren Gefühlen und Beweggründen erst einmal angehört und fühlt sie sich damit ernst genommen, dann wird sie sich meistens auch mit den Gefühlen und Interessen der anderen befassen können. Fühlt sie sich aber nicht akzeptiert, nicht verstanden, überfahren, dann bleibt sie so stark in ihren Gefühlen verstrickt, dass die Auseinandersetzung mit den anderen unmöglich wird. Es kommt dann zum Abbruch der Kommunikation, der Konflikt dauert unvermindert an.

Das Gespräch muss immer das erste Mittel sein, der erste Versuch, um Konflikte in der Organisation lernend anzugehen. Es gibt dafür einige Regeln.

REGELN

nach denen ein Gespräch zur Konfliktlösung durchgeführt werden sollte:

1. Lassen Sie die Beteiligten ihre störenden Gefühle anmelden. Beziehungsebene! Ich-Botschaften!
2. Listen Sie die verschiedenen Meinungen und Haltungen auf, ohne sie zu bewerten. Bestandesaufnahme!
3. Hören Sie genau hin, welche Bedeutung ein bestimmtes Gefühl oder ein Anliegen für eine bestimmte Person hat. Verdeutlichen Sie, welche individuellen Bedürfnisse mit den kontroversen Meinungen zusammenhängen. Nicht psychologisieren, sondern helfen, die verschiedenen Aufladungen besser zu verstehen und auszudrücken.
4. Lassen Sie die Wünsche aller Beteiligten an die jeweils anderen formulieren. Wichtige Vorstufe zum Finden eines gemeinsamen Weges.
5. Diskutieren Sie mögliche Wege, um unter Berücksichtigung der verschiedenen Bedürfnisse gemeinsam voranzukommen.

Varianten prüfen! Miteinander feststellen, wer beim gewählten Weg welche Abstriche an seinen Maximalerwartungen vornehmen muss und wer was zur Lösung beiträgt.
Keine Gewinner-Verlierer-Resultate!

In der Sache muss eine Lösung gefunden werden, welche den Prioritäten in der Organisation entspricht. (→ Kapitel 3.3. Prioritäten bestimmen) Bei den Gefühlen haben alle das gleiche Recht, ernst genommen zu werden. Das Wichtigste aber scheint uns – wir betonen es nochmals –, dass der Konfliktlösungsprozess auch ein bewusster Lernprozess ist, aus dem niemand gänzlich unverändert hervorgehen sollte.

Und wenn Gespräche in die Sackgasse geführt haben, reden miteinander unmöglich geworden ist?

Ein Weg steht noch offen: sich von einem Konfliktberater helfen zu lassen. Diese kompetente Person, ob sie nun von ausserhalb der Organisation kommt oder eine Position auf einer höheren Führungsebene innerhalb der Organisation einnimmt, muss das Vertrauen aller am Konflikt Beteiligten zugesprochen erhalten.

Einmal können alle Mittel erschöpft sein. Der Konflikt konnte nicht gelöst werden. Dann müssen Sie sich fragen, ob sich mit dem Konflikt in der Organisation leben lässt. Wer leidet darunter, zahlt den Preis dafür? Können Sie Ihren Führungsauftrag noch erfüllen? Wie wird sich der Konflikt mutmasslich entwickeln? Verstärkt er sich, schläft er gelegentlich ein? Und wenn Sie bei allen diesen Beurteilungen schliesslich schwarz sehen, ja, dann kommen Sie wahrscheinlich nicht um eine harte Lösung herum – jemand muss gehen. Auch dies gehört – glücklicherweise selten – zum Führen!

6 HINWEISE

- Konflikte gehören zum Leben der Organisation; sie sollten zugelassen und offen ausgetragen werden.
- Eine wichtige Quelle von Konflikten in der Organisation bilden die Widersprüche zwischen Leistungsgemeinschaft und Personengemeinschaft.
- Konflikte sind nicht nur Meinungs- und Interessengegensätze, sie sind auch Orte, wo Gefühle aufgeladen werden.
- Konflikte können sich konstruktiv oder destruktiv für die Organisation entwickeln.
- Die Kommunikation in Konfliktsituationen ist besonders aufmerksam zu pflegen.
- Aus Konflikten lässt sich persönlich und für das Führen viel Wichtiges lernen.

10 FRAGEN

1. Können Sie sagen, welche Hauptakteure und Mitbetroffene am Konflikt beteiligt sind?
2. Worüber gehen die Meinungen auseinander? Wie, wo, wann kam der Konflikt ans Licht?
3. Wissen oder vermuten Sie, wo die Wurzeln für die Aufladung der Gefühle bei den Konfliktparteien liegen könnten?
4. Wie würden Sie die Entwicklung des Konflikts bis zum gegenwärtigen Zeitpunkt beschreiben?
5. Hat sich der Konflikt unabhängig von bestimmten Personen entwickelt? Ist es deshalb ein struktureller Konflikt?
6. Haben Sie Strategien erkannt, die von den Konfliktparteien eingesetzt worden sind?
7. Wie berührt Sie dieser Konflikt, sachlich, gefühlsmässig?
8. Halten Sie, alles in allem, diesen Konflikt für überflüssig oder notwendig?
9. Welche Vorstellungen haben Sie darüber, wie der Konflikt am sinnvollsten zu lösen wäre? Oder halten Sie ihn für unlösbar?
10. Haben Sie sich überlegt, welche positiven Wirkungen der Konfliktprozess eventuell haben könnte?

Wer fragt, ist ein Narr
für fünf Minuten –
wer nicht fragt, bleibt
ein Narr für immer.
Chinesisches Sprichwort

3.9. Führen und Lernen

3.9.1. Lernen in Organisationen

In Organisationen jeder Art wurde Lernen während langem vernachlässigt, besonders auch in leistungsgerichteten Organisationen. Bei ausgeprägter Hierarchie und Arbeitsteilung stellte sich weniger das Problem des Lernens als des Befolgens von Anweisungen, Regeln und Leistungsvorgaben, die grundsätzlich nicht in Frage zu stellen waren. Mitarbeiter waren Befehlsempfänger und wurden nach dem Grad ihres Gehorsams beurteilt. Mitdenken war nicht gefragt. Wer Chef war, hatte Recht, einfach durch die Tatsache, dass er Chef war.

Die Organisationswelt machte einen wichtigen Entwicklungsschritt, als Ideen und Vorschläge von unten, von den mit den Leistungen der Organisation unmittelbar beschäftigten Mitarbeitern, als wichtige Quelle des Lernens und der Fortentwicklung betrachtet wurden. Das sogenannte Vorschlagswesen wurde, namentlich in industriellen Betrieben, zur festen Einrichtung, allerdings mit unterschiedlichem Erfolg. Es erwies sich nämlich als schwierig, innerhalb der nach wie vor stark hierarchischen Strukturen den Leuten an der Basis glaubhaft zu machen, dass ihre Ideen, ihre Beobachtungen während der Arbeit und ihr Mitdenken für bessere Lösungen wirklich gefragt seien. Die Motivation, mit Ideen den Weg hinauf in der Hierarchie zu gehen, war nur in kleinem Masse vorhanden. Zudem erwies sich immer wieder, dass die Empfänger der Vorschläge von unten eher wenig Eifer zeigten, diese auch wirklich auszuwerten und umzusetzen. Die Lernbereitschaft war oben nicht sonderlich gross.

Mittlerweile ist das organisierte Lernen innerhalb von Betrieben und anderen Leistungsgemeinschaften stärker verankert. Grössere Unternehmungen, Verwaltungen und andere Organisationen leisten sich fast ohne Ausnahme eigene Ausbildungsabteilungen mit entsprechenden qualifizierten Fachleuten. Kurse während der Arbeitszeit zu besuchen, gehört in solchen Organisationen zum Alltag. Vor allem Kadermitarbeiter verbringen einen mitunter beachtlichen Teil ihrer Zeit in Schulungen, sei es um sich fachlich fortzubilden, sei es um mehr Verhaltenskompetenz beim Führen zu entwickeln. «Bei uns ist Arbeit bezahltes Lernen», ein Slogan in der Personalwerbung, illustriert die allgemeine Tendenz.

Allerdings ist es nach unseren Einblicken auch heute noch eher fraglich, ob in der Mehrzahl der Organisationen, seien sie wirtschaftlich oder nonprofit-orientiert, das gemeinsame Lernen den ihm zukommenden Stellenwert schon erlangt hat. In den meisten Fällen gibt es nach wie vor ein Übergewicht an Statik und Schwerfälligkeit, und vor allem einen riesigen Vorrat an Abwehrreflexen gegenüber neuen Ideen – oder nur schon dummen Fragen. Lernwillige Mitarbeiter mit Eigeninitiative lernen bald einmal, dass sie sowohl bei Kollegen als auch bei Vorgesetzten unangenehm auffallen.

Und doch verlangt das Leben in unserer modernen Gesellschaft andauernde Lern- und Anpassungsleistungen von uns, ein lebenslanges Lernen. Gegen dieses unaufhörliche Lernen und das vorangehende Verlernen bisheriger Denk- und Verhaltensgewohnheiten wehrt sich unsere Trägheit, die Macht der Gewohnheit, die Angst vor dem neuen Anfänger-Erlebnis, vor Verlust von Sicherheit. Je mehr uns zugemutet wird, Veränderungen mitzumachen und neuen Bedingungen unseres Arbeitslebens gerecht zu werden, desto mehr regen sich in uns auch Lernwiderstände – resistance to change – zum Teufel mit diesem ewigen Lernen! Auch wenn Lernen in Organisationen ein hoher Wert ist, sind massive Widerstände dagegen zu überwinden.

Lernen, Ändern anstatt Routine: Vergessen wir nicht, dass auch Routine ihren Wert hat. Routine bedeutet, dass wir uns in bestimmten Situationen und für stets wiederkehrende Aufgaben so eingerichtet haben, dass es nicht immerfort etwas zu lernen gibt. Das dient der Ökonomie der Kräfte. Es gibt zudem Sicherheit, ja Geborgenheit in einer uns vertrauten Verhaltensstruktur. Die Gefahr der Routine ist uns bekannt: Sie verleitet zur Bequemlichkeit und Denkfaulheit, wir sind zu wenig herausgefordert, Gewohntes zu überprüfen. «Wenn ein Mensch seinen Wolf nicht hat, verludert er auf der Ofenbank», sagt ein schwedisches Sprichwort. Doch wir brauchen Anteile von Routine in unserem Leben, um nicht ständig einem übermässigen Anspruch des Lernens ausgesetzt zu sein.

3.9.2. Lernend führen – führend lernen

Voraussetzungen

Unsere Auffassung von Lernen in sozialen Organisationen stützt sich auf einige Vorverständnisse. Sie beziehen sich auf drei Aspekte: Wir glauben, Menschen sind grundsätzlich lernfähig und lernwillig; wir definieren Führen als gemeinsames Lernen für gemeinsame Ziele; und schliesslich fassen wir die Organisation als eine Lerngemeinschaft auf.

Die Mitarbeiter sind lernfähig und lernwillig

Sind sie das wirklich? Es kann sein, dass Sie gegenteilige Erfahrungen machen, vor allem was die Lernwilligkeit betrifft. Mitarbeiter verhalten sich mitunter gleichgültig, sogar widerständig gegenüber den Aufgaben, die nicht unmittelbar mit den Klienten zu tun haben. Sie sind zwar durchaus lernfähig, aber nur selektiv lernwillig. Fragen Sie sich, woran es liegt. Wir muten grundsätzlich allen qualifizierten Mitarbeitern die Fähigkeit zu, sich und ihr Handeln im Zusammenhang mit ihrer Arbeitsumwelt und den Kollegen zu erkennen und zu gestalten. Wenn sie sich dem gemeinsamen Lernprozess dennoch teilweise entziehen, sollten Sie sich fragen, ob der Führungsstil, der in Ihrer Organisation bisher vorgeherrscht hat, die Bereitschaft zu lernen verhindert oder sogar zerstört hat.

Führen als gemeinsames Lernen für gemeinsame Ziele

Wenn wir Führen als Prozess umschreiben, durch den bewusst in vernetzten Bezügen gedacht und gehandelt wird, so ist der Anteil des Lernens darin schon mitenthalten. Der Mensch als Problemlöser lernt nicht allein dadurch, dass er sich reflexhaft an seine Umwelt anpasst sondern vor allem dadurch, dass er Zusammenhänge aufspürt, sie deutet und, wenn möglich, vorwegnehmend gestaltet. Wir interpretieren jedoch nicht nur Zusammenhänge, sondern wir wollen verändernd auf sie einwirken. Je mehr Sie Ihre Mitarbeiter daran beteiligen, desto mehr stellen Sie ihre Leistungsfähigkeit in den Dienst der gemeinsamen Sache.

Die Organisation wird zur Lerngemeinschaft

Wir haben zwischen der Leistungsgemeinschaft und der Personengemeinschaft in der Organisation unterschieden (→ Kapitel 3.8. Konflikte erkennen und handhaben). Sie stellen den Grundwiderspruch dar, der in jeder Organisation positiv bewältigt werden muss. Unter dem Aspekt des Lernens können wir das Schema (→ S. 169/70) auch anders darstellen:

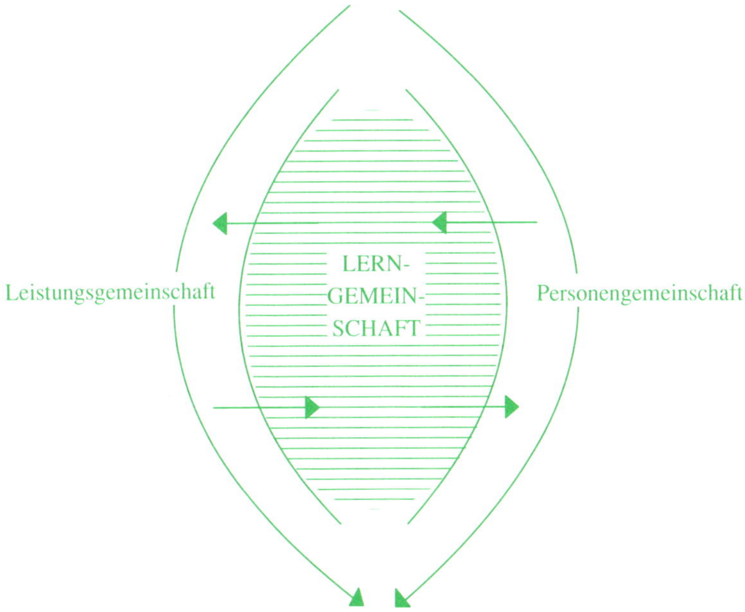

Die Lerngemeinschaft ist das Verbindungsfeld zwischen der Leistungsgemeinschaft und der Personengemeinschaft. In ihr werden die individuellen Kapazitäten der Mitarbeiter am wirksamsten in aufgabenbezogene Leistung umgesetzt. Umgekehrt führen Impulse aus der Leistungsgemeinschaft zum Lernen für die Personengemeinschaft.

Was können Sie tun, um von diesen drei Aspekten her die Lerngemeinschaft in Ihrer Organisation zu fördern?

Das Lernklima gestalten

Zum Lernklima gehören in einer Organisation alle Formen des Austauschs von Ideen und Erfahrungen, die mit der Arbeit der Beteiligten zusammenhängen. Also problemorientierte Kommunikation, in Zweiergesprächen, an Teamsitzungen, planmässig durchgeführt oder auch spontan. Die Art des Lernklimas erkennt man daran, wie neugierig und offen die Mitarbeiter für die Tätigkeit der anderen sind, zum Beispiel auch dann, wenn jemand von einer Fachtagung, einem Kurs zurückkommt und darüber berichtet. Führend können Sie darauf einwirken, indem Sie für diesen Austausch die geeigneten Strukturen entwickeln und die nötige Zeit dafür budgetieren. Zur Gestaltung des Lernklimas gehören selbstverständlich auch die Qualifikationsgespräche, die in eine Vereinbarung über zu Lerndendes ausmünden.

Lernen belohnen

Der Lohn des Lernens kann aus Verschiedenem bestehen. In sozialen Organisationen steht wohl nicht das Geld im Vordergrund; für die Beförderung oder Einreihung in eine höhere Besoldungsklasse gibt es eher wenig Spielraum. Lernen zahlt sich auch auf andere Art aus, zunächst ganz einfach durch das Erlebnis des Lernens selbst. Erkenntnisse gewinnen und anwenden, eine Arbeitsmethode verbessern, ein Verhalten in der Beziehung zu andern Menschen erfolgreich ändern, dies alles trägt seinen Lohn in sich. In einer Lerngemeinschaft belohnen sich die Mitglieder durch die besondere Qualität ihrer Zusammenarbeit, durch gegenseitiges Nehmen und Geben. Ihre Sorge, so scheint uns, muss es vor allem sein, den Raum für solches Lernen immer wieder offen zu halten, wach zu bleiben gegenüber den Lernbremsen und Lernkillern, die sich im Alltag einschleichen. Und dann: Lernerfolge bezeichnen und sich darüber freuen!

Jeder ein Lehrer, jeder ein Schüler

Alle Menschen in einer Organisation können voneinander lernen. Die Rollen sind nicht einseitig verteilt, hier die Lehrer, dort die Schüler. Jeder ist bald das eine, bald das andere, je nach Situation und Problem, das zu lösen ist. Nur schon durch die Aufgabenteilung ergibt sich die Streuung der Kompetenz. In der Kommunikation bieten sich laufend Gelegenheiten, das einseitige Gefälle zwischen Lehrern und Schülern zu vermeiden. Auch wenn Sie in führender Position sind, zwingt Sie dies keineswegs dazu, die Rolle des Lehrers einzunehmen. Wagen Sie es ruhig, Ihr Unwissen und Ihre Abhängigkeit von den Erfahrungen und dem Rat ihrer Mitarbeiter einzugestehen. Der Lerngemeinschaft in Ihrer Organisation wird dies nur zugute kommen.

In manchen sozialen Organisationen besuchen fast ausschliesslich nur die Mitarbeiter Fortbildungsveranstaltungen, so, als ob nur sie noch etwas zu lernen hätten. Wie ist es mit Ihnen? Sie stimulieren das Lernklima sehr, wenn auch Sie regelmässig etwas für Ihr formelles Dazulernen tun, sich dafür Zeit nehmen; und Ihren Mitarbeitern mitteilen, was Sie gelernt haben und wie Sie das Gelernte umsetzen möchten.

Anregungen zur bewussten Gestaltung des Lernens

Den sechs Aspekten unseres Führungsmodells folgend, wollen wir einige Anregungen geben, wie Sie bewusster Lernen fördern können.

Lernbiographie und Lernvermögen der einzelnen

Die einzelnen Menschen, die in der Organisation mitarbeiten – in welcher Funktion auch immer –, bringen sozusagen als Mitgift ihre Lerngeschichte in die Organisation mit. Sichtbar liegt sie vor in Arbeitszeugnissen, Fähigkeitsausweisen, Diplomen, Referenzen. Jeder Mensch trägt aber auch eine unsichtbare Lernbiographie in sich, Erfahrungen mit Personen, Ideen, Dingen, die sein Lernen in bestimmter Weise beflügelten oder blockierten, seine Art zu lernen prägten, seine Zugänglichkeit für neue Lernanstösse bestimmten. In jeder Organisation gibt es bei Ihren Mitarbeitern in diesem Sinne latente, aber abrufbare Lernpotentiale, die sich in der Regel erst in der konkreten Situation zu erkennen geben. Manchen Mitarbeitern ist ihr eigenes Lernvermögen wenig oder gar nicht bewusst; sie entdecken es möglicherweise erst, wenn eine bestimmte Aufgabe oder Situation zündend auf sie gewirkt hat, und genau dieses Zünden ist einer der wichtigsten Vorgänge im Leben einer Organisation. Sie haben einen massgeblichen Einfluss darauf, ob bei Ihren Mitarbeitern Lernfeuer entfacht oder im Gegenteil Ablöscher verpasst werden. Ob allgemein der Stimmungspegel mehr auf Lust oder auf Frust zeigt, hängt auch mit den Gelegenheiten zusammen, Fähigkeiten auszuleben, neu entdeckte Fähigkeiten in Erfahrungen umzusetzen, über sich hinauszuwachsen. Eines Ihrer wichtigsten Anliegen muss es also sein, mit stetiger Aufmerksamkeit das unsichtbare Potential in Ihren Mitarbeitern miteinzubeziehen.

Lernend mit Ideen und Werten umgehen

Wenn in einer Organisation darüber diskutiert wird, was man eigentlich miteinander will, so ist damit jedesmal ein intensiver Lernprozess verbunden. Je mehr Mitglieder und Mitarbeiter die Möglichkeit haben, sich daran zu beteiligen, desto fruchtbarer kann danach die Zusammenarbeit sein. Organisationen können manchmal erschreckend geschäftig sein, ohne dass klar ersichtlich ist, wofür sie die ganze Lernenergie ihrer Leute eigentlich einsetzen. Es wurden keine klaren Ziele vereinbart.
Die gemeinsame Auseinandersetzung mit den persönlichen Werten und den Zielen der Organisation ist zudem eine gute Gelegenheit, um einander menschlich näher zu kommen und toleranter miteinander umzugehen. Vielleicht werden in solchen Diskussionen lebensgeschichtliche Motive einzelner Mitarbeiter sichtbar, die uns erst verstehen lassen, warum sich jemand in bestimmten Situationen so stark engagiert oder verletzbar zeigt. Diese Vermenschlichung grundsätzlicher Haltungen und Standpunkte kann uns lehren, über kontroverse Ansichten nicht abstrakt und ideologisch, sondern konkret und versöhnlich zu reden. Der Lerngewinn ist gross.

Kommunikation als Lernfeld

Alle menschlichen Austauschvorgänge in einer Organisation lassen sich unter anderem von der Frage her beurteilen, ob durch sie Lernen, und welche Art von Lernen, bewirkt wird. Lernen durch das Vorbild ist ein naheliegendes Beispiel: Personen wirken als Lernquelle, indem sie uns durch ihr Vorbild zum Lernen ermutigen oder entmutigen. Menschen stecken einander auch mit ihren Launen an, auch dies eine geläufige Erfahrung. Darüber hinaus wird die Fähigkeit, in einer Gruppe voneinander und miteinander zu lernen, stark geprägt von den Denknormen, Vorstellungen und Wahrheitsbegriffen, die die einzelnen, häufig von ihrer Ausbildung her, mitbringen. Unter Sozialarbeitern ist dabei weniger die Diskrepanz als vielmehr die allzu grosse Übereinstimmung in den Denknormen das Problem: Eine Gruppe lernt weniger, wenn alle Teilnehmer ein gleiches Menschenbild, vielleicht auch ein gleiches Feindbild haben. Gruppenübereinstimmung gibt zwar Geborgenheit («schön, dass wir die gleiche Wellenlänge haben!»), kann aber auch zu Borniertheit verleiten. Demgegenüber sind interdisziplinäre Gruppen immer anregende Lernfelder, vorausgesetzt, dass sich die Mitglieder bemühen, Widerspruch auszuhalten und andere Meinungen und Blickwinkel als Bereicherung aufzufassen (→ Kapitel 3.8. Konflikte erkennen und handhaben).

Kontakte mit Aussenstehenden, allgemeiner: mit der Aussenwelt der Organisation haben hier ihre besondere Bedeutung. Sie sollten bedachtsam auch mit Personen gepflegt werden, die unserer Tätigkeit kritisch gegenüberstehen und Fragen an uns richten, die wir vielleicht ungern hören. Sich in die Höhle des Löwen zu begeben ist allemal eine lehrreiche Erfahrung. Denken Sie daran, dass diese Aussenkontakte nicht nur Ihre Domäne sind, sondern auch für Ihre Mitarbeiter eine wichtige Lernquelle darstellen. Bemühen Sie sich also auch in diesem Punkt um eine bewusste Arbeitsverteilung.

Gelerntes weiterzugeben ist für alle Verpflichtung. Erfahrungen mit Aussenkontakten gehören als Information in die regelmässigen internen Teamgespräche. Gleiches gilt für Besuche von Tagungen und Kursen, an denen Sie und einzelne Mitarbeiter teilgenommen haben. Solche Rückmeldungen sollten als Anstoss zur Auseinandersetzung mit neuen Ideen benützt werden. Überlegen Sie sich zudem, wie Sie das Lesen von Büchern, Zeitschriften und anderen Publikationen zum Anlass von teambezogener Fortbildung machen können. Finden Sie zusammen mit Ihren Mitarbeitern heraus, auf welche Weise Sie dies interessant statt langweilig gestalten können.

Strukturen, die das Lernen begünstigen

Strukturen und Regeln werden vorab in kleinen Organisationen und Teams argwöhnisch beurteilt; man will sich von ihnen nicht die spontane Kommunikation und die Autonomie des Handelns abwürgen lassen. Sicher aber gehen von Strukturen Lernanreize aus, gerade weil sie für das Verhalten einen klaren Bezugsrahmen schaffen.

Spezialisierte Arbeit bewirkt häufig, dass einer für die andern lernt. Er wird zur Informationsquelle. Die Aufteilung der Führungsfunktion auf mehrere (Teamstruktur) bietet viele Lernmöglichkeiten dadurch, dass bestimmte Mitarbeiter für bestimmte Ressorts verantwortlich sind. Eine Struktur, die nicht für die Ewigkeit gilt, auf Veränderungen hin angelegt ist, bietet Spielraum, um Neues auszuprobieren.

Die Art der Regeln für das Teilen und für das Verbinden gestaltet das Lernklima wesentlich mit (→ Kapitel 3.7. Strukturen berücksichtigen).

Die Kosten des Lernens erfassen

Ein oft zu hörendes Argument in kleinen Organisationen lautet, man könne sich als kleiner Fisch keine teure betriebsinterne Fortbildung leisten. Neidisch geht der Blick zu den Grossen mit ihren vollamtlichen Ausbildungsstellen und internen Kursprogrammen. Aus unserer Praxis sehen wir es anders. Es ist eine Chance für die Kleinen, dass sie sich zwingender und konkreter mit der Frage befassen müssen, wie bei ihnen Lernen in der Arbeit (on the job) einbezogen und gestaltet werden kann. Kostenlos und am meisten lernen wir ja dort, wo wir uns mit den täglichen Aufgaben und Erfahrungen kritisch auseinandersetzen, möglichst mit Hilfe anderer, die uns andere Sichten und Ideen bieten. In diesem Sinne ist jedes bewusste, an Kriterien überprüfbare Handeln, auf das wir unter den verschiedensten Aspekten eingegangen sind, das primär wichtige Lernen. Der Ort des Lernens ist das Leben selbst; veranstaltetes Lernen durch Tagungen und Kurse ist zusätzlich wichtig, darf aber nicht mit Lernen schlechthin gleichgesetzt werden.

Versuchen Sie dennoch, die für Ihre Mitarbeiterinnen und Sie selbst erforderliche formelle Fortbildung zu budgetieren. Die Kosten setzen sich zusammen aus der Zeit, die dafür aufgewendet wird, den Kursgeldern (bei externen Veranstaltungen) und dem Lehrmaterial. Diesen Kosten möchten Sie eine Nutzenrechnung gegenüberstellen, die natürlich schwieriger vorzunehmen ist. Versuchen Sie es trotzdem, indem Sie für ein Fort- oder Weiterbildungsvorhaben möglichst genaue Lernziele formulieren, wie Verbesserungen der Dienstleistung, der Effizienz, der Wirtschaftlichkeit, der Kommunikation, des Führens. Lernziele zu setzen hat nur einen Sinn, wenn Sie überprüfen, ob die Lernziele erreicht wurden. Der Lernerfolg wird erst an der veränderten Praxis sichtbar.

Lernen in der Begegnung mit dem Klienten

Nichts gibt mehr Lernanstösse als die gewissenhafte, einfühlsame und verantwortungsbewusste Arbeit mit den Klienten. Dies wissen alle jene, die beratend und betreuend in sozialen Diensten tätig sind. Die Zeit, die sie zur

Vorbereitung, Durchführung und dann zur bewussten Auswertung ihrer Klientenkontakte aufwenden, ist Lernzeit erster Güte. Viele suchen sich dafür in der persönlichen oder teambezogenen Supervision Unterstützung, eine Lernmöglichkeit, die führenden Personen in der Wirtschaft und in der Verwaltung weitgehend fehlt. Nehmen Sie diese auch für sich in Anspruch. Sie werden mit Ihrem Supervisor Probleme des Führens, die Ihnen auf den Nägeln brennen, besprechen. Wenn Supervision für alle eine Selbstverständlichkeit ist, dann werden Sie sich dadurch nicht von Ihren Mitarbeitern isolieren. Führen bleibt gleichwohl in erster Linie ein Thema für die interne Kommunikation, ein Thema für gemeinsames Beraten und Lernen. Je mehr Mitarbeiter verantwortlich einbezogen sind, desto besser für Sie und die ganze Organisation.

Je mehr Führen als Lernprozess gestaltet wird und je mehr sich eine Organisation auch als Lerngemeinschaft versteht, desto eher verliert sich die Angst vor dem Führen.

6 HINWEISE

- Die Organisation ist auch eine Lerngemeinschaft. Sie entsteht durch die aktive Verbindung zwischen der Personengemeinschaft und der Leistungsgemeinschaft.
- Mitarbeiter sind lernfähig und lernwillig. Durch Führen lernen sie, ihre Fähigkeiten für gemeinsame Ziele einzusetzen.
- In der Lerngemeinschaft ist jeder Lehrer und Schüler, bald das eine, bald das andere.
- Das Lernklima in einer Organisation ist ein guter Indikator für die interne Kommunikation.
- Gemeinsames Lernen bedarf bestimmter Strukturen und Regeln.
- Lernen spart und kostet Geld. Die Aufwendungen für Weiterbildung sind als Investition zu betrachten.

6 FRAGEN

1. Nutzen Sie beim Führen bewusst die Lernfähigkeit Ihrer Mitarbeiter?
2. Welches sind bei Ihnen die Anlässe, an denen die Möglichkeit zu gemeinsamem Lernen ausdrücklich vorgesehen ist?
3. Möchten Sie das Lernklima in Ihrer Organisation einmal gesamthaft analysieren? Nach welchen Kriterien?
4. Berichten Sie Ihren Mitarbeitern regelmässig über Aussenkontakte, Tagungen oder andere, von Ihnen besuchte Veranstaltungen?
5. Wie informieren Sie sich gegenseitig über gelesene Fachbücher und Publikationen, die die gemeinsame Arbeit betreffen?
6. Kümmern Sie sich um eine planmässige Fortbildung – für Ihre Mitarbeiter und für sich selbst? Wieviel pro Jahr budgetieren Sie für dieses formelle Lernen?

4. Schlussbetrachtung

Vergiss Dich nicht!

Ein Schlusskapitel im genauen Sinne des Wortes soll es nicht sein. Dies ist ein Buch ohne Ende – der Lernprozess des Führens hört nie auf. Dennoch möchten wir uns nochmals persönlich an Sie wenden.

Sie haben dieses Buch zur Hand genommen (und tun es, so hoffen wir, weiterhin), weil Ihnen die mit dem Führen verbundenen Aufgaben nahe gehen. Vielleicht ist es uns gelungen, Ihnen für Ihre Arbeit mit ihren vielfältigen Aspekten einige klärende Hinweise, Anregungen und Hilfsmittel für eine verbesserte Praxis des Führens in Ihrer Organisation zu geben. Möglicherweise hat unser Nachdenken über die verschiedenen Aspekte schon jetzt bewirkt, dass Sie zum Führen eine etwas veränderte Einstellung gewonnen haben. Sie sehen Ihre Rolle im Führungsprozess – und diejenige Ihrer Mitarbeiter – ein wenig anders und sind dabei gelassener geworden, weniger belastet von Grundsatzthemen wie Macht, Autorität, Autonomie und ähnlichem mehr.

Es könnte allerdings auch sein, dass Sie sich nach der ersten Lektüre vom breiten Spektrum der mit Führen verbundenen Aspekte überfordert und verunsichert fühlen. Sie fragen sich jetzt erst recht, ob es denn zu Ihnen passt, all dies mitzuverantworten und mitzugestalten. Wir hören sie nicht selten, diese Frage: «Kann und will ich denn überhaupt führend tätig sein? Eigne ich mich für diese Rolle? Möchte ich nicht viel lieber an der Basis bleiben und dort, möglichst unbehelligt von Systemfragen, meine Arbeit mit andern Menschen tun?» Hinter solchem Fragen kann ein gutes Gespür für die eigenen Grenzen und Stärken stehen – warum nicht? Vielleicht ist es auch das abschreckende Vorbild erlebter Führungspersonen und -karrieren, das nachwirkt. «So nicht!» wird dann zur grundsätzlichen Ablehnung jeglicher Sonderstellung, wie sie das Führen in einer Organisation leicht nach sich zieht.

Die hohen Anforderungen, die in unserer immer noch stark von männlichen Werten geprägten Führungskultur an Chefs und Chefinnen gestellt werden, bewirken vielfach, dass diese die eigenen Bedürfnisse zu sehr dem Leistungsauftrag unterordnen, wenn nicht gar opfern. Frauen, die sich an diesen etablierten Führungseigenschaften orientieren und messen, werden sich oft schneller als Männer des Preises bewusst, den sie für ihren Aufstieg bezahlen.

Es entspricht durchaus der immer noch vorherrschenden traditionellen Auffassung von Führung, wenn allgemein mehr über die Anforderungen als über die Bedürfnisse der Führenden gesprochen und geschrieben wird. Vermutlich sind die Manager daran nicht unschuldig: ihre legendäre Härte und Selbstbeherrschung nährt die Vorstellung, dass zu Management nur derjenige befähigt ist, der Bedürfnisse der eigenen Person über längere Zeit aufschieben kann oder sich solche gar nicht erst eingesteht. Bedürfnisse werden hier gleichgesetzt mit Schwächen, und diese wiederum laufen dem Mythos der Überlegenheit und des Erfolges zuwider, passen nicht für Eliten, verraten eine zu grosse Ähnlichkeit mit dem gewöhnlichen Volk.

An vielen Stellen haben wir gezeigt, dass Führen nicht von vornherein identisch ist mit einem übergrossen Arbeitspensum, mit angehäufter Verantwortung, mit einem ausgebuchten Terminkalender, mit Alles-Selber-Machen, mit Allein-Sein und dem Verlust an kollegialer Unterstützung durch die Mitarbeiter. Wir haben, immer wieder, Führen als bewusstes Umgehen mit den vernetzten Aspekten der Organisation dargestellt. Wir haben Ihnen beschrieben, wie dies durch geregelte Zusammenarbeit vieler gewährleistet werden kann. Auch wenn Sie in einer gegebenen hierarchischen Struktur die Position der Leiterin oder des Leiters innehaben, heisst dies nicht, dass Sie nun im Alleingang führen müssten. Es gibt viele Möglichkeiten, die Aufgaben des Führens auf mehrere Schultern zu verteilen, wichtige Fragen im Gespräch mit Mitarbeitern zu behandeln, Ideen und Unterstützung von andern einzuholen – mit einem Satz: nicht nur andern, sondern auch sich selbst Sorge zu tragen.

Ja, zum Führen gehört nach unserer Überzeugung auch, dass Sie sich Sorge tragen. Wie Sie das im einzelnen tun können, ist nicht Gegenstand dieses Buches und in erster Linie eine Frage Ihrer persönlichen Lebensgestaltung. Mit den nachstehenden Fragen möchten wir Sie lediglich ermuntern, der Sorge um die eigenen Ressourcen den gebührenden Raum zu geben.

5 FRAGEN

1. Wo stehe ich gegenwärtig als Mensch und als Berufsperson? Habe ich Anlass, darüber nachzudenken?
2. Wo erfahre ich in meiner beruflichen Tätigkeit meine Fähigkeiten, wo meine Schwächen, besonders in bezug auf das Führen?
3. Gehe ich aufmerksam genug mit meinen geistigen und körperlichen Ressourcen um? Wie vermeide ich vorzeitige Abnützung, wie entwickle ich meine schöpferischen Kräfte?
4. Bedarf meine Lebensführung, zum Beispiel in der Zeitstruktur, einer Überprüfung? Sollte ich nach meinen Prioritäten fragen, nach Entlastungsmöglichkeiten suchen, bewusst eingeplante Zeit-Oasen für meine Erholung und Selbstentwicklung einplanen?
5. Führe ich meine Mitarbeiter so, dass sie im grösstmöglichen Ausmass ihres Könnens und Wollens die gemeinsamen Aufgaben der Organisation mittragen? Habe ich zu ihnen eine Qualität der Beziehung, die es uns möglich macht, auch menschliche Probleme, uns persönlich bewegende Fragen miteinander auszutauschen?

5. Hilfsmittel

Probieren geht über studieren.

In diesem letzten Teil stellen wir Hilfsmittel für die Praxis des Führens vor, nach Stichworten alphabetisch geordnet. Wir unterscheiden drei Arten von Hilfsmitteln:

Visuelle Darstellungen, die zum Beispiel einen Arbeitsablauf oder Zusammenhänge veranschaulichen.

Fragenlisten, mit denen Sie ein bestimmtes Problem leichter analysieren und zuordnen können.

Handlungsanweisungen, die eine bestimmte Methode der Problemlösung vermitteln.

Wir haben uns auf knappe Hinweise beschränkt, zum Teil ergänzt mit einfachen Beispielen, die vor allem zeigen sollen, um was es geht. Wir möchten Sie ermuntern, die eine oder andere Methode auszuprobieren und damit eigene Erfahrungen zu sammeln. Die hier vorgestellten Hilfsmittel sind keine Rezepte, mit denen sich Fragen des Führens nach Schema F beantworten lassen. Sie sind eine Einladung zu bewusstem Handeln.

5.1. Ablaufdiagramm

Ein Hilfsmittel, um Arbeitsabläufe, Informationsflüsse und ähnliche zeitlich ablaufende Prozesse für die gemeinsame Arbeit sichtbar zu machen. Ein visuelles Hilfsmittel, das die Beschreibung mit Worten abkürzen kann.

Das Prinzip

Ein Ablauf wird in seine verschiedenen Tätigkeitseinheiten zerlegt und diese einer Zeitachse zugeordnet. Dies kann auf verschiedene Arten geschehen. Wir zeigen im folgenden anhand des Beispiels Jahresbericht drei Techniken:

1. Balkendiagramm

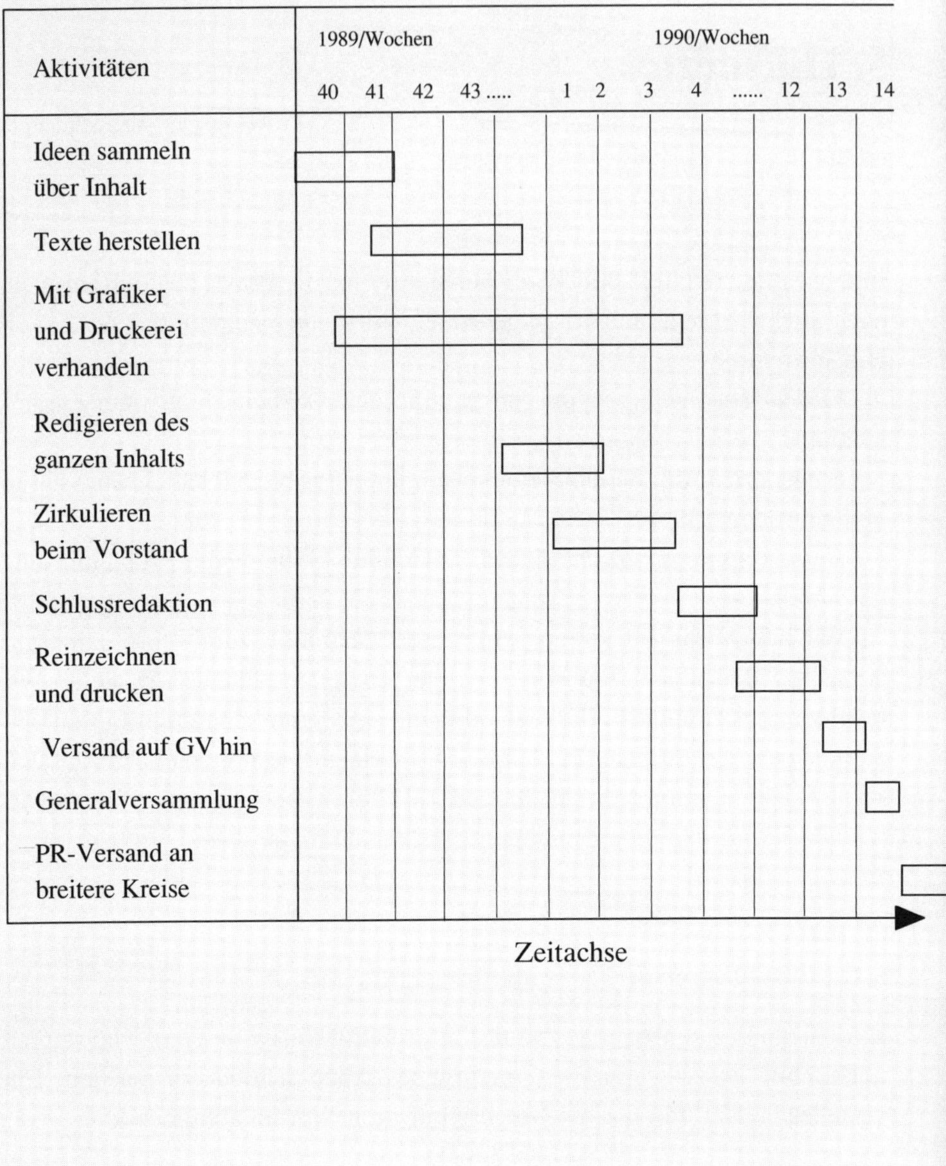

2. Ablaufdiagramm

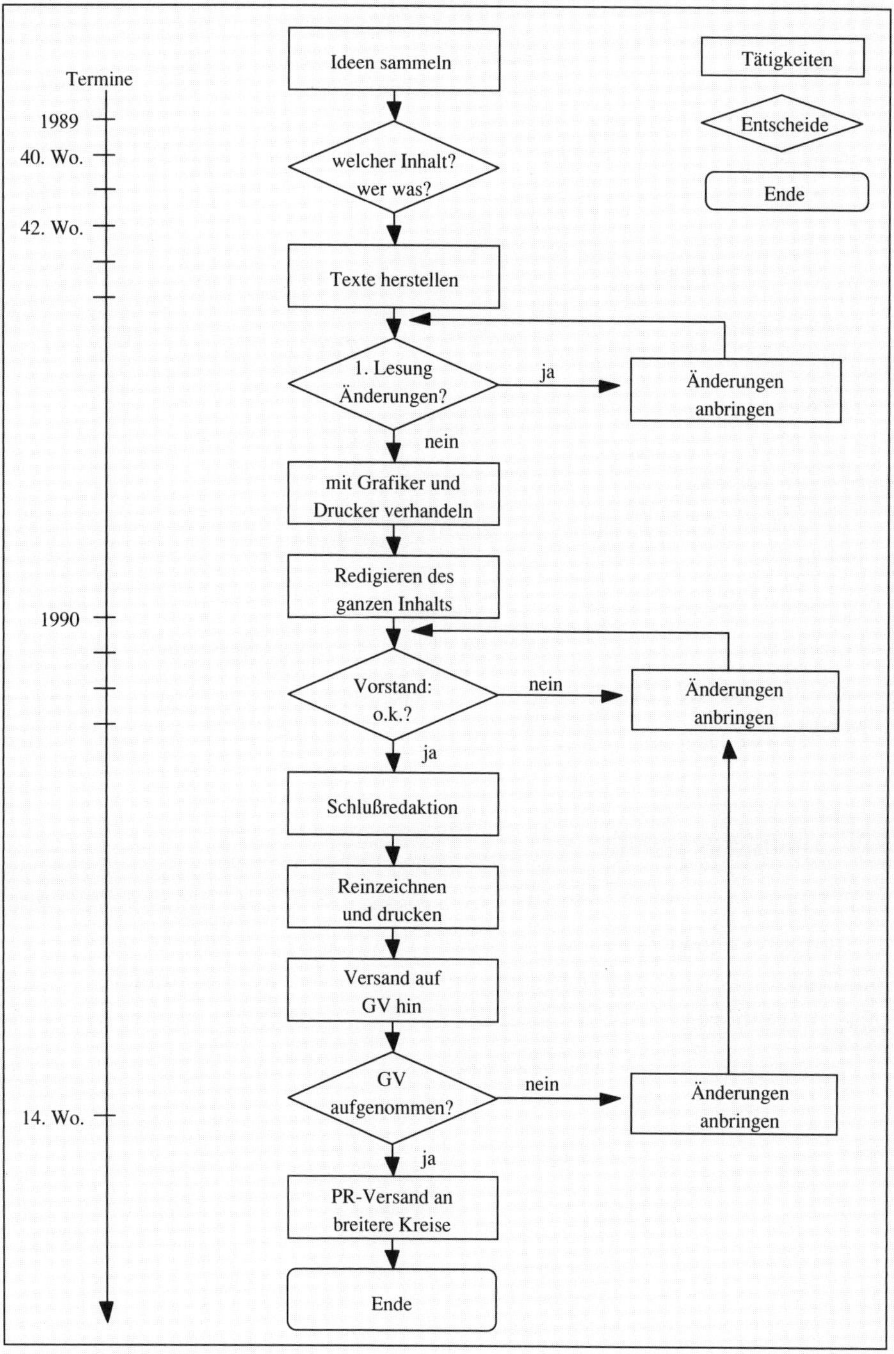

3. Ablaufplan mit beteiligten Stellen

Aktivitäten / Steuern	Team	Chef	Vorstand	Grafiker Druckerei	Verein	Öffent-lichkeit	Termine
Ideen sammeln über Inhalt	●						Wochen 40/41 88
Texte herstellen	●						42/45 88
Mit Grafiker und Druckerei verhandeln	●	●					44/46 88
Redigieren des ganzen Inhalts		●					
Zirkulieren beim Vorstand			●				1/4 89
Schlussredaktion		●					5/6 89
Reinzeichnen und drucken				●			41/88 - 6/8 89
Versand auf GV hin	●						12 89
Generalversammlung					●		15 89
PR-Versand an breitere Kreise						●	16/17 89

5.2. Anforderungsprofil

Ein Hilfsmittel zur Ergänzung der Stellenbeschreibung: Die für eine bestimmte Aufgabe besonders wichtigen Fähigkeiten/Eigenschaften des Stelleninhabers werden deutlich gemacht. (→ Kapitel 5.25. Systematisch-logisches Vorgehen)

Wie man ein Anforderungsprofil entwirft

1. Aufgabenkatalog erstellen

(Beispiel für eine Grobgliederung)

A. Aufgaben, die sich unmittelbar aus dem Kontakt mit den Klienten ergeben
   - Klienten beraten ... (detaillieren)
   - Personen und Instanzen zugunsten der Klienten mobilisieren ... (detaillieren)

B. Aufgaben, die sich mittelbar auf ganze Klientenkategorien beziehen
   - Hilfsquellen ausbauen und neue erschliessen ... (detaillieren)
   - Sozialpolitische Anliegen aufgreifen ...

C. Aufgaben, die sich auf das Funktionieren der Organisation beziehen
   - Organisationsziele festlegen ... (detaillieren)
   - Materielle Ressourcen beschaffen ... (detaillieren)
   - Kommunikation gestalten ... (detaillieren)
   - Strukturen gestalten ... (detaillieren)
   - Wirtschaftlichkeit sicherstellen ... (detaillieren)

2. Besondere Fähigkeiten festhalten, auf die es an dieser Stelle ankommt

Hier halten Sie nur Eigenschaften und Fähigkeiten fest, die nicht ohnehin zur Normalqualifikation für die ausgeschriebene Stelle zählen, also zum Beispiel:

- Fähigkeit zur Teambildung und zur Gestaltung der Zusammenarbeit mit ausgeprägten Individualisten;
- Fähigkeit, sich immer wieder neuen Situationen und Problemstellungen anzupassen (Flexibilität, Improvisationsvermögen);
- Überdurchschnittliche Belastbarkeit in psychischer und in zeitlicher Hinsicht;
- Fähigkeit, eine Pioniersituation durchzustehen, mit allen Unsicherheiten, die dazu gehören.

Schema zur Gewichtung von Anforderungskriterien

Gewichtung 1–5
1 = am wenigsten wichtig, kann auch vernachlässigt werden
5 = sehr wichtig, eine unerlässliche Bedingung für die Bewältigung der Aufgaben

Anforderungskriterien	1	2	3	4	5
Fähigkeit zur Teambildung mit besonders eigenwilligen Mitarbeitern					X
Improvisationsvermögen bei häufig wechselnden Situationen und Problemen				X	
Überdurchschnittliche Belastbarkeit, psychisch und zeitlich					X
Bereitschaft zum Risiko, das sich aus der Pioniersituation ergibt				X	

5.3. Arbeitstechnik

Voraussetzungen für eine gute persönliche Arbeitstechnik. Eine ergänzende Fragenliste kann Ihnen Ihre Arbeitsgewohnheiten bewusst machen.

Arbeitstechnische Grundlagen

1. Arbeitsplatz

- Ordnung halten (wissen, wo was ist, räumlicher Überblick)
- Agenda führen (wissen, wann was ist, zeitlicher Überblick)
- Dokumentation einrichten (worauf ich jederzeit zurückgreifen kann, und wo ich alles auf einfache Weise finde)

2. Zeit

- Tagesziele, Wochenziele, Monatsziele bestimmen (für jeden Tag einplanen (→ Kapitel 5.26. Tagesplan)
- Pufferzeiten für Unvorhergesehenes einplanen
- Zeitplan mit Arbeitszielen aufstellen: Was will ich heute, diese Woche, bis Ende dieses Monats erledigen?
- Vorbereitungszeit abschätzen und reservieren (zum Beispiel für bestimmte Telefongespräche, Sitzungen, Gespräche)
- Nein sagen können
- Sich ab und zu fragen, was man eigentlich die ganze Zeit tut
- Störfaktoren ausschalten
- Prioritäten setzen (→ Kapitel 3.3. Prioritäten bestimmen)

3. Persönliches Verhalten

- Notizbuch führen (den Kopf entlasten)
- Häufig benützte Telefonnummern griffbereit haben
- Unangenehme Arbeiten unverzüglich erledigen
- Informationen jeder Art sehr bewusst sortieren
- Die Arbeiten so verteilen, dass jeder das für ihn mögliche Pensum übernimmt

Analyse meiner Arbeitsgewohnheiten

Bitte vergleichen Sie Ihre eigene Situation mit den folgenden Aussagen.
Kreuzen Sie spontan, ohne lange nachzudenken, das Zutreffende an.

Arbeitsgewohnheiten	Die Aussage stimmt für mich ...		
	oft/ meistens	zum Teil/ hie und da	selten/ nie
1. Ich neige dazu, unangenehme Arbeit zu verschieben.			
2. Ich stürze mich sofort in eine Arbeit, ohne lange nach dem «wenn» und «aber» zu fragen.			
3. Ich bin an vielen Konferenzen, die oft sehr lange dauern.			
4. Ich habe immer eine offene Tür für Besucher und Mitarbeiter; dadurch werde ich oft bei meiner Arbeit unterbrochen.			
5. Oft unterbreche ich meine Arbeit selbst, um etwas Dringenderes anzupacken.			
6. Vorhandene Hilfsmittel (z. B. Diktiergerät, Telefon-Wählautomat, Fernkopierer usw.) nutze ich wenig bis gar nicht.			
7. In meinen Terminkalender trage ich nur Verabredungen mit anderen ein (keine eigene Arbeitsplanung/Termine mit mir selbst).			
8. Ich will alles perfekt machen.			
9. Ich beginne zu erledigende Aufgaben erst kurz vor dem Ablieferungstermin.			
10. Ich habe meinen Tag immer zu 100 % verplant, Unvorhergesehenes bringt mich in Stress.			
11. Ich versuche, vieles auf einmal zu tun.			
12. Ich kann nicht nein sagen, wenn andere etwas von mir wollen.			
Anzahl der Kreuze:			

▷ Ich frage: Was kann ich bei mir positiv verändern? ▷ Ideenliste!

aus: Martin Ochsner, Persönliche Arbeitstechnik, siehe Anmerkung 24.

5.4. Delegieren

Aus unserer Sicht ein überholtes Stichwort, das jedoch noch stark in den Köpfen steckt. Lesen Sie dazu unsere Überlegungen.

Kritische Gedanken zum Delegieren

Überlasteten Chefs wird oft geraten, sie sollten mehr delegieren. Damit kann Verschiedenes gemeint sein, zum Beispiel:

- die anfallende Arbeit auf mehr Personen verteilen (nicht alles selbst machen wollen);
- bestimmte Aufgaben frühzeitiger an andere weitergeben (zur weiteren Bearbeitung und Durchführung mit klaren Aufträgen und Zielen);
- die Zusammenarbeit an bestimmten Aufgaben verstärken und dabei klären, wer in welcher Phase an der Aufgabe mitwirkt.

Schwierigkeiten beim Delegieren haben meistens tieferliegende Gründe:

- Die Arbeitsteilung in der Organisation ist nicht klar geregelt. Es fehlt an der Struktur für das Teilen (→ Kapitel 3.7. Strukturen berücksichtigen)
- Es ist zu wenig deutlich definiert, was zu den Aufgaben des Führens gehört und wie sich die Mitarbeiter am Führen beteiligen sollen (→ Kapitel 2.3. Nachdenken über die Mitarbeiterinnen und Mitarbeiter)
- Ziele sind nicht formuliert, und es besteht Unklarheit über die Aufträge, die an bestimmte Mitarbeiter erteilt werden (→ Kapitel 3.1. Ziele setzen)
- Ein falsch verstandenes Bild von Verantwortung hält die Vorgesetzten davon ab, Kompetenzen sehr weitgehend an diejenigen abzugeben, die mit der Durchführung der Aufgaben betraut sind (→ Kapitel 3.6. Kontrolle ausüben)

Wir empfehlen Ihnen deshalb, sich beim Stichwort «Delegieren» zuerst mit den Hinweisen und Fragen zu beschäftigen, die am Schluss der angeführten Kapitel zu finden sind. Wahrscheinlich kommen Sie damit der Lösung Ihrer Probleme näher als mit dem Schlagwort Delegieren.

5.5. Entscheiden

Es gibt vier Schritte, die zum Entscheiden führen. Mehr über Führen und Entscheiden (→ Kapitel 3.4. Entscheide fällen)

Die vier Schritte des Entscheidungsprozesses

1. sich informieren
2. sich eine Meinung bilden
3. Denkpause einlegen
4. entscheiden, wählen, festlegen

Schritt 1 sich informieren,
sich informieren lassen

Wir tragen die Informationen zusammen, die wir brauchen, um die Situationen in ihren Zusammenhängen zu verstehen. Wir müssen wissen, welches Problem der Entscheid lösen soll, um welche Festlegung für die Zukunft es sich handelt.

Gefahr: Unverhältnismässig viele, zu viele Informationen sammeln. Sie hängen irgendwie auch mit dem Thema zusammen, sind aber für den Entscheid nicht von Bedeutung. Beliebte Taktik, um Entscheide hinauszuzögern oder zu verunmöglichen.

Hinweis: Überlegen Sie sich genau, welche Informationen nötig, welche unnötig sind.

Schritt 2 sich eine Meinung bilden, beurteilen, abwägen,
vergleichen, Lösungsvarianten entwickeln

Wir wägen Vor- und Nachteile verschiedener Entscheidungsmöglichkeiten gegeneinander ab. Wir überlegen uns, welche Auswirkungen in welchen Bereichen mutmasslich eintreten können (Vernetzung). Wir versuchen zu beurteilen, mit welchem Entscheid das gesetzte Ziel am besten erreicht werden kann und mit welchem Aufwand. Wir fragen nach den Folgen eines Fehlentscheids, nach den Möglichkeiten, den Schaden später zu beheben und nach dem Mass des Risikos, das wir eingehen können.

Gefahr: Endlose Diskussionen mit vorgefassten, unbegründbaren Argumenten. Einer Sicherheit nachjagen, die es nie gibt, weil alle Entscheide in die nie ganz bekannte Zukunft reichen. Beliebte Taktik, um hinter sachlich erscheinenden Meinungen persönliche Interessen zu verbergen.

Hinweis: Eine gute Vorbereitung der Diskussionsleitung hilft Ihnen, ausufernde Palaver im rechten Zeitpunkt zu beenden. Persönliche Interessen, Gefühle, Ängste können berücksichtigt werden, wenn sie in einem Klima der Offenheit und des Vertrauens ausgesprochen werden.

Schritt 3 Denkpause einlegen,
nach bewährtem Brauch eine Nacht darüber schlafen

Bei wichtigen oder sehr kontroversen Entscheiden ist es richtig, nach einem Unterbruch eine zweite Diskussionsrunde (zweite Lesung) abzuhalten. In der Zwischenzeit haben sich möglicherweise unbeachtete neue Fakten ergeben, Argumente haben an Wichtigkeit gewonnen oder verloren. Die Beteiligten sind sachlicher, gelassener und hören einander besser zu.

Hinweis: Sie können eine sinnlose Wiederholung der ersten Diskussion vermeiden, wenn Sie anfangs den Stand der Dinge zusammenfassen und Sinn und Ziel dieser zweiten Runde klarstellen.

Schritt 4 entscheiden, wählen, festlegen

Der Akt des Entscheidens braucht nicht viel Zeit. Wir befinden uns ja nicht an einer Vereinsversammlung oder in einem Parlament mit komplizierten Verfahrensregeln.
Näheres über Entscheidungsregeln (→ Kapitel 3.4. Entscheide fällen)

Entscheidekartei (Beschlusskartei)

Eine Kartei mit den Entscheiden zu den wichtigsten Themen, die immer wieder aktuell sind, erspart Ihnen langes Suchen in Sitzungsprotokollen oder ähnlichen Dokumenten. Sie unterstützt auch das Bewusstsein, dass Entscheide getroffen wurden, damit sie in der Praxis beachtet werden. Entscheide geraten so auch weniger in Vergessenheit.

Karte einer Beschlusskartei

(Stichwort) JAHRESBERICHT		
Wer?	Wann?	Was wurde entschieden?
Team-Sitzung	23. 4. 89	Fotos: Es wird ab Jahresbericht '89 darauf verzichtet. Grund: Umweltschutzpapier hat Vorrang.
Vorstand	10. 11. 89	Sequenz: Nur noch alle zwei Jahre ein Bericht (1989, 91, 93 usw.)

Die Beschlusskartei ist überall dort dabei, wo Entscheide gefällt werden. Der Entscheid wird sofort (handschriftlich) eingetragen.

5.6. Evaluieren, auswerten

Wir evaluieren, um die von uns angestrebten Ziele mit dem Erreichten zu vergleichen und daraus zu lernen. (→ Kapitel 3.1. Ziele setzen und 3.6. Kontrolle ausüben)

Bei jeder Evaluation werden drei Aspekte unterschieden:

1 *Wirklichkeit:* Lief alles ab wie vorgesehen? Was geschah? Was wurde getan? Wo gab es Schwierigkeiten, unvorhergesehene Hindernisse? Was war/ist erfreulich?

2 *Wirksamkeit:* Wie weit wurden die gesteckten Ziele erreicht? Wie sind die Abweichungen zu erklären? Gab es Nebeneffekte, wie wichtig sind sie?

3 *Wirtschaftlichkeit:* Steht das Erreichte in einem vernünftigen Verhältnis zum Aufwand (an Zeit, Geld, Nerven)? Hat es sich gelohnt, warum, für wen?

11 Fragen, mit denen Sie eine Evaluation vorbereiten können:

- Was wollen wir auswerten, was ist Gegenstand der Evaluation?
- Wie haben wir unsere Ziele und unser Vorgehen beschrieben?
- Welches sind die Zielmerkmale?
- Woran wollen wir die Zielerreichung messen? Müssen noch Indikatoren bestimmt werden?
- In welchen Bereichen wollen wir auswerten?
- Wann und wie oft wollen wir auswerten?
- Welche Methoden setzen wir ein, um zu den gewünschten Informationen für die Auswertung zu kommen?
- Machen wir die Auswertung selbst? Wer? Brauchen wir die Mithilfe von Fachleuten?
- Was ungefähr darf die Auswertung kosten, wieviel ist vernünftig im Verhältnis zum angestrebten Nutzen?
- Wer muss über die Ereignisse informiert werden, wann, wie?
- Wie verwenden/verwerten wir den Auswertungsbericht? Wie planen wir unser Lernen danach?

Näheres über Methoden der Auswertung:
Kursunterlagen PPT, Praktische Planungs-Technik.
Auskunft durch Informationsstelle des Zürcher Sozialwesens, Gasometerstrasse 9, CH-8005 Zürich.

5.7. Führungsleitsätze

Leitsätze können nützlich sein, um über das Klima des Führens in einer Organisation knappe, für alle Beteiligten gut einprägsame Aussagen zu machen. (→ Kapitel 5.15. Leitbild)

Führungsleitsätze gehören zum Leitbild

Wenn Sie in Ihrer Organisation über ein umfassendes Leitbild verfügen, so finden sich darin bestimmt auch Aussagen über das Führen und die Zusammenarbeit. Sie können aber auch Führungsleitsätze erarbeiten, ohne dass ein umfassendes Leitbild vorliegt. Vielleicht tun Sie damit den ersten Schritt zu einem Leitbild, das weiter greift. Wir empfehlen Ihnen in jedem Fall, die Erarbeitung von Leitsätzen in einem Prozess zu entwickeln, an dem sich Ihre Mitarbeiter aktiv beteiligen.

Das folgende Beispiel stammt aus einem Dienstleistungsbetrieb. Das Ziel war es, jedem Mitarbeiter (auf einem Kärtchen) acht Verhaltensregeln mit in den Alltag zu geben, mit denen er das Verhalten seines Chefs und sein eigenes Verständnis von Führen jederzeit überprüfen konnte.

8 Führungsleitsätze aus einem Dienstleistungsbetrieb:

Führen heisst bei uns:

Mit anderen zusammen Ziele erarbeiten und verwirklichen, Schwierigkeiten erkennen und meistern.

Voraussetzungen für das Führen:

Ohne Vertrauen keine Autorität.
Gestaltungsfreiheit in der Arbeit fördert die Leistungsbereitschaft von Aufgaben und Kompetenzen.
Klare organisatorische Verhältnisse begünstigen die Übertragung von Aufgaben und Kompetenzen.

Führungsmittel:

Arbeitsgruppen sind Eckpfeiler der Zusammenarbeit.
Regelmässige Gruppengespräche sind Schaltstellen der internen Information.
Kontrolle und Anerkennung vertiefen die Zusammenarbeit zwischen Vorgesetzten und Mitarbeitern.
Förderung der Mitarbeiter gehört zur Aufgabe der Vorgesetzten.

5.8. Führungsmodell

Führen heisst: Bündeln und verdichten von sechs bestimmten Aspekten der Organisation (→ Kapitel 2.1 Nachdenken über Führen)

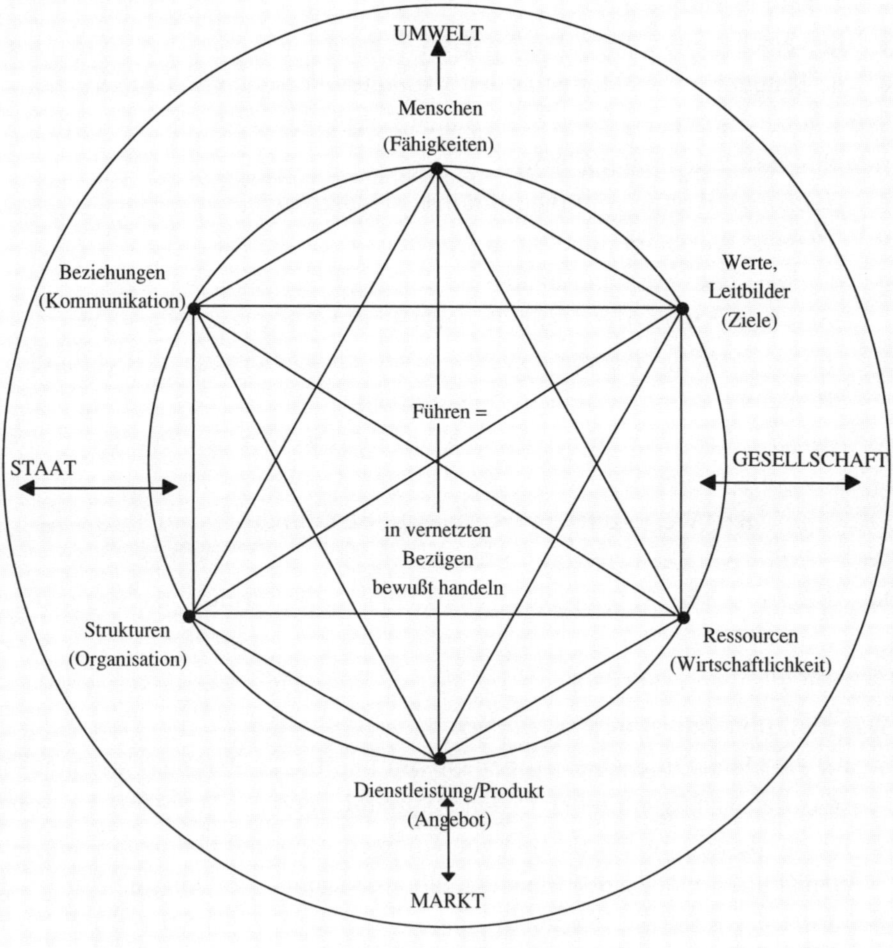

Die sechs Aspekte des Führens in einer leistungsgerichteten Organisation

5.9. Funktionendiagramm

Mit diesem Hilfsmittel können wir anschaulich darstellen, wie verschiedene Stellen in einer gemeinsamen Aufgabe zusammenwirken.

Zusammenarbeit besteht aus mehr als Über-/Unterordnung

Das Funktionendiagramm macht deutlich, wie differenziert in Wirklichkeit in einer Organisation zusammengearbeitet wird. Es bringt die folgenden drei Elemente zueinander in Beziehung:

- Aufgaben/Tätigkeiten
- die verschiedenen Personen/Stellen/Gremien
- die Kategorien des Handelns der beteiligten Personen/Stellen/Gremien

Wir können zwischen acht verschiedenen Funktionen (oder besser: Kategorien des Handelns) unterscheiden:

I *Initiative:* Wer ergreift die Initiative, schlägt vor?

P *Planen:* Wer plant, analysiert, bereitet zur Entscheidung vor?

E *Entscheiden:* Wer entscheidet im Rahmen bestehender Regeln, wählt zwischen Alternativen, genehmigt, lehnt ab?

Eg *Entscheiden in Grundsatzfragen:* Wer entscheidet über Richtlinien, Reglemente, grundsätzliche Neuerungen?

M *Mitsprechen:* Wer muss vorgängig angehört werden, hat ein Recht darauf, mitzureden?

O *Anordnen:* Wer ordnet an, veranlasst, setzt durch?

A *Ausführen:* Wer erledigt, führt aus?

K *Kontrollieren:* Wer kontrolliert die Qualität, die Termine, das Ergebnis?

Anwendungsmöglichkeiten

Das Funktionendiagramm eignet sich

- für die Darstellung eines groben Gesamtüberblicks über das Zusammenspiel der wichtigen Stellen in den Hauptaufgaben
- für die detaillierte Festlegung von Kompetenzen und Handlungskategorien (Funktionen) einer Einzelaufgabe mit komplexen Abläufen
- für die Klärung von Pannen in einem bestimmten Arbeitsbereich
- für die Kompetenz- und Aufgabenabgrenzung zwischen der Leitungsstelle und dem vorgesetzten Gremium.

Beispiel einer wichtigen Einzelaufgabe: die Anstellung einer neuen Mitarbeiterin

Tätigkeiten \ Stellen	Leiter	Team	Vorstand (Wahlausschuß)	Vorstand	Bemerkungen
Wahlvorgang planen	I/P/O				
Anforderungsprofil erstellen	E/A	A			gemeinsam
Inserieren, suchen	E	M			
Informationsgespräche führen	A	A			nach Absprache unter Teammitgliedern
Grobauswahl treffen	E	M			
Wahlvorschläge für engere Wahl ausarbeiten	E_1	M	E_2		gemeinsam
Wahlvorschlag, Wahl	A	A		E	
Arbeitsvertrag aushandeln			E		Quästor
Vertragsabschluß	A			E	Präsident

Anmerkung:

E enthält in der Regel auch O, oft auch A und K

5.10. Gewichten

Die unterschiedliche Bedeutung, die wir Werten, Zielen, Merkmalen zumessen, lässt sich bewusster erkennen durch eine Gewichtung oder Punktebewertung (→ Kapitel 3.3. Prioritäten setzen)

Die Anwendung eines Punktesystems (ähnlich wie ein Notensystem) hilft Ihnen beim Entscheiden, Wählen oder Rangordnungen herstellen, die subjektiven Einschätzungen bewusster zu machen und sie dadurch etwas zu versachlichen. An einem Beispiel zeigen wir, stark vereinfacht, die Vorgehensregeln dieser Technik auf.

Unser Beispiel: Wir suchen neue Räume für unsere Organisation. Rahmenbedingungen: mindestens 6 Räume, auf Stadtgebiet, Mietzins nicht über Fr. 3000.– monatlich.

Es stehen *zwei Objekte* zur Verfügung, welche diese Bedingungen erfüllen. Frage: Welches Objekt erfüllt unsere Bedürfnisse besser? Die Meinungen im Entscheidungsteam sind geteilt.

Schritt 1: *Festlegen der bedeutsamen Merkmale des zu beurteilenden Gegenstandes, in unserem Beispiel des Mietobjektes.*

a Erreichbarkeit (für die Klienten)
b Zugänglichkeit für Gehbehinderte
c Anzahl Räume (wenn möglich über 6 hinaus)
d Umgebung
e Mietzins (wenn möglich unter Fr. 3000.–)

Schritt 2: *Wahl einer Gesamtpunktezahl (zum Beispiel 100), die wir auf die einzelnen Merkmale verteilen können (gewichten). Wie (ge-)wichtig ist uns jedes Merkmal im Vergleich zu den übrigen Merkmalen?*

Merkmale	Punkte maximal	Objekt A	Objekt B
a Erreichbarkeit	40		
b Zugänglichkeit	20		
c mehr als 6 Räume	20		
d Umgebung	10		
e Mietzins (weniger als Fr. 3000,–)	10		
Total	100 P.		

Schritt 3: *Die zur Wahl stehenden Objekte werden mit ihren Merkmalen näher beschrieben.*

	Objekt A	*Objekt B*
a Erreichbarkeit	ab Stadtzentrum 35' mit öffentlichem Verkehrsmittel	ab Stadtzentrum 5' zu Fuss
b Zugänglichkeit	2. Stock mit Lift	Parterre, keine Treppe
c Anzahl Räume	8 kleine Zimmer	6 grosse Zimmer
d Umgebung	ruhige Wohnlage	lärmig, Läden und Gewerbe
e Mietzins	¼ unter Plafond (Fr. 2200.–)	am Plafond (Fr 3000.–)

Schritt 4: *Für die Punktezuteilung werden Stufen gebildet, ähnlich wie für Noten: 6 = sehr gut; 5 = gut; usw. Wir beschreiben daraufhin, was als Stufe 1, 2, 3 ... gelten soll, und zwar für jedes Merkmal gesondert. Hier:*

Stufung	P max.	Stufe 1	P	Stufe 2	P	Stufe 3	P
a Erreichbarkeit	40	Wegzeit 30′ + mehr	20	bis 20′	30	bis 10′	40
b Zugänglichkeit	20	ab 1. Stock ohne Lift	5	ab 1. Stock mit Lift	15	Parterre	20
c Umgebung	15	6 Räume	5	mehr als 6 Räume	10	Zuschlag für grosse Räume	5
d Umgebung	15	lärmig	7	ruhig	15		
e Mietzins	10	bis Plafond	0	unter Plafond	10		
Total	100						

Schritt 5: *Gewichtungspunkte (P) zuteilen. Schritte 3 und 4 konsultieren.*

Merkmale	P	Objekt A		Objekt B	
		Stufe	P	Stufe	
a Erreichbarkeit	40	1	20	3	40
b Zugänglichkeit	20	2	15	3	20
c Räume	20	2	10	2 + Zuschlag	15
d Umgebung	10	2	15	1	7
e Mietzins	10	2	10	1	0
Total	100		70		82

Schritt 6: *Gewählt wird die Lösung mit der höheren Punktzahl, hier: Objekt B.*
Wir stellen uns zum Resultat nochmals einige Fragen:
Ergibt die Punktezahl der beiden Objekte einen augenfälligen Unterschied?
Worauf ist er zurückzuführen? Haben wir die Merkmale richtig gewichtet – was würde eine Verschiebung ergeben? Sind unsere Stufungen angemessen?
Wie lautet unsere Begründung: Wir bevorzugen Objekt B gegenüber Objekt A, weil ...

Schlussbemerkung:

Diese Technik, vereinfacht angewendet, ist weniger umständlich als es scheinen mag. Auch hier bleiben viele Einschätzungen subjektiv; das Verfahren macht jedoch deutlicher, wo die Meinungen auseinandergehen. Dabei können wir einiges lernen, das auch andern Diskussionen zugute kommt.

5.11. Image-Analyse

Im Image verdichten sich aus Erfahrungen, Informationen und Gefühlen die Vorstellungen, die sich Menschen von einer Organisation oder Person machen. Uns interessiert hier besonders unser Image bei Klienten, Spendern, Behörden.

Wie erfahren wir mehr über unser Image?

Das Image ist eine Art Spiegel. Es sagt viel darüber aus, wie Ihre Organisation in der Aussenwelt gesehen, eingeschätzt, positiv oder negativ beurteilt wird. Dieses Fremdbild kann unter Umständen stark abweichen von Ihrem eigenen Bild und auch vom Leitbild, das Sie oder Ihre Vorgänger erarbeitet haben.

Manche Organisationen beklagen sich darüber, dass sie im Urteil ihrer Umwelt schlechter wegkommen als sie es zu verdienen glauben. Es gibt umgekehrt jedoch auch Organisationen, deren öffentliches Ansehen unverdient hoch ist, meist deshalb, weil sie durch ihre Geschichte und gesellschaftliche Stellung eine gewisse Unantastbarkeit geniessen. Mehr und Genaueres über unser Image zu erfahren, kann beim Führen der Organisation aus verschiedenen Gründen wichtig sein. Wir möchten zum Beispiel wissen,

- ob unsere potentiellen Klienten von unseren Dienstleistungen wissen;
- ob sie uns kennen, aber uns aus bestimmten Gründen als Partner ihrer Probleme ablehnen;
- ob unsere Geldgeber und Spender nach wie vor vom Wert unserer Tätigkeit überzeugt sind, oder ob sich in ihrer Einstellung Veränderungen und Zweifel abzeichnen;
- wie Behörden und Politiker über uns denken;
- was Journalisten beschäftigt, wenn sie von uns hören und unsere Presseeinsendungen veröffentlichen.

Vielleicht möchten wir – noch viel konkreter – erfahren,

- wie unsere Räumlichkeiten auf diejenigen wirken, die zu uns kommen;
- wie sie unsere Mitarbeiter, unsere Umgangsformen, den ganzen Stil des Hauses erleben und beurteilen;
- wie unsere Drucksachen (Prospekte, Merkblätter usw.) bei den Adressaten ankommen und ob sie überhaupt gelesen werden.

Es gibt Organisationen, die von Zeit zu Zeit, zum Beispiel alle fünf oder zehn Jahre, durch aufwendige Meinungsforschung den aktuellen Stand ihres Images analysieren lassen.

Mit Image-Diagrammen können die für das Image ins Gewicht fallenden Assoziationen (= spontane Bewertung durch die Befragten) ermittelt und bei jeder neuen Umfrage miteinander verglichen werden.

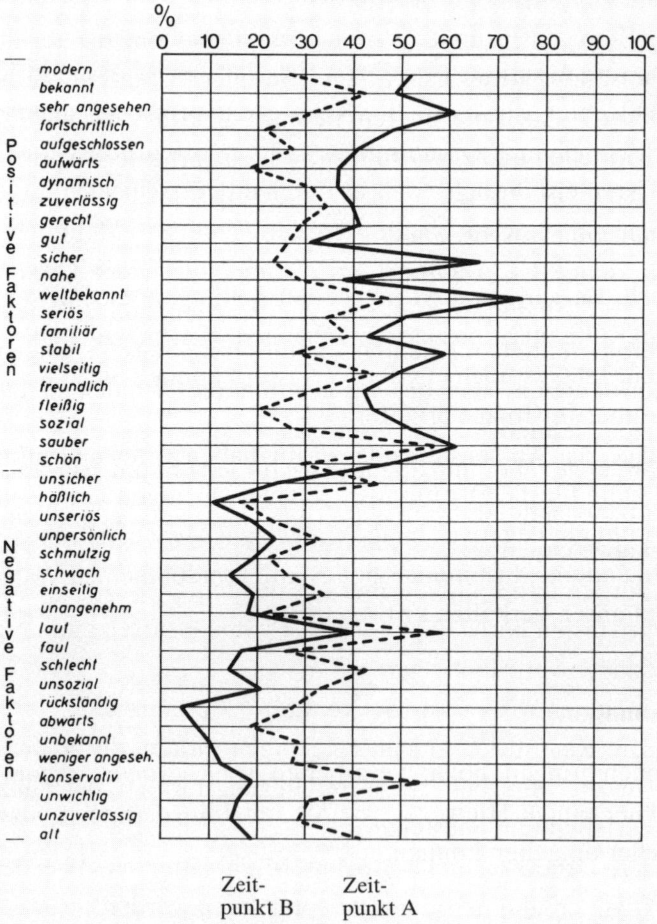

Wir empfehlen Ihnen, gleichsam für den Hausgebrauch, einfachere Verfahren, die ohne grösseren finanziellen Aufwand zu brauchbaren Ergebnissen führen können:

1. Zweier-Gespräche mit ausgewählten Personen

Sie und Ihre Mitarbeiter benützen Gespräche, die Sie ohnehin mit bestimmten Personen zu führen haben, zur Erkundung Ihres Fremdbildes. Überlegen Sie sich dazu einige Fragen, die klar und schonungslos darüber Auskunft verlangen, wie Ihre Organisation durch die betreffende Person erlebt wird.

2. Panel-Gespräche (mit 8 bis 10 Teilnehmern)

Sie veranstalten ein Gruppengespräch mit Personen, die regelmässig mit Ihrer Organisation zu tun haben (zum Beispiel Instanzen, die Klienten zu Ihnen schicken). Auch hier fragen Sie nach Eindrücken und Erfahrungen, nach den Wünschen und Erwartungen, was zu verbessern wäre.

3. Auswerten von Presseberichten

Es lohnt sich, Berichte und Artikel in den Zeitungen, die mit den Dienstleistungen Ihrer Organisation zusammenhängen, regelmässig und systematisch auszuwerten. Im Gespräch mit den Verfassern können Sie unter Umständen noch mehr über Ihr Image erfahren.

Das Image, das Aussenstehende von uns haben, offen und aufmerksam zu erkunden, kann für die Organisation zu einer wichtigen Lernquelle werden. Fast nie beruht ein negatives Image einfach auf Missverständnissen oder auf Vorurteilen anderer; fast immer gibt es im Fremdbild einen Wahrheitskern, der uns und unser Verhalten kritisch trifft.

5.12. Information

Informationen bringen, holen, verarbeiten, speichern gehört zum Alltag des Führens. Hier einige Hinweise, wie Sie mit Informationen bewusster und ökonomischer umgehen können.

Als Informations-Nachfrager überlegen Sie:

- Welche Informationen brauche ich zur Erfüllung meiner Aufgabe zwingend (need to know)?
  interessant (nice to know)?
- Von wem erwarte ich diese Informationen, wer sind die für mich wichtigen Sender?
- Welche Abmachungen, Regelungen bestehen zwischen mir und den wichtigen Sendern? Hat der Sender mir gegenüber Bring-Pflichten, oder liegt die Hol-Pflicht bei mir?
- Wann und wie oft brauche ich die Information?
- Was unternehme ich, wenn ich die Bring-Informationen vom Sender nicht oder immer wieder zu spät erhalte?

Als Informations-Anbieter überlegen Sie:

- Welche Informationen schulde ich wem (meine Bring-Pflichten)? Wann?
- Auf welchem Weg und in welcher Form übermittle ich die Information?
- Entspricht das benützte Informationsmittel der Bedeutung der Information (zum Beispiel schriftlich oder mündlich)?
- Sind mir die Ziele meiner Information klar: Was will ich erreichen, bei wem, bis wann?
- Umfasst die Information alles, was für das Erreichen des Ziels nötig ist?
- Ist die Information empfängergerecht abgefasst?
  Berücksichtigt sie den Informationsstand des Empfängers?
- Ist mir klar, auf welche Art ich kontrollieren werde, ob die Information angekommen und verstanden ist?

Überprüfen Sie Ihre Informationsquellen:

Auf welchen Wegen kommen Sie zur Information, die für Sie wichig ist? Zum Beispiel

- durch Gespräche mit Kollegen, Bekannten, mit wem, wie oft?
- durch Lesen von Zeitungen/Zeitschriften, welche, wie oft?
- durch Lesen von Fachpublikationen, Büchern; welche, wie oft?
- durch Sendungen von Radio und Fernsehen; welche, wie oft?
- durch Teilnahme an Tagungen, Kursen, anderen Anlässen; welche, wie oft?

Welchen dieser Informationsquellen messen Sie besondere Bedeutung bei? Wo könnten Sie bewusste Abstriche vornehmen, nach dem Motto «weniger wäre mehr»?

Wie verhalten Sie sich beim Aufnehmen der Informationen? Wenden Sie bestimmte Techniken an, um Informationen besser zu behalten, zu verwerten, zu speichern, um sie nach Bedarf wieder greifbar zu haben?

Haben Sie sich ein persönliches Ablagesystem zurecht gelegt, das Ihnen hilft, wichtige Informationen bei Bedarf schnell wieder zur Hand zu haben?

Wählen Sie ein Ablagesystem, das Ihren Bedürfnissen entspricht, zum Beispiel anhand der folgenden Fragen:

- Nach welchen Themen/Themengruppen will ich die von mir gesammelte Information speichern?
- Lohnt es sich für mich, eine Stichwortkartei zu führen?
- Gibt es eine Ablageform, bei der ich so verschiedene Informationsquellen wie Zeitungsartikel, Auszüge aus Büchern und Fachzeitschriften, ganze Hefte sowie persönliche Notizen auf einen Nenner bringen kann (zum Beispiel Hängemappen in einem offenen Gestell)?
- Was muss ich tun, um die Ablage innerhalb bestimmter Grenzen zu halten und fortlaufend diejenigen Informationen wieder los zu werden, die ich nicht mehr brauche?

5.13. Konfliktanalyse

Konflikte gehören zum Leben der Organisation. Wenn unklar ist, worin der Konflikt besteht, kann anhand der nachfolgenden Fragen die Konfliktwahrnehmung vertieft werden (→ Kapitel 3.8. Konflikte erkennen und handhaben).

10 Fragen zum besseren Verständnis eines Konfliktes

1. Können Sie sagen, welches die Hauptakteure des Konflikts und welches die Mitbetroffenen sind?
2. Worüber genau gehen die Meinungen auseinander?
   Wie und wo kam der Konflikt ans Licht?
3. Wissen oder vermuten Sie, wo die Wurzeln für die Aufladung der Gefühle bei den Konfliktpartnern liegen könnten? Haben Sie dieses Wissen oder Ihre Vermutung überprüft?
4. Wie beschreiben Sie die Entwicklung des Konfliktes bis zum gegenwärtigen Zeitpunkt?
5. Hat sich der Konflikt eventuell unabhängig von bestimmten Personen entwickelt, ist er also vor allem ein struktureller Konflikt?
6. Haben Sie schon bestimmte Strategien erkannt, die von den Konfliktparteien eingesetzt werden?
7. Wie berührt Sie dieser Konflikt, in sachlicher, in gefühlsmässiger Hinsicht? Wo sehen Sie Ihre Rolle im Konflikt?
8. Halten Sie, alles in allem, den Konflikt für notwendig (lehrreich) oder für überflüssig?
9. Welche Vorstellungen haben Sie darüber, wie der Konflikt sinnvoll zu lösen wäre?
   Oder halten Sie ihn für unlösbar, und was heisst das für Sie?
10. Haben Sie sich überlegt, welche positiven Wirkungen der ganze Konfliktprozess haben könnte: Auf die Direktbeteiligten? Auf die Organisation? Auf Sie?

8 Fragen zur Beurteilung einer komplexen Konfliktsituation, zum Beispiel mit der Öffentlichkeit

1. Welches ist der Gegenstand oder Anlass, der den Konflikt ausgelöst hat?
2. Wer sind die Konfliktparteien? Wer ist, darüber hinaus, am Konflikt beteiligt oder interessiert? Haben Sie vielleicht wichtige Bezugsgruppen ausser acht gelassen?

3. Welche Beweggründe, Interessen, Ziele, Werte sind für die verschiedenen Parteien massgebend? Dazu zählen auch die früheren Beziehungen zwischen den Konfliktparteien.
   Machen Sie sich eine zutreffende Vorstellung von den Motiven, die beim vorliegenden Konflikt im Spiel sind?
4. Welche dominanten Themen, Ideen, Probleme, Ängste schaffen für den Konflikt einen öffentlichen Resonanzboden? Was beschäftigt die Menschen, wofür sind sie heute in besonderem Masse ansprechbar?
   Beschäftigen *Sie* sich aufmerksam mit aktuellen Zeitströmungen? Sind Sie selbst im Prozess der öffentlichen Meinung engagiert?
5. Welche Faktoren wirken als Konfliktverstärker? Sind es bestimmte Ereignisse, ist es das Verhalten der Massenmedien, oder sind es die Zuschauer, die für die Entwicklung des Konfliktes als Verstärker wirken? Haben Sie alles vorgekehrt, um Fehler und Pannen auszuschliessen, die konfliktverstärkend wirken könnten? Ist Ihr eigenes Verhalten gegenüber den Massenmedien geklärt? Stehen Sie mit den Journalisten auf Kriegsfuss?
6. Gibt es für die Austragung des Konfliktes eingespielte Regeln und Praktiken, gleichsam ein trainiertes Milieu, oder spielt sich der Konflikt eher auf sozialem Neuland ab? Liegt eine der ersten Aufgaben darin, zwischen den Konfliktparteien Konfliktlösungsregeln zu vereinbaren (wie sie zum Beispiel bei Arbeitskonflikten zwischen Arbeitgebern und Gewerkschaften vorliegen)?
7. Welche Strategien und Mittel werden im Konflikt von der einen oder anderen oder von beiden Seiten eingesetzt? Besteht ein Ungleichgewicht im Einsatz bestimmter Strategien? Benützt die angreifende Partei Methoden, die der anderen fremd und unvertraut sind?
8. Wieviel Zeit steht für die Konfliktbearbeitung zur Verfügung? Stehen die Parteien von den Sachfragen her unter Zeitdruck? Wie wirkt sich der Zeitfaktor auf das Konfliktverhalten aus?
   Haben Sie bisher die zeitliche Dimension berücksichtigt? Gehen Sie von Sachzwängen aus, die keinen Raum für eine breiter angelegte Meinungsbildung offen lassen? Sehen Sie allenfalls mehrere Etappen für die Konfliktbearbeitung? Können Sie Teilziele für die einzelnen Etappen formulieren?

5.14. Kreative Techniken

Empfohlen, um beim Lösen von Problemen in möglichst vielen Varianten zu denken. Allgemein hilfreich, um Routine und Denkblockaden zu überwinden. (→ Kapitel 2.6. Nachdenken über verschiedene Arten von Denken)

1. Laterales Denken

Wozu?

- um zu neuen Ideen zu kommen;
- um fixierenden Wertungen und anderen verfestigten Denkmustern zu entrinnen;
- um Wege zu entdecken, wie man die Dinge auch noch betrachten könnte;
- um dem Zufall (den Einfällen) eine grössere Chance zu geben.

Wie geht man vor?

- Entwickeln Sie Alternativen:
  Wie könnte man es auch noch sehen? Was wäre sonst noch möglich?
- Zweifeln Sie an den Voraussetzungen:
  Ist das wirklich das Problem? Stimmen eigentlich unsere Grundannahmen? Wie würde das ein Marsbewohner sehen?
- Schälen Sie die Leitidee heraus:
  Was steckt hinter unseren Annahmen? Wie lautet das Thema, als Schlagzeile formuliert? Warum sehen wir es so und nicht anders?
- Zerlegen Sie:
  Wo stecken Teilprobleme? In welche Elemente kann das Thema zerlegt werden?
- Kehren Sie um:
  Was wäre das Gegenteil davon? Wie wäre es, wenn es falsch wäre?
- Bilden Sie Analogien:
  Wo habe ich Ähnliches schon gesehen in der Natur, in der Technik, irgendwo? Welche Vergleiche fallen mir sonst noch ein?
- Verlagern Sie die Aufmerksamkeit:
  Wo könnten wir sonst noch ansetzen? Welcher ganz andere Aspekt des Problems lässt sich in den Vordergrund stellen?

- Setzen Sie den Zufall ein:
  Welche Verbindung besteht zwischen ... (einem zufällig gewählten Wort, Bild, Gegenstand) und dem Problem? Was fällt mir beim Vergleichen spontan ein?
- Identifizieren Sie sich:
  Wie wäre es für mich, wenn ich ... (ein Aspekt des Problems) wäre? Was würde ich tun, wenn ich mich als ... (ein Produkt) verkaufen könnte?
- Ersetzen Sie die Worte Ja und Nein durch das Wort Möglich.

Quelle: E. de Bono, siehe Anmerkung 13

2. Brainstorming

Wozu?

Der «Ideensturm» soll dazu verhelfen, in einer Gruppe innert kürzester Zeit möglichst viele Ideen, Einfälle und Aspekte zu einer bestimmten Frage zu sammeln, mit dem Ziel die bestmögliche Problemlösung zu finden.

Wie geht man vor?

Grundregeln

Jede Idee, auch die scheinbar abwegigste, ist willkommen. Jede Kritik an einer Idee ist untersagt.
Ideen anderer aufgreifen und weiterspinnen ist erwünscht. Quantität geht vor Qualität.

1. Phase

Grundregeln in Erinnerung rufen.
Problemstellung erläutern: Wofür suchen wir Einfälle? Zeitrahmen vereinbaren (höchstens 15–20 Minuten).
Die Teilnehmer produzieren Ideen, der Spielleiter schreibt alles gut sichtbar auf.

2. Phase

Jede Idee wird jetzt in folgenden Schritten besprochen:
- Kann man die Idee auch anders verstehen?
- Gibt es Ähnliches in anderen Bereichen?
- Lässt sich die Idee abwandeln?
- Wie sähe eine Vergrösserung der Idee aus?
- Wie sähe eine Verkleinerung der Idee aus?
- Kann die Idee durch eine andere ersetzt werden?
- Wie sähe das Gegenteil der Idee aus?
- Können verschiedene Ideen miteinander kombiniert werden?

3. Phase

Was machen wir mit dem Ergebnis des Brainstroming?
Hat es uns weitergebracht? Hat sich der Aufwand gelohnt? Woran könnte es liegen, wenn wir jetzt «so klug sind wie zuvor»?

Hinweis:

Überlegen Sie gut, für welche Fragen und in welchen Situationen diese Technik sinnvoll eingesetzt werden kann. Die Mitte zwischen Spiel und Ernst ist nicht immer leicht zu finden.

Ausführlicher bei: Hermann Sand, Neue Methoden zum kreativen Denken und Arbeiten, siehe Anmerkung 32. Im gleichen Buch gibt der Autor auch detaillierte Handlungsanweisungen über das Brainwriting (oder Methode 6-5-3.).

3. Morphologische Methode

Wozu?

Ein Hilfsmittel, um die verschiedenen Lösungen für ein Problem systematisch und strukturiert darzustellen.
Systematisch und strukturiert ist dieses Vorgehen, weil wir von den Bestimmungsmerkmalen des Objektes, für das wir eine Lösung suchen, ausgehen. Danach fragen wir nach den bekannten Ausprägungen dieser Bestimmungsmerkmale und fügen diesen noch neue hinzu.

Schliesslich verbinden wir die unseren Zielsetzungen am besten entsprechenden Ausprägungen zu Kombinationen und unterziehen diese dem Auswahl- und Bewertungsverfahren.

Ein Beispiel:

Aufgabe:	Wir müssen den Jahresbericht planen: Wie soll der Jahresbericht aussehen? (äussere Form, nicht Inhalt)
Zielsetzung:	Mit dem nächsten Jahresbericht wollen wir in erster Linie junge Leute an unserer Organisation interessieren.

Schritt 1

Welches sind die wichtigsten äusseren Bestimmungsgrössen eines Jahresberichts?

Bestimmungsgrössen		
1	Art des Materials	
2	Satzherstellung	
3	Farbe des Papiers	
4	Broschur	
5	Illustrationen	

Schritt 2

Welche Ausprägungen fallen uns zu jeder Bestimmungsgrösse ein?

Bestimmungsgrössen		Ausprägungen			
1	Art des Materials	Umweltschutzpapier	Glanzpapier	Kopierpapier	
2	Satzherstellung	Schreibmaschine	Fotosatz	Handsatz	
3	Farbe des Papiers	weiss	farbig	mehrfarbig	grau
4	Broschur	geheftet	geleimt	Spiralbindung	gefaltet
5	Illustrationen	Zeichnung	Grafik	Fotografie	Cartoon

Schritt 3

Welche Kombinationen, auch ungebräuchliche, lassen sich erstellen?

1	Art des Materials	○Umweltschutzpapier	Glanzpapier□	●Kopierpapier	
2	Satzherstellung	Schreibmaschine ●	○ Fotosatz	Handsatz □	
3	Farbe des Papiers	weiss	○ farbig	●mehrfarbig □	grau
4	Broschur	geheftet ○	geleimt	●Spiralbindung	gefaltet □
5	Illustrationen	Zeichnung ●	○Grafik	Fotografie	Cartoon□

-○-Gestalt A -●-Gestalt B -□-Gestalt C usw.

Schritt 4

Welche Lösungen erfüllen die Ziele, die wir mit dem Jahresbericht verfolgen, und scheinen realisierbar zu sein?

Schritt 5

Bewertung und Auswahl der besten Lösungen (eventuell mit der Gewichtungstechnik).

Hinweis:

Der morphologische Kasten eignet sich für unsere sozialen Fragestellungen dann, wenn der gesuchte Gegenstand sich gut in abgrenzbare Teilaspekte aufgliedern lässt. Dies ist bei der Suche nach der Gestalt einer Einrichtung (Haus, Heim usw.) der Fall; bei der Ausgestaltung einer Organisation (Sozialdienst, Projekt usw.), bei der Programmgestaltung (Ferienlager, Jahresversammlung, Festessen) und ähnlichem.

5.15. Leitbild

Leitbilder unterstützen das zielgerichtete Führen (→ Kapitel 3.1. Ziele setzen). Wir geben hier besonders Hinweise zum Prozess, durch den ein Leitbild erarbeitet wird.

1. Was gehört in ein Leitbild?

Im Leitbild wird die Grundhaltung formuliert, nach der sich die Organisation in allen ihren Tätigkeiten nach aussen und nach innen orientiert. Wie ausführlich diese Grundhaltung umschrieben werden soll, hängt davon ab, welche Bedeutung und Funktion Sie Ihrem Leitbild in der Praxis geben wollen. Je allgemeiner und knapper die Formulierung, desto grösser wird das Risiko, dass mit dem Leitbild niemand etwas anfangen kann.
Ein *minimaler Detaillierungsgrad* ergibt sich unter den folgenden Gesichtspunkten:

- Welches ist das Hauptanliegen, das übergeordnete Ziel unserer Tätigkeit?
- Worauf legen wir besonderen Wert in unseren Beziehungen
  - zu den Klienten?
  - zu den Instanzen, mit denen wir zusammenarbeiten?
  - zu Organisationen mit ähnlichen Zielen?
  - zu unseren Mitgliedern und Spendern?
  - zur Öffentlichkeit?
- Nach welchen Grundsätzen wollen wir unsere Organisation führen und unsere Zusammenarbeit gestalten? (→ Kapitel 5.7. Führungsleitsätze)

2. Wie entsteht ein Leitbild?

Wichtig ist der Prozess, durch den ein Leitbild entsteht. Alle Mitarbeiter tragen in sich Leitvorstellungen über die Organisation und ihr eigenes Tun. Arbeit am Leitbild ist der Prozess, durch den diese individuellen Werte und Ziele verdeutlicht, miteinander verglichen und zu einer gemeinsamen Ausrichtung verdichtet werden.
Folgendes Vorgehen hat sich praktisch bewährt:

- In einer ersten *Arbeitstagung* entwickeln alle Mitarbeiter (eventuell ein kleinerer Kreis) ihre Leitideen für das Verhalten der Organisation nach innen und aussen. Daraus resultiert ein erstes *Leitbild-Protokoll*.
- Während einer bestimmten Zeitspanne (zum Beispiel sechs Monate) wird das Leitbild-Protokoll mit dem Alltag der Organisation konfrontiert. Welche Leitvorstellungen bewähren sich? Wo zeigen sich Widersprüche? Wie glaubwürdig sind die im Leitbild angesprochenen Werte? Die Teilnehmer der ersten Runde halten ihre Beobachtungen und Überlegungen fortlaufend in einem *Leitbild-Journal* fest.

- In einer zweiten Tagung werden die Erkenntnisse und Erfahrungen der Probezeit besprochen. Teils müssen Aussagen im Leitbild revidiert, teils Verhaltensweisen in der Praxis geändert werden. Wichtig ist die kritische Auseinandersetzung mit den Spannungsfeldern zwischen Vision und Wirklichkeit.
- Es empfiehlt sich, frühestens nach dieser zweiten Tagung das Leitbild an Aussenstehende weiterzugeben (wenn überhaupt). Das Leitbild ist in erster Linie ein Instrument für das Führen nach innen, also kein Werbetext für die Organisation.
- Der Leitbildprozess ist nie abgeschlossen. Einmal pro Jahr, im Zusammenhang mit dem Festlegen der Jahresziele, kommt das Leitbild-Protokoll zur Sprache.

5.16. Organisationsanalyse

Wenn Sie sich, zum Beispiel als neuer Leiter, als neue Leiterin ein Bild über den inneren Zustand einer Organisation machen wollen, werden Ihnen die nachfolgenden Fragen dabei behilflich sein.

11 Fragen zum gegenwärtigen Stand der Organisation

1. Was arbeiten die Leute hier?
   Wie sind ihre Tätigkeiten umschrieben?
   Gibt es Stellenbeschreibungen?
2. Welche Anforderungen sind mit diesen Tätigkeiten verbunden?
   Sind dafür Massstäbe festgelegt, sowohl aus der Sicht des Kunden als auch der Organisation?
3. Wie passen die verschiedenen Tätigkeiten zueinander? Sind sie koordiniert, und hat dies Einfluss auf die Qualität der Arbeit?
   Gibt es Funktionendiagramme, eine klar definierte Struktur für das Teilen und das Verbinden?
4. Nach welchen Richtlinien und mit welchen Hilfsmitteln arbeiten die Leute?
   Gibt es Zielsetzungen, klare Aufträge, klar zugeteilte Kompetenzen, Pläne, Kontrollen?

5. Wie angemessen sind die Arbeitsbedingungen?
   - räumlich?
   - zeitlich?
   - arbeitstechnisch?
   - finanziell?
6. Welches Betriebsklima treffe ich an? Kommen die Leute gut miteinander aus? Welche Gelegenheiten haben sie zur gegenseitigen Verständigung und Unterstützung?

   Wie ist der Umgang mit Konflikten geregelt?

   Gibt es regelmässige Sitzungen, andere Formen der Kommunikation, gemeinsame Pausen?
7. Wird das vorhandene Geld insgesamt wirtschaftlich eingesetzt? Gibt es Kriterien, um das Verhältnis von Aufwand und Nutzen (= Leistung für die Klienten, Leistung für die Mitarbeiter) zu bewerten?

   Gibt es ein Kostenstellen-Budget? Eine regelmässige Mitarbeiterqualifikation?
8. Sind Entwicklungen im Gange, auf die ich besonders acht geben muss? Entwicklungen bei den Klienten, bei den Mitarbeitern, in der sozialen Umwelt?
9. Wie will ich meine Leitungsaufgabe anpacken und gestalten:
   - aktiv eingreifend oder zunächst beobachtend?
   - wieviel Verantwortung andern übertragen?
   - welche Kompetenzen sehr bewusst bei mir behalten?
   - wie Information/Kommunikation verstärken?
   - mit welchen Mitarbeitern meine Vorstellungen von Führen besprechen?
10. Wann und wie schreite ich ein, wenn ich eine wichtige Schwachstelle in der Organisation vorfinde?
11. Über welche meiner Beobachtungen und Schlussfolgerungen spreche ich mit meinen Vorgesetzten? Wieviel persönlichen Spielraum für das Führen will ich mir bewusst offen lassen? Wo suche ich, ebenso bewusst, Rückendeckung?

5.17. Presse- und Medienarbeit

Beim Führen der Organisation können Ihre Beziehungen zur Presse wichtig sein (→ Kapitel 3.2. Kommunikation gestalten). Hier einige Hinweise und Regeln für Ihre Medienkontakte.

1. Wie kommen Sie mit Ihrem Anliegen in die Presse?

Communiqué

Eine kurzgefasste Meldung, nicht länger als 20 bis 30 Textzeilen, eventuell mit Illustration. Sie verschicken dieses Communiqué gleichzeitig an Tageszeitungen, Nachrichtenagenturen sowie an Radio und Fernsehen.

Artikel

Ein problemorientierter Text, zwischen zwei und fünf Seiten lang, mit oder ohne Illustration. Solche Artikel bieten Sie einer bestimmten Zeitung oder Zeitschrift exklusiv an.

Interview

Gespräch mit einer bestimmten Person.
Kommt nur zustande, wenn Sie mit einer Redaktion eine entsprechende Begegnung vereinbaren. Gute Vorbereitung auf beiden Seiten wichtig.

Reportage

Bildbericht, der von einem Journalisten, einer Journalistin zusammen mit einem Fotografen gemacht wird. Eine Reportage kann von einer Zeitung in Auftrag gegeben oder auch als Ganzes einer Redaktion angeboten werden.

2. Grundregeln für Ihre Pressetexte

Aktualität

Ihr Text muss auf den ersten Blick in einem aktuellen Bezug stehen zu einem Problem, das die Bevölkerung interessiert.

Kurz und klar

Schon der Redaktor, als Ihr erster Leser, muss nach zwei bis drei Sätzen erkennen, was Ihre Botschaft ist.

Überschrift mit Stopper-Wirkung

Denken Sie daran, dass viele Leser in der Zeitung zunächst einmal nur die Überschriften überfliegen. Suchen Sie einen Titel, der zum Weiterlesen reizt.

Die sechs «W» eines Presse-Communiqués

Wer handelt oder berichtet?
Was ist der Gegenstand der Nachricht?
Wo findet/fand das Ereignis statt?
Wann (zu welchem Zeitpunkt)?
Wie waren die genaueren Umstände?
Warum (weitere Erläuterung)?

3. Die Presse kommt zu Ihnen

Bedrohung oder Glücksfall? Vielleicht ist Ihre Organisation wegen der Aktualität eines bestimmten Themas zur Informationsquelle für die Presse geworden? Vielleicht hat sich eine Zeitung oder Zeitschrift vorgenommen, Ihre Dienstleistungen kritisch unter die Lupe zu nehmen?

Wie auch immer, nehmen Sie diese Gelegenheit als Chance wahr. Die Presse ist weder Ihr Feind noch Ihr Verbündeter. Sie folgt primär ihren eigenen Gesetzen, ihren eigenen Vorstellungen vom Informationsauftrag, den sie in unserer Gesellschaft erfüllt. Der persönliche Kontakt mit einem Journalisten kann Ihnen wichtige Hinweise geben, wie Ihre Organisation in der Aussenwelt gesehen und beurteilt wird. Zudem ist der Journalist auch auf Ihre Information angewiesen, sonst hätte er sich gar nicht erst bei Ihnen gemeldet.

5.18. Prioritäten setzen

Oft müssen beim Führen Entscheide getroffen und dabei Prioritäten gesetzt werden (→ Kapitel 3.3. Prioritäten bestimmen). Wir beschreiben hier eine Methode, die Ihnen helfen kann, Ihr Bewußtsein für das jeweils Wichtigere oder Dringlichere zu schärfen.

Prioritäten setzen:

Zwei oder mehrere Aufgaben/Tätigkeiten nach bestimmten Aspekten gegeneinander abwägen
und sie für eine Zuteilung der Mittel in eine Rangordnung bringen.
Solche Aspekte sind zum Beispiel:

Schwerpunkte der Arbeit (WAS)

Bestimmte Tätigkeiten sind in der Zielpolitik der Organisation als Schwerpunkte festgelegt. Zum Beispiel hat die Klientenberatung immer Vorrang gegenüber Verwaltungsarbeiten.

Dringlichkeit (WANN)

Bestimmte Arbeiten müssen zuerst erledigt werden, zum Beispiel wegen bindender Termine.

Intensität/Qualität (WIE OFT, WIE INTENSIV)

Bei bestimmten Aufgaben lohnt es sich, mehr Kraft zu investieren als für andere. Dabei wird das Verhältnis von Aufwand und Nutzen abgewogen, die Effizienz.

Wie stellen wir fest, welche von zwei oder mehreren Aufgaben wichtiger, dringlicher, lohnender ist?
Kriterien können sein:

- Das Fachwissen
  (Berücksichtigung von Risiko, Problemlösungschancen, Bedeutung im Ganzen der Zielsetzung)
- Vorschriften und Normen
  (bestimmte vorgeschriebene Verfahren, Termine)
- Vorschriften/Regeln, die auf der Stelle gelten
  (Qualitätsvorstellungen, lässige oder strenge Handhabung von Absprachen)
- Werthierarchien allgemein
  (zum Beispiel dem Schwächeren zuerst und mehr – oder umgekehrt; Vorrang der Sachhilfe vor psychologischer Beratung)
- Die Hierarchie der persönlichen Fähigkeiten und Vorlieben
  (Vorrang hat, was ich besser kann und mag)

Der Prozess der Gewichtung

Nur wenn die verfügbaren Mittel nicht für alle Aufgaben ausreichen, müssen wir uns entscheiden, was Vorrang haben soll.
Ich muss dazu folgende Fragen beantworten:

- Um welches Mittel handelt es sich (Zeit? Arbeitskraft? Geld?)?
- Welcher von mehreren Aspekten ist der wichtigere?
- Nach welchem Massstab gewichte ich (Wohl des Klienten? des Mitarbeiters? usw.)?
- Sind eventuell mehrere Massstäbe zu berücksichtigen?
  Wenn ja: Wie bedeutsam sind sie mir im Vergleich zueinander (zum Beispiel ein bestimmtes, verbreitetes politisches Credo in der Öffentlichkeit und die Grundsätze meines Berufsstandes)?

In mehreren Schritten verteile ich Gewichte (Punkte) auf die konkurrierenden Aufgaben und erhalte so eine Rangordnung der Wichtigkeit für die Zuteilung der Mittel. (→ Kapitel 3.3. Prioritäten bestimmen; 5.10. gewichten)

5.19. Projektarbeit

Für die Praxis sozialer Organisationen setzen wir Projektarbeit gleich mit der Arbeit mehrerer Personen an einem befristeten Vorhaben; also auch interne Arbeitsgruppen.
(Es geht hier nicht um Projektplanung oder Projektorganisation → Kapitel 3.7. Strukturen berücksichtigen)

Regeln für effiziente Projektarbeit in Arbeitsgruppen

1. Geben Sie sich einen klaren Auftrag

Nur ein Thema zu haben, über das man diskutieren will, genügt nicht. Sie brauchen ein Arbeitsziel, eine klare Umschreibung etwa der folgenden Art: Wir wollen drei bis fünf Massnahmen erarbeiten, mit denen unsere Stelle ihren Bekanntheitsgrad bei bestimmten Kundengruppen verbessert.

2. Geben Sie sich genügend Zeit

Machen Sie gleich zu Beginn ein Zeitbudget. Es wird Ihnen helfen, realistische Arbeitsziele zu verfolgen und nicht nach den Sternen zu greifen. Am besten vereinbaren sie an der ersten Sitzung des Projektteams einige fixe Termine, die für den Arbeitsablauf bestimmend sein sollen. Unter anderem auch den Schlusstermin, an dem Sie die Arbeit beendet haben werden.

3. Setzen Sie das Projektteam bestmöglich zusammen

Bestmöglich heisst, nicht zu klein und nicht zu gross (höchstens vier bis sechs Mitglieder). Bestmöglich heisst ferner, dass im Team möglichst verschiedene Kompetenzen und Sichtweisen zusammenkommen sollen. Sie können auch Gäste einladen, mit denen Sie bestimmte Fragen vertieft behandeln wollen.

4. Stellen Sie die Grundlagen Ihrer Arbeit sicher

Überlegen Sie, auf welchen Informationen Ihre Arbeit basieren wird. Falls wichtige Informationen fehlen, ist es Ihr erstes Ziel, diese Lücke zu schliessen. Wichtig ist vor allem ein gleicher Informationsstand bei allen, die im Team mitwirken.

5. Planen Sie Ihre Arbeitsweise

Sie sparen Zeit und vermeiden Leerlauferlebnisse, wenn Sie für Ihre Arbeit einige Punkte im Auge behalten:

- Was soll durch Sitzungen, was kann besser durch Einzelarbeit (Hausaufgaben) erarbeitet werden?
- Welche Gesprächstechniken wollen Sie anwenden, damit die Sitzungen nicht zu endlosen Diskussionen werden?
- Wie wollen Sie die Ergebnisse jeweils festhalten? Denken Sie an Protokolle? Wer macht Notizen?
- Wo sollen Ihre Sitzungen stattfinden? Im Büro oder auswärts? Wie wichtig stufen Sie die Atmosphäre ein?

5.20. Qualifizieren

Mitarbeiter beurteilen ist dann sinnvoll, wenn es regelmässig und geplant erfolgt, von gesetzten Zielen ausgeht und der Förderung der Entwicklungsmöglichkeiten dient.

Unsere Auffassung von Qualifizieren

Das qualifizierende Gespräch gibt dem Mitarbeiter und seinem Vorgesetzten die Gelegenheit, über die Arbeitsleistungen, die Erlebnisse und die gegenseitigen Erwartungen zu sprechen. Es ist ein Anlass zur Auswertung der Arbeit in der vergangenen und zur Planung für die bevorstehende Zeitperiode.

Im Mittelpunkt des Gesprächs stehen die konkreten Stärken und Schwächen bei der Erfüllung der Aufgaben. Es geht um Lernimpulse zur Verbesserung der Arbeit des Mitarbeiters. Der Vorgesetzte kann zudem nachfragen, wie es am Arbeitsplatz geht, und nötigenfalls Wege suchen, wie die Situation verbessert werden kann.

Auch Sie als Qualifizierender werden dabei viel über sich und Ihr Führungsverhalten lernen können, wenn Sie dafür offen sind.
Wir zählen das Qualifizieren zu den «vertrauensbildenden Massnahmen», dadurch, dass Sie Ihre Mitarbeiter anerkennen, ermuntern und unterstützen.

Das nachfolgende Schema kann Ihnen Anregung geben, wie Sie und Ihr Mitarbeiter das Gespräch vorbereiten und strukturieren könnten.

Schema zur Mitarbeiterbeurteilung

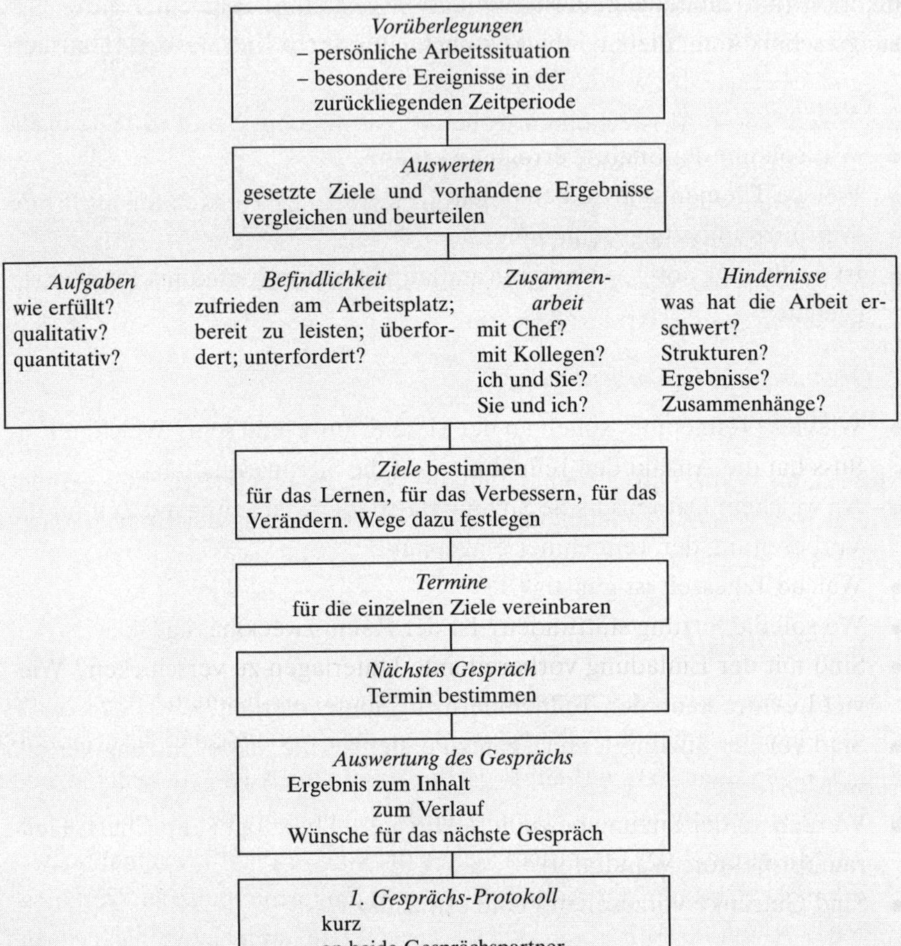

5.21. Sitzungstechnik

Sitzungen sind das wichtigste Instrument der organisationsinternen Kommunikation (→ Kapitel 3.2. Kommunikation gestalten). Mit einer guten Sitzungstechnik kann die Ergiebigkeit nachhaltig verbessert werden.

1. Grundsatzfragen

- Was soll mit der Sitzung erreicht werden?
- Welche Themen sind zu behandeln?
- Wer muss unbedingt teilnehmen?
- Ist die Sitzung nötig, oder wären andere Mittel der Kommunikation besser geeignet?

2. Organisatorische Vorbereitungen

- Wieviele Teilnehmer sollen an der Sitzung anwesend sein? Welchen Einfluss hat die Anzahl der Teilnehmer auf die Sitzungsqualität?
- An welchem Datum soll die Sitzung stattfinden? Ist genügend Zeit für die Vorbereitung der Teilnehmer eingeplant?
- Welche Tageszeit ist günstig?
- Wo soll die Sitzung stattfinden? Ist der Raum zweckmässig?
- Sind mit der Einladung vorbereitende Unterlagen zu verschicken? Wieviel Lektüre kann den Teilnehmern zugemutet werden?
- Sind vor der Sitzung Unterlagen zu erstellen, die an der Sitzung verteilt werden?
- Werden an der Sitzung besondere Hilfsmittel benötigt (Flip Chart, Hellraumprojektor, Wandtafel)?
- Sind Getränke vorzusehen? Und etwas dazu?

3. Thematische Vorbereitungen

- Was soll behandelt werden gemessen an der verfügbaren Zeit? Was hat Priorität?
- Wie können die Themen sinnvoll gegliedert werden?
- Wo sind Entscheide zu treffen?
- Worüber soll eine Diskussion geführt werden und mit welcher Breite?
- Was ist nur Information, mit der Möglichkeit, Klärungsfragen zu stellen?
- Welche Ziele sollen bei den einzelnen Themen erreicht werden?

4. Vorbereitungen im Hinblick auf die teilnehmenden Personen

- Welches ist die Situation und was sind die Bedürfnisse der Teilnehmer im Hinblick auf die zu behandelnden Themen?
- Wie weit sind die einzelnen Teilnehmer informiert?
- Bestehen unter den Teilnehmern persönliche Konflikte, die sich an der Sitzung auswirken könnten?
- Sind Vorgespräche mit einzelnen Teilnehmern nötig?
- Wer wird das Protokoll führen?

5. Meine Vorbereitungen als Sitzungsleiter

- Bin ich mit den Themen genügend vertraut, über die an der Sitzung gesprochen wird?
- Wie sehe ich den Zeitablauf vor? (Programm)
- Wie eröffne ich die Sitzung (Begrüssung, Zielsetzung der Sitzung, geplante Dauer)?
- Worauf will ich als Gesprächsleiter besonders achten
  im sachlichen Bereich?
  im emotionalen Bereich?
- Wie schliesse ich die Sitzung ab?

5.22. Statistik

Statistische Angaben sollten in sozialen Organisationen in der Regel dem (jährlichen) Leistungsnachweis dienen. An welche Fragen ist dabei zu denken?

Die Jahresstatistik ist weitverbreitet zu einem Ritual geworden, dem man sich seufzend unterzieht. Und doch ist auch die einfachste statistische Methode, das Zählen, Vergleichen und Beurteilen von interessierenden Daten ein Instrument der Arbeitsevaluation. Für das Planen und Entwickeln der Dienstleistung können daraus wertvolle Erkenntnisse gewonnen werden.

Die folgenden Fragen können Ihr Verhältnis zur Statistik klären und Ihnen Anregungen zu einem sinnvollen Gebrauch vermitteln.

1. In wessen Auftrag erstellen Sie eine Statistik?
   Sind Sie selbst der Auftraggeber?
   Was will der Auftraggeber zahlenmässig erfasst haben?
2. Wozu dient die Statistik? Dem Auftraggeber? Ihnen? Wird etwas mit der Statistik gemacht?
3. Was zeigt die bisherige Statistik auf? Welche Informationen gibt sie? Sind die Zahlen interessant? Für wen, warum?
4. Geht die Statistik über das Feststellen hinaus (So war es)? Zum Beispiel zum Vergleichen (wie war es früher) und zum Interpretieren (welche Tendenzen, Erscheinungen lassen sich aus den Zahlen ablesen)?
5. Welche Daten würden Sie selbst in Ihrer Statistik als aussagekräftig, als wichtige Aussage, bezeichnen? Wichtig für wen?
6. Wenn Sie anstelle der traditionellen Routine-Statistik, oder zusätzlich zu dieser, Material sammeln möchten: Was möchten Sie erfassen? Wozu? In welchem Zeitabschnitt? Welche Erhebungsmittel (Bogen, Listen, Karten) müssen Sie wem und wann zur Verfügung stellen?
7. Zum Schluss: Haben Sie sich schon Gedanken gemacht zu Ihrer Statistik im Jahresbericht? Gab es schon Reaktionen darauf? Welche? Liesse sich etwas verbessern an der Aussagekraft, in der Darstellung, im Kommentar? Könnte man allenfalls nur alle zwei, drei oder fünf Jahre eine Statistik publizieren, um Entwicklungstendenzen besser erfassen zu können? Was würde Ihnen fehlen, wenn Sie ganz auf eine Statistik verzichten würden?

5.23. Stellenbeschreibung

Schriftliche Festlegung und Abgrenzung der Ziele, Aufgaben, Kompetenzen, Anforderungen der Stellen in einer Organisation. Meistens notwendig zur richtigen Besetzung einer Stelle.

1. Grundsätzliches

In der Praxis werden oft auch die Begriffe Funktionsbeschreibung oder Pflichtenheft verwendet; wir ziehen die Bezeichnung Stellenbeschreibung vor. Sie ist nicht gleichzusetzen mit dem Arbeitsvertrag, aber einer seiner wesentlichen Bestandteile.

2. Was gehört in die Stellenbeschreibung?

- Bezeichnung der Stelle
- Einordnung in der Organisationsstruktur: wem unterstellt, wem überstellt
- Stellenziel/Hauptaufgabe
- Wichtige Aufgaben, mit Angabe des ungefähren Anteils an der Gesamtarbeitszeit

  Es ist zu empfehlen, bei der Aufzählung die gute Mitte zwischen zu ausführlich und zu knapp zu wählen. Die Umschreibung soll einerseits nicht einengen, andererseits nicht zuviel Spielraum für willkürliche Auslegung offen lassen.
- Kompetenzen, die mit den einzelnen Aufgaben verbunden sind
- Gewährleistung und Umfang des Berufsgeheimnisses, soweit für die Stelle von Bedeutung
- Stellvertretung: wer vertritt den Stelleninhaber, wen hat der Stelleninhaber zu vertreten?
- Eventuell besondere Regelungen, soweit sie sich auf die Aufgaben der Stelle (nicht auf den Arbeitsvertrag) beziehen
- Datum und Unterschriften des Stelleninhabers und des Vorgesetzten

5.24. Strukturen

Wir verstehen hier unter Strukturen alle Regelungen, die in einer Organisation das Verhalten der Mitglieder/Mitarbeiter ordnen. Für die Aufbau- und die Ablauf-Struktur (→ Kapitel 3.7. Strukturen berücksichtigen) lassen sich folgende Fragen stellen.

Struktur für das Teilen (Aufbau/Gerüst) Fragen: WAS? WER?	*Struktur für das Verbinden* (Ablauf/Prozess) Fragen: WIE?
Was ist zu tun? (Stellenbeschreibungen)	Wie kommunizieren wir miteinander? (Informationswege)
Was wird wie belohnt? (Besoldungsreglement)	Wie setzen wir Betriebsmittel ein? (Geld- und Zeitbudgets)
Wer muss was können? (Anforderungsprofile)	Wie entscheiden wir? (Entscheidungsregeln)
Wer arbeitet mit wem zusammen und in welcher Kategorie des Handelns? (Funktionendiagramm)	Wie tragen wir Konflikte aus? (Konfliktlösungsregeln)
	Wie stellen wir Mitarbeiter an? (Anstellungsabläufe)
und ähnliches mehr	und ähnliches mehr

Die beiden Strukturen beeinflussen sich gegenseitig. Ohne Regeln für das Teilen und Ordnen entsteht ein Zustand der Willkür und der Unsicherheit. Ohne Regeln für das Verbinden droht die Gefahr starrer Routine oder das Auseinanderfallen der Organisation.

Organigramme (auf die in vielen Organisationen fälschlicherweise so grosses Gewicht gelegt wird) können nur grob die Struktur für das Teilen sichtbar machen. Ablaufdiagramme und Funktionendiagramme sind Instrumente, um das Verbinden anschaulich darzustellen.

5.25. Systematisch-logisches Vorgehen

Rationales Denken ist die Grundlage für zielgerichtetes Handeln (→ Kapitel 2.6. Nachdenken über verschiedene Arten von Denken. Es orientiert sich an Denkschritten, die für das Führen unerlässlich sind.

Systematisch-logisches Denken und Handeln

Die Grundfragen

- Wo stehen wir?
- Wohin wollen wir?
- Welche Wege gibt es dorthin?
- Welchen Weg wählen wir?

und nachdem wir dem gewählten Weg gefolgt sind:

- Sind wir an unserem Ziel angekommen?

In Stichworten:

• Situationsanalyse	oder:	IST-Zustand
• Zielsetzung	oder:	SOLL-Zustand
• Lösungsvarianten	oder:	Verfahren, Methoden
• Lösungswahl	oder:	Methodenwahl
• Durchführung	oder:	Plan und Ablauf
• Auswertung/Evaluation	oder:	IST-SOLL-Vergleich

Die Tätigkeiten

1. Situation analysieren (Wo stehen wir?)

- Ausgangssituation erfassen und beschreiben:
  Informationen sammeln, ordnen, in Zusammenhänge bringen, beurteilen, gewichten.
- Entscheiden, ob etwas an der Situation geändert werden soll:
  Veränderungsmöglichkeiten und ihre Vor- und Nachteile abschätzen.
  Werte, Normen und Interessen erkennen, Entwicklungstrends einbeziehen.
  Hilfsquellen und Hindernisse für eine Veränderung ermitteln, Wichtigkeit und Dringlichkeit beurteilen. Szenarien entwerfen

2. *Ziele setzen* (Wohin wollen wir?)

- Festlegen, wann die neue Situation, der veränderte Zustand erreicht werden soll:
  Teilziele festlegen.
  Ziele konkret und exakt beschreiben, Termine bestimmen, Rahmenbedingungen formulieren. Allfällige Nebenwirkungen überlegen (Vernetzung), Indikatoren für die Auswertung erarbeiten.

3. *Lösungsvarianten ausarbeiten* (Welche Wege gibt es dorthin?)

- Verschiedene mögliche Lösungen erarbeiten:
  Informationen über bekannte Lösungen sammeln, neue Lösungen erfinden, Kombinationen kreieren, dabei neue kreative und spielerische Verfahren ausprobieren.

4. *Lösung wählen* (Welchen Weg wählen wir?)

- Die beste Lösung auswählen:
  Kriterien für die Beurteilung der Varianten formulieren, Kriterien gewichten, Varianten bewerten, sich für die beste entscheiden.

5. *Die gewählte Lösung durchführen* (Machen wir uns auf den Weg!)

- Alle Massnahmen planen, anordnen und durchführen, welche für Veränderungen nötig sind:
  Durchführungsplan aufstellen, Termine bestimmen, Verantwortlichkeiten festlegen, durchführen, begleiten, kontrollieren, dabei Sachebene und psychologische Ebene berücksichtigen.

6. *Auswerten* (Sind wir an unserem Ziel angekommen?)

- Die neue Situation mit dem gesteckten Ziel vergleichen:
  Erreichten Zustand und Einhalten des Termins beschreiben und anhand der festgelegten Kriterien beurteilen. Nebeneffekte einbeziehen, Verlauf beschreiben und bewerten, Folgerungen aus den Ergebnissen ziehen.(→ Kapitel 5.6. Evaluieren, auswerten)

Mit Schritt 6 führt der Kreis des Denkens und Handelns zurück zu Schritt 1 (Regelkreis).

5.26. Tagesplan

Mit Hilfe einer täglichen Zeit- und Tätigkeitserfassung (zum Beispiel während eines Monats) können Sie viel darüber erfahren, wie Sie tatsächlich mit Ihrer Zeit umgehen und was Sie daran verbessern können. (→ Kapitel 3.5. Ressourcen beschaffen und richtig einsetzen)

Tagesplan		Datum:
Zeit	Tätigkeit (heute)	Pendent (Woche)
08		*Aufgaben*
09		
10		
11		
12		
13		
14		
15		*Kontakte*
16		
17		
18		
19		
20		
21		
22		
Tagesziel:		
Tagesbilanz:		

Erläuterungen zur Tagesplanung

1. Was will ich erreichen (Tagesziel)?

Grundsatz: Ich setze mir selbst jeden Tag ein Ziel, das heisst ich richte meine Energie auf etwas Bestimmtes. Ich kann damit besser unterscheiden zwischen selbstbestimmten und fremdbestimmten Einflüssen in meiner Arbeit. Ich entwickle auch meinen Sinn für Prioritäten (dringend heisst nicht immer auch wichtig).

2. Was ist bei mir pendent (Wochenprogramm)?

Einmal pro Woche führe ich die Liste meiner pendenten Aufgaben und Kontakte nach. Zu den Kontakten zählen Sitzungen, Einzelgespräche, wichtige Telefonanrufe sowie Korrespondenzen.

In diesem Wochenprogramm lege ich die Priorität fest (zum Beispiel 1. bis 3.). Dies ist mein erster Massstab für das Übertragen in die Tagesplanung. Zweiter Massstab: Ich schätze den Zeitbedarf für die betreffende Tätigkeit ab. Ferner überlege ich, welche Tageszeit ich für die einzelne Tätigkeit als besonders günstig erachte.

3. Wieviel Pufferzeit (unverplante Zeit) brauche ich?

Idealerweise sind höchstens 60 Prozent meiner Tageszeit verplant, das heisst durch fremdbestimmte Bedürfnisse in Anspruch genommen. 40 Prozent würden dann als Pufferzeit zur Verfügung stehen, für meine Prioritäten sowie für Unvorhergesehenes.
Je nach Art der Führungsaufgabe muss die Zeitreserve für Unvorhergesehenes kleiner oder grösser sein. Wichtig ist, dass ich meine Aufmerksamkeit für die verschiedenen Zeitqualitäten schärfe, mich also nicht in einen Zustand andauernder Ausbuchung hineinmanövriere.

4. Den Feierabend einbeziehen

Ich beziehe bewusst die Abendstunden in die Tagesplanung ein, was nicht heisst, dass ich sie mit beruflicher Arbeit belaste. Es geht darum, die Wechselwirkungen zwischen beruflicher und ausserberuflicher Tätigkeit, zwischen

Arbeit und Erholung bewusst zu machen; mit einem Wort: es geht um den ganzen Menschen.

5. Tagesbilanz

Beim Vergleich zwischen Plan und Wirklichkeit am Ende jeden Tages (Zeitbedarf: 15 Minuten, in denen ich zugleich die Planung des folgenden Tages bestimme) wird mir bewusster, wo die Abweichungen, Störungen, Schwachstellen und die Zeitdiebe zu finden sind.

Um diese Rückmeldung an mich selbst zu untermauern, führe ich während einer bestimmten Zeit eine Liste über alles, was meine Zeitplanung gestört oder sogar illusorisch gemacht hat. (→ Kapitel 5.28. Zeitverluste erkennen)

5.27. Vernetzt (ganzheitlich) denken

Vernetzt denken bedeutet, ein Thema oder ein Problem in seiner Verknüpfung mit einer Vielzahl von Einflussfaktoren zu erfassen (→Kapitel 2.6. Nachdenken über verschiedene Arten von Denken). Im Umgang mit komplexen Situationen neigen wir immer noch zu Denkfehlern.

Beachte die folgenden Denkfehler im Umgang mit komplexen Situationen	*Folge den Schritten des ganzheitlichen Problemlösens*
1. Denkfehler Probleme sind objektiv gegeben und müssen nur noch klar formuliert werden.	*Abgrenzung des Problems* Die Situation ist aus verschiedenen Blickwinkeln zu definieren und eine Integration zu einer ganzheitlichen Abgrenzung anzustreben.
2. Denkfehler Jedes Problem ist die direkte Konsequenz einer Ursache.	*Ermittlung der Vernetzung* Zwischen den Elementen einer Problemsituation sind die Beziehungen zu erfassen und in ihrer Wirkung zu analysieren.
3. Denkfehler Um eine Situation zu verstehen, genügt eine «Photographie» des Ist-Zustandes.	*Erfassung der Dynamik* Die zeitlichen Aspekte der einzelnen Beziehungen und einer Situation als Ganzem sind zu ermitteln. Gleichzeitig ist die Bedeutung der Beziehungen im Netzwerk zu erfassen.
4. Denkfehler Verhalten ist prognostizierbar, notwendig ist nur eine ausreichende Informationsbasis.	*Interpretation der Verhaltensmöglichkeiten* Künftige Entwicklungspfade sind zu erarbeiten und in ihren Möglichkeiten zu simulieren.
5. Denkfehler Problemsituationen lassen sich «beherrschen», es ist lediglich eine Frage des Aufwandes.	*Bestimmung der Lenkungsmöglichkeiten* Die lenkbaren, nichtlenkbaren und zu überwachenden Aspekte einer Situation sind in einem Lenkungsmodell abzubilden.
6. Denkfehler Ein «Macher» kann jede Problemlösung in der Praxis durchsetzen.	*Gestaltung der Lenkungseingriffe* Entsprechend systemischer Regeln sind die Lenkungseingriffe so zu bestimmen, dass situationsgerecht und mit optimalem Wirkungsgrad eingegriffen werden kann.
7. Denkfehler Mit der Einführung einer Lösung kann das Problem endgültig ad acta gelegt werden.	*Weiterentwicklung der Problemlösung* Veränderungen in einer Situation sind in Form lernfähiger Lösungen vorwegzunehmen.

aus: Peter Gomez und Gilbert J.B. Probst, Vernetztes Denken im Management, siehe Anmerkung 33.

5.28. Zeitverluste erkennen

«Ich-habe-keine-Zeit» macht die schönsten Vorsätze für das Führen zunichte. Es kann hilfreich sein, herauszufinden, welche Zeitfresser im Alltag unser Verhalten bestimmen, und wo die möglichen Lösungen liegen (→ Kapitel 3.5. Ressourcen)

Zeitfresser:	*Mögliche Lösungen:*
Zu perfekt sein wollen	Nur so gut wie nötig, nicht so gut wie möglich arbeiten
Alles selber tun	Die Aufgaben auf mehrere Personen verteilen
Vieles gleichzeitig tun	Eins ums andere tun, Prioritäten setzen
Alles wissen wollen	Auf Mitarbeiter vertrauen. Kurzberichte vereinbaren. Zielerreichung kontrollieren, vorher keine Einmischung
Unangenehmes aufschieben	Unangenehmes zuerst erledigen oder mindestens einen Schritt voranbringen
Planlos arbeiten, ohne Prioritäten	Tagesziele setzen. Das Wichtige vor dem Dringenden tun
Gespräche und Sitzungen nicht vorbereiten	Gesprächsziele, Sitzungsziele festlegen. Zeitplan erstellen
Termine nicht einhalten	Termine vereinbaren und festhalten (beide Partner). Termine konsequent mahnen und selbst einhalten
Durch häufige Telefonanrufe gestört werden	Sperrstunden einführen. Vor Gesprächen und Sitzungen Telefon abmelden
Durch interne Besuche gestört werden	Besser wenige geplante als viele spontane Gespräche

Quelle: Ochsner, M., siehe Anmerkung 24

5.29. Zielbewusst führen

Ziele geben die Richtung für das Handeln an (→ Kapitel 3.3.1. Ziele setzen) Sie müssen so formuliert werden, dass daraus konkrete Aufgaben abgeleitet und auf ihre Wirksamkeit hin bewertet werden können.

Unterscheiden Sie bei der Zielfindung die folgenden Gesichtspunkte:

1. Worüber sagen Ziele etwas aus?

- Wohin wollen wir?
- Was wollen wir erreichen? Was vermeiden?
- Welchen Endzustand streben wir an? Welches Endverhalten?
- Bis wann wollen wir das Ziel erreicht haben?

2. Aussagen zur Zielerreichung

- Wie kommen wir dahin?
- Welche Randbedingungen müssen wir berücksichtigen?
- Welche Hilfsmittel und Unterstützung brauchen wir?
- Welche Hindernisse sehen wir? Überwindbare? Unüberwindbare?
- Was müssen wir tun, um das Ziel zu erreichen?

3. Teilziele sind meistens unerlässlich

Längerfristige (grosse) Ziele müssen in der Regel in Teilziele (Etappenziele) aufgegliedert werden.
Wir brauchen also auch Ziele für die einzelnen Schritte. Oft lassen sich nur diese Teilziele kontrollieren.
Der Erfolg in den kleinen Schritten zeigt am besten an, ob wir uns auf dem Weg zu den grossen Zielen befinden.

4. Ziele richtig formulieren

- Was soll erreicht werden (noch nicht: wie)?
- • Ist die Zielerreichung messbar, beobachtbar?
- • Ist ein Termin vereinbart?
- • Ist ein Verantwortlicher ernannt, und wofür genau?
- • Sind die Randbedingungen definiert, zum Beispiel auch zu vermeidende Nebenwirkungen?

Auf dem nachfolgenden Schema finden Sie Beispiele für richtige Zielformulierungen.

Beispiele für richtige Zielformulierungen

	Kriterien der Zieldefinition					
Ungenügende Formulierung	Ist das Ziel (was) und nicht nur die Massnahme (wie) genannt?	Zielerreichung messbar? Ziel quantifiziert?	Termin genannt?	Verantwortlicher genannt?	Randbedingungen genannt?	Mögliche richtige Fassung
1. Ich will sobald als möglich meine Arbeitstechnik verbessern.	Nein	Nein	Nein	Ja (Ich)	Nein	Beispiel: Ich will ab 1. Juni pro Arbeitstag durchschnittlich eine Stunde weniger arbeiten. (Gleiche Leistung, kein Mehrpersonal.)
2. Bis am 31. Dezember habe ich meine tägliche Telefonierzeit von 3 auf 2 Stunden im Durchschnitt abgebaut. Maximale Investition: Fr. 1000.–.	Ja	Ja	Ja	Ja	Ja	Ist-Formulierung stimmt.
3. Ab nächsten Monat will ich mehr Zeit für meine Familie haben.	Ja	Nein	Ja	Ja (Ich)	Nein	Ab 1. Juni werde ich mindestens zweimal pro Woche um 17.00 Uhr nach Hause fahren und maximal 2 statt 3 Abende auswärts verbringen.
4. Ab 1. Februar will ich Sofortzugriff (während Telefonanrufen) auf aktuelle Kundendaten haben.	Ja	Ja (sofort = etwa 20Sek-.)	Ja	Ja	Nein	Ist-Formulierung stimmt. Mögliche Randbedingung z. B. maximale Investition = Fr. 2000.–
5. Ich will beim täglichen Posteingang Zeit gewinnen.	Ja	Nein	Nein	Ja	Nein	Ich will die Zeit für die tägliche Postbearbeitung ab 1. September vom 40 auf 25 Minuten im Durschschnitt reduzieren. Randbedingung: Mithilfe Sekretärin möglich.

Quelle: Ochsner, M., siehe Anmerkung 24

6. Anmerkungen

1 Elias Canetti, Die Provinz des Menschen, Aufzeichnungen 1942–1972 (Fischer, Frankfurt a. M. 1976)
2 Urs Frauchiger, Verheizte Menschen geben keine Wärme (Zytglogge, Gümligen 1985)
3 John Heider, TAO der Führung, Laotses Tao Te King für eine neue Zeit (Sphinx, Basel 1988)
4 Hans Ulrich, Unternehmungspolitik (Haupt, Bern und Stuttgart 1978)
5 Kurt W. Zimmermann, Die Manager sind die wahren Könige (Politik und Wirtschaft, Zürich, Heft 8/1988)
6 Douglas Mc Gregor, Der Mensch im Unternehmen (Mc Graw-Hill, Hamburg 1986; Amerikanisch: The Human Side of Enterprise, New York 1960)
7 A. M. Müller, Kulturboom und Pleiten (Tages-Anzeiger Magazin, Zürich, Nov. 1987)
8 Silvia Staub, Macht – neues Thema der Frauenbewegung, altes Thema der sozialen Arbeit. (Sozialarbeit 3/89, Bern)
9 Alfred Kieser, Herbert Kubicek, Organisationstheorien Band I und II (Kohlhammer, Stuttgart 1978)
10 Peter Schwarz, Management in Nonprofit-Organisationen (Die Orientierung Nr. 88, Schweizerische Volksbank, Bern 1986). Schwarz bezeichnet als Milizer – im Gegensatz zu den Professionellen – die in einer Nonprofit-Organisation ehren- oder nebenamtlich Tätigen.
11 Hans Ulrich, Gilbert J. B. Probst, Anleitung zum ganzheitlichen Denken und Handeln (Haupt, Bern und Stuttgart 1988)
12 Edward de Bono, Das Spielerische Denken (Rowohlt, Reinbek/Hamburg 1971)
13 Viele Statuten enthalten einen Zweckartikel. Zweck und Ziel werden oft synonym gebraucht. Das Wort Ziel ist für uns umfassender, weshalb wir es ausschliesslich verwenden.
14 Jack Rothmann et al., Innovation und Veränderung von Organisationen und Gemeinwesen (Lambertus, Freiburg i. Br. 1979; aus dem Amerikanischen übersetzt)
15 M. v. Cranach et al., Zielgerichtetes Handeln (Huber, Bern und Stuttgart 1980). Ausführlich über Ziel und Wert.
16 Ruth Brack, Das Arbeitspensum des Sozialarbeiters (Haupt, Bern und Stuttgart 1984)
17 Martin Buber, Einsichten (Insel, Frankfurt a. M. 1953)
18 Paul Watzlawick et al., Menschliche Kommunikation (Huber, Bern 1971)
19 Antony Jay, Die unnütze Organisation (Scherz, Bern 1972; aus dem Englischen übersetzt)

20 Ueli Schwarzmann, Jahresplanung als Evaluationsansatz in der Behindertenarbeit, in: Maya Heiner, ed., Selbstevaluation in der sozialen Arbeit, Lambertus, Freiburg i. Br. 1988)
21 Edgar Fiedler, zitiert bei L. J. Peter, Schlimmer geht's immer (Rowohlt, Reinbek/Hamburg 1985)
22 Branco Weiss, Das Risiko als unternehmerische Leistung (BILANZ, Zürich, Heft 9/1986)
23 Heinz Vonhoff, Herzen gegen die Not (Onken, Kassel 1960)
24 Martin Ochsner, Persönliche Arbeitstechnik (Die Orientierung Nr. 91, Schweizerische Volksbank, Bern 1987)
25 L. J. Peter, R. Hull, Das Peter-Prinzip (Rowohlt, Reinbek/Hamburg 1970; aus dem Englischen übersetzt)
26 Christian Morgenstern, Galgenlieder (Diogenes, Zürich 1983; ursprünglich Berlin 1933)
27 Maya Heiner, ed., Praxisforschung in der sozialen Arbeit (Lambertus, Freiburg i. Br. 1988)
28 Alvin Toffler, Der Zukunftsschock (Goldmann, München 1983; aus dem Amerikanischen übersetzt)
29 Verschiedene Autoren: Sekretärinnen in sozialen Organisationen (Sozialarbeit Nr. 2/1986, Bern)
30 Christoph Lauterburg, Vor dem Ende der Hierarchie. Modelle für eine bessere Arbeitswelt (Econ, Düsseldorf 1980)
31 Paula Lotmar, Elisabeth Lanz, Stellenleitung im Team (Sozialarbeit Nr. 9/1984, Bern)
32 Hermann Sand, Neue Methoden zum kreativen Denken und Arbeiten (WEKA-Verlag, Kissing 1979)
33 Peter Gomez und Gilbert J. B. Probst, Vernetztes Denken im Management, Die Orientierung Nr. 89 (Schweizerische Volksbank, Bern 1987)

7. Kommentierte Literaturhinweise

Wir beschränken unsere Literaturhinweise auf einige wenige Bücher und Publikationen. Massgebend für unsere Auswahl ist die Leserfreundlichkeit, verstanden als unmittelbar hilfreich für die Praxis des Führens. Gewiss gäbe es noch viel anderes Lesenswertes zum Thema Führen. Es ist aber nicht unsere Absicht, Ihren Lesehunger anzuregen sondern mit gezielter Lektüre Ihr bewusstes Handeln in den Aufgaben des Führens zu unterstützen. Deshalb lassen wir hier auch manches weg, das im Quellennachweis (Anmerkungen) aufgeführt wird, aber diese Bedingung nicht erfüllt.

Brack Ruth, Das Arbeitspensum des Sozialarbeiters (Haupt, Bern und Stuttgart 1984)

Hier finden sich neben grundsätzlichen Überlegungen zur Arbeitsbelastung eine Menge Daten und Vorgehensweisen, die für die quantitative Erfassung von Arbeitsvorgängen nötig sind. Besonders für alle Zeiterfassungsprojekte unbedingt zu konsultieren.

de Bono Edward, Das Spielerische Denken (und andere Titel, Rowohlt, Reinbek/Hamburg 1971)

In seinen geistreichen, leicht lesbaren Büchern regt der Autor zu Formen des Denkens an, die uns wenig geläufig sind. Die zahlreichen methodischen Beispiele können unmittelbar auf die Praxis übertragen werden.

Fassbind Werner, Aktuelles Handbuch für die optimale Personalführung (WEKA-Verlag, Zürich 1986)

Es handelt sich um ein mehrteiliges Loseblätter-Werk, dessen Vorteil u. a. darin liegt, dass es regelmässig durch Ersatz- und Ergänzungsblätter aktualisiert wird. Empfehlenswert für Leute, die vor allem mit dem Personalwesen zu tun haben und möglichst lückenlos dokumentiert sein möchten. Zahlreiche Beispiele, Formulartypen und Techniken.

Heiner Maya, ed., Praxisforschung in der sozialen Arbeit (Lambertus, Freiburg i. Br. 1988)

Das Buch enthält eine Anzahl kleinerer Forschungsprojekte, die stimulieren können, in der eigenen Praxis das eine und andere selbst zu erforschen. Die Beiträge sind nicht alle gleich leserfreundlich.

Heiner Maya, ed., Selbstevaluation in der sozialen Arbeit (Lambertus, Freiburg i. Br. 1988)

Die Autoren, selbst Praktiker, beschreiben, wie verschiedene Dienstleistungen im Sozialbereich mit relativ wenig Aufwand ausgewertet werden können.

Kieser Alfred, Kubicek Herbert, Organisationstheorien Band I und II (Kohlhammer, Stuttgart 1978)

In zwei Bändchen werden die verschiedenen organisationstheoretischen Ansätze dargestellt, von der Bürokratietheorie, die Managementlehren, die Motivationstheorien bis hin zur Systemtheorie. Die Lektüre setzt ein gewisses Interesse an Theorie-Entwicklungen voraus, vermittelt aber auch für die Praxis viele nützliche Hinweise.

Rothmann Jack et al., Innovation und Veränderung von Organisationen und Gemeinwesen (Lambertus, Freiburg i. Br. 1979)

Ein sehr anregendes Buch, das Forschung und Praxis eng zusammenführt. Besonders auf unser Thema zugeschnitten ist das Kapitel über die Veränderung von Zielen einer Organisation. Der Praktiker findet darin eine erprobte Leitlinie, der er bei seinem Vorhaben folgen kann.

Schwarz Peter, Management in Nonprofit-Organisationen (Schriftenreihe «Die Orientierung», Schweizerische Volksbank, Bern 1986, zu beziehen in jeder Volksbank-Filiale)

Sehr lesbare, mit vielen Grafiken veranschaulichte Abhandlung der Management-Aspekte von nicht gewinn-orientierten Organisationen. In der gleichen Schriftenreihe finden sich weitere interessante Darstellungen von Führungstechniken.

Spitschka Horst, Praktisches Lehrbuch der Organisation (moderne industrie, München 1978)

Das Buch bezieht sich auf Wirtschaftsbetriebe. In strenger Systematik handelt es alles ab, was mit Organisation zusammenhängt: Grundlagen, Methoden, Modelle. Nicht ein Buch zum Durchlesen, aber eines, um Begriffe zu vertiefen, bestimmte Techniken zu studieren oder Grundsätze kennen zu lernen.

Ulrich Hans, Probst Gilbert, Anleitung zum ganzheitlichen Denken und Handeln (Haupt, Bern und Stuttgart 1988)

Eine Pflichtlektüre für Leute, die mit den Hintergründen und Methoden ganzheitlichen, systemischen Denkens, Problemlösens und Führens besser vertraut werden möchten. Das 300seitige Buch stellt gewisse Anforderungen an das Abstraktionsvermögen, ist jedoch im Schreibstil und aufgrund der zahlreichen Illustrationen sehr leserfreundlich.

8. Register

Prof. Dr. Dr. h. c. Hans Ulrich
Prof. Dr. Gilbert J. B. Probst

Anleitung zum ganzheitlichen Denken und Handeln

Ein Brevier für Führungskräfte

301 Seiten, 17 farbige Abbildungen und 81 Grafiken,
Pappband Fr. 54.–/DM 64.–,
ISBN 3-258-03976-3

Der Ruf nach «Umdenken» ist unüberhörbar geworden und geht quer durch alle Bereiche der Gesellschaft. Er wird von Politikern, Wirtschaftsführern und Wissenschaftern ebenso erhoben wie vom Mann auf der Strasse. In den unterschiedlichsten Zusammenhängen wird eine neue, *ganzheitliche Denkweise gefordert. Gemeint ist damit ein integrierendes, zusammenfügendes Denken, das auf einem breiteren Horizont beruht, von grösseren Zusammenhängen ausgeht und viele Einflussfaktoren berücksichtigt, das weniger isolierend und zerlegend ist als das übliche Vorgehen.* Ein Denken also, das mehr demjenigen des viele Dinge zu einem Gesamtbild zusammenfügenden Generalisten als dem analytischen Vorgehen des auf ein enges Fachgebiet beschränkten Spezialisten entspricht.

Die Bausteine des ganzheitlichen Denkens werden ausführlich erläutert und eine Methodik entwickelt, die für die Bewältigung unserer komplexen Probleme mehr und mehr notwendig wird. Es sind jene Probleme, die sich dem handelnden Menschen von heute stellen. Die typischen Merkmale solcher Problemsituationen in allen Gesellschaftsbereichen lassen sich mit *Vernetztheit, Komplexität, Rückkoppelung, Instabilität* und anderen Ausdrücken beschreiben. Ein rationales *Verhalten und Führen* in solchen Situationen setzt die Anerkennung dieser Charakteristiken der heutigen Welt voraus und verlangt ein vernünftiges Umgehen damit.
Dieses Buch ist zudem eine praktische Anleitung für Führungskräfte in Wirtschaft, Politik, Gesundheitswesen und vielen anderen Bereichen der Gesellschaft.

Verlag Paul Haupt Bern und Stuttgart